GOLDMANN

Von Sara Woods sind
außerdem als Goldmann-Taschenbücher lieferbar:

Das Haus zum sanften Mord (4915)
Eine glatte Lüge (4985)
Kommt nun zum Spruch (5010)
Wer zuletzt schießt ... (5023)
Die Wahrheit und nichts als die Wahrheit (5037)

SARA

WOODS

Ein kleines, kleines Grab

AN OBSCURE GRAVE

Kriminalroman

GOLDMANN VERLAG

Deutsche Erstveröffentlichung

Aus dem Englischen übertragen von Christine Frauendorf-Mössel
Originalverlag: Macmillan London Limited, 1985

Der Goldmann Verlag ist
ein Unternehmen der Verlagsgruppe Bertelsmann

Made in Germany · 6/88 · 1. Auflage

Umschlaggestaltung: Design Team München
Satz: IBV Satz- und Datentechnik GmbH, Berlin
Druck: Elsnerdruck, Berlin
Krimi: 5051
Lektorat: Ursula Walther
Herstellung: Gisela Ernst
ISBN 3-442-05051-0

Die Hauptpersonen

Antony Maitland	Londoner Staranwalt, übernimmt einen Fall in Madingley
Sir Nicholas Harding	Maitlands Onkel; er ist nicht immer mit den Methoden seines Neffen einverstanden
Lady Vera Harding	Sir Nicholas' Frau. Sie bittet Antony, das Mandat zu übernehmen
Jenny Maitland	Maitlands Frau
Lisa Traherne	Rechtsanwältin in Madingley, macht sich Sorgen um den Angeklagten
Dominic Traherne	ihr Mann und ein Freund des Untersuchungshäftlings
Oliver Linwood	ist angeklagt des Mordes an seinem zwei Wochen alten Neffen

Der Roman spielt in Madingley und Chedcombe

DIENSTAG 15. Juli

»Ich habe da eine junge Freundin in Chedcombe«, warf Vera, Lady Harding, ein, indem sie geschickt eine plötzlich entstandene Gesprächspause ausnutzte. Worauf ihr angeheirateter Neffe, Antony Maitland – dessen Intelligenz nicht mal seine schlimmsten Feinde in Abrede gestellt hatten, während sein Onkel, Sir Nicholas Harding, genau dies immer wieder tat – ihr einen gleichermaßen amüsierten wie mißtrauischen Blick zuwarf.

»Ich bin sicher, daß du viele Freunde unterschiedlichen Alters hast«, bemerkte er. »Was ist an dieser Freundin denn so besonderes?«

»Sie ist Anwältin«, erwiderte Vera. »Reizendes Mädchen«, fügte sie hinzu und verfiel wieder in die für sie typische knappe Redeweise. »Eigentlich praktiziert sie nur in Chedcombe, sie wohnt gut acht Kilometer entfernt in Madingley.«

Es war Dienstag abend, und wie üblich aßen die Hardings bei Antony und seiner Frau Jenny, was für Sir Nicholas und Vera nicht mehr Umstände bedeutete, als zwei Treppen hinaufzusteigen, da die Maitlands seit etlichen Jahren die beiden obersten Etagen von Sir Nicholas Hardings' Haus am Kempenfeldt Square bewohnten. Es war lange her, daß dieses Arrangement als ›vorübergehend‹ bezeichnet worden war, und im Lauf der Jahre hatten sich gewisse angenehme Gewohnheiten entwickelt, an denen sich auch durch Sir Nicholas Hardings Heirat vor vier Jahren mit der Strafanwältin Miss Vera Langhorne nichts geändert hatte. Ursprünglich hatte Jenny Sir Nicholas aus purem Mitgefühl dienstags zu sich eingeladen, da seine Haushälterin, Mrs. Stokes, eine resolute Person mit eisernen Lebensgewohnheiten, an diesem Abend ins Kino zu gehen pflegte. Aber auch jetzt noch saßen sie wöchentlich einmal beisammen, tranken Sherry und unterhielten sich zwanglos über die Ereignisse des Tages. Jenny war längst an die juristische Fachsimpelei gewöhnt, da ihr Mann in der Kanzlei des Onkels tätig war, und sie und Antony fragten sich gelegentlich, ob Vera ihrem eigenen Gerichtssprengel ›West Midland‹ nicht nachtrauerte, ein Thema, das allerdings jetzt nicht zur Debatte stand.

»Als wir uns kennengelernt haben, Vera«, erinnerte Antony die Frau seines Onkels, »hast du um meine Hilfe für ein anderes ›reizendes Mädchen‹ gebeten, das wegen Mordes verhaftet worden war. Erzähl mir jetzt bitte nicht, daß diese junge Freundin...«

»Nichts dergleichen«, wehrte Vera ab. »Ich habe doch gesagt, daß sie Anwältin ist.« Vera war eine große, athletisch gebaute Frau mit dichtem dunklem Haar, das mittlerweile von grauen Fäden durchzogen war und das sie meist in einem altmodischen Knoten aufgesteckt trug, was einzelne Haarsträhnen jedoch nicht daran hinderte, sich ständig aus den Klammern zu lösen. »Das Problem ist, daß sie einen Klienten hat, der in einer unangenehmen Lage ist.«

»Und...?«

»Sie kennt ihn ziemlich gut. Und sie sagt, er sei unschuldig«, fuhr Vera knapp fort.

Das Merkwürdigste an dieser Unterhaltung war vielleicht, daß Sir Nicholas sich bis dahin mit keinem Wort beteiligt hatte. »Und worauf gründet sich diese Annahme?« erkundigte sich Antony vorsichtig.

»Wie sie es darstellt, ist er zu einer solchen Tat nicht fähig«, erwiderte Vera.

Bestimmt ahnte sie, daß sie mit einer solchen Aussage Maitlands heftigen Widerspruch erregen würde. »Vera, du kannst doch nicht ernsthaft... Onkel Nick, läßt du deiner Frau eine derartige Formulierung durchgehen?«

Sir Nicholas, der bequem und mit weit von sich gestreckten Beinen in seinem bevorzugten Sessel gesessen hatte, hob jetzt den Kopf und sah lächelnd zu seinem Neffen auf, der aufgesprungen war. »Ich muß zugeben, daß ich deine Reaktion verstehe, mein lieber Junge«, antwortete er, »und als aktive Strafverteidigerin hätte Vera eine solche Aussage sicher als äußerst unbefriedigend empfunden. Trotzdem...«

»Soviel ich von Nicholas weiß, läßt es dein Terminkalender durchaus zu, daß du ein paar Tage außerhalb der Stadt zubringst«, bemerkte Vera und steuerte damit zielstrebig auf den Kern der Dinge zu.

»Also wenn ihr beide gegen mich Front macht...« Antony war es gleichgültig, daß sein Onkel angesichts der flapsigen Sprache schmerzlich das Gesicht verzog. »Ihr wißt, was ich von Chedcombe halte... Aus diesem Nest ist noch nie was Gutes gekommen... mit Ausnahme von dir, Vera.« Die Veränderungen, die seit Veras Einzug im Haus am Kempenfeldt Square stattgefunden hatten, waren tatsächlich nur positiver Natur gewesen.

»Aber jetzt mal konkret...« Maitland war noch nicht fertig. »Wann ist der Mann verhaftet worden? Es handelt sich doch um ein männliches Wesen, oder?«

»Ja, um einen jungen Mann namens Oliver Linwood«, erklärte Vera. »Soviel ich von Lisa weiß, hat man ihn Ende letzter Woche festgenommen.«

»Dann kann der Prozeß kaum noch vor den sommerlichen Gerichtsferien stattfinden. Also warum...«

»Es handelt sich um vorbereitende Konsultationen«, entgegnete Vera, sichtlich zufrieden mit dieser Formulierung.

»Gibt es irgendeinen... überhaupt nur einen Anhaltspunkt, mal von den Gefühlen deiner Freundin abgesehen, der es sinnvoll erscheinen ließe, daß ich ausgerechnet jetzt dorthin fahre? Selbst wenn ich die Verteidigung übernehmen sollte... was, wie ich vermute, Zweck der Übung ist.«

»Dazu weiß ich zu wenig über die Umstände«, entgegnete Vera. »Aber sie ist eben ein reizendes Mädchen«, wiederholte sie. »Und ich lasse sie ungern im Stich.«

»Aber warum ausgerechnet ich?« erkundigte sich Maitland fast beleidigt.

Sir Nicholas hielt es offenbar für angebracht, in die Diskussion einzugreifen. »Deine allseits bekannte Vorliebe, sich in alle möglichen Dinge einzumischen...«, begann er.

»Aber es gibt nichts, aber auch gar nichts, das erwarten ließe, daß meine ›Einmischung‹, wie du es nennst, in irgendeiner Form hilfreich sein könnte.«

»Antony.« Die Tatsache, daß Jenny bisher geschwiegen hatte, war weit weniger überraschend als Sir Nicholas' Zurückhaltung. Sie war von jeher besser im Zuhören als im Reden gewesen. Jenny wartete einen Augenblick, bis sich ihr Mann ihr zuwandte und sie sicher sein konnte, seine ungeteilte Aufmerksamkeit zu haben. »Angenommen, dieser Mann ist tatsächlich unschuldig. Was dann?«

»Jenny, Liebes... zu einer solchen Vermutung gibt es keinen Anlaß... außer, daß Veras Freundin zu dieser Ansicht neigt. Und sie versteift sich da offenbar auf das älteste Klischee der Welt.«

»Aber nimm doch mal an, er ist es«, beharrte sie.

»Dann allerdings...«, begann er widerwillig und kam dann auf einen ganz anderen Gedanken. »Ist das vielleicht ein Komplott, um mich aus der Stadt zu kriegen?« erkundigte er sich und sah von einem zum anderen.

»Nichts dergleichen. Ich habe Lisa einiges von dir erzählt, und deshalb hat sie mich wegen dieser Sache angerufen«, klärte Vera ihn auf.

»Wie, um Himmels willen, heißt dieses Mädchen denn mit vollem Namen?« Diese Frage kam einer Kapitulation gleich, und er wußte das so gut wie die anderen. Doch er war noch nicht ganz bereit, sich zu fügen.

»Lisa Traherne.«

»Und sie lebt in...?«

»Madingley. Ihr Mann ist dort Landwirt. Er heißt Dominic.«

»Und wie denkt er über diesen Linwood?«

»Keine Ahnung. Frag ihn doch am besten selbst«, schlug Vera mit geschickt getarnter Raffinesse vor.

»O ja, selbstverständlich! Wenn ihr schon alle so erpicht darauf seid!« Er lächelte endlich, setzte sich wieder und griff nach seinem Glas. »Trotzdem könnte ich mir vorstellen, daß du doch noch mehr Informationen für mich parat hast, Vera.«

»Telefongespräche sind teuer«, bemerkte Vera. »Und ich habe keine Ahnung, wie Lisa und ihr Mann oder ihr Klient finanziell gestellt sind.«

»Hm, ich verstehe.« Er dachte nach. »Im Notfall könnte ich mich ab Donnerstagabend freimachen«, begann er, »und wieder rechtzeitig zurück sein, um noch vor den Ferien alles andere zu erledigen. Würde das genügen?«

»Natürlich!« Nachdem Vera ihr Ziel erreicht hatte, schien sie an diesem Thema kaum noch interessiert. »Fahrt ihr, du und Jenny, diese Ferien eigentlich wie üblich nach Yorkshire?« erkundigte sie sich.

»Die Macht der Gewohnheit... ja«, entgegnete Antony leichthin und ließ es zu, daß die Unterhaltung eine andere Wendung nahm. Insgeheim allerdings fragte er sich, ob Vera tatsächlich nur über so spärliche Informationen verfügte. Wenn sie so besorgt um Mrs. Trahernes Telefonrechnung war, warum hatte sie die Freundin nicht zurückgerufen?

Dieselbe Überlegung hatte auch Jenny angestellt, wie er später erfuhr, als sie wieder allein waren. Die Angelegenheit schien sie zu beunruhigen, aber vielleicht war nur die Tatsache daran schuld, daß er ein paar Tage nicht in der Stadt sein würde. Sir Nicholas und Vera mochten durchaus ihre Gründe dafür haben, Antonys gelegentliche Abwesenheit als etwas Positives zu nehmen, obwohl der ganze Frühling und Frühsommer ruhig verlaufen war und Antony bei keinem der Fälle, die ihn beschäftigt hatten, mit der Polizei in Konflikt geraten war, und Jenny teilte normalerweise die Meinung der beiden anderen. Doch Antony wußte, daß sie ihn ebenso vermissen würde wie sie. »Mit etwas Glück, Liebes, bin ich schon zum Wochenende zurück«, versprach er.

Allerdings hätte er aus Erfahrung wissen müssen, daß Vorhersagen, die sich allein auf eine optimistische Einstellung gründen, selten wahr werden.

DONNERSTAG 17. Juli

1

Für Maitland ergab sich erst zur Mittagszeit des folgenden Donnerstag die Gelegenheit, mit seinem Onkel über jenes Thema zu sprechen, das seine natürliche Neugier erregt hatte. Während der Sitzungsperioden des Gerichts war für sie täglich bis ein Uhr ein Tisch in ihrem Lieblingsrestaurant ›Astroff's‹ reserviert, von dem beide nach Bedarf Gebrauch machen konnten. Allerdings gab es Tage, an denen sich Antony zuerst vergewisserte, welche Pläne Sir Nicholas diesbezüglich hatte, bevor er den Lunch bei ›Astroff's‹ einnahm, da er oft allein sein wollte. An diesem Tag jedoch wartete er gespannt darauf, mit seinem Onkel unter vier Augen sprechen zu können.

Keiner von beiden hatte an diesem Donnerstag bei Gericht zu tun, und Bill, der Ober, der sie stets bediente, wußte auch ohne Bestellung, welche Getränke die Herren bevorzugten. Nachdem er diese serviert hatte und das Mittagessen bestellt war, kam Maitland ohne Umschweife auf das Thema zu sprechen, das ihn am meisten beschäftigte. »Diese Geschichte, daß ich nach Chedcombe fahren soll, Onkel Nick«, begann er, »...du willst mir doch nicht erzählen, daß Vera nicht mehr weiß, als sie uns erzählt hat, oder?«

Ganz gegen seine sonstige Gewohnheit ging Sir Nicholas nicht direkt auf Antonys Frage ein. »Wenn ich dir die Wahrheit sagen soll, mein lieber Junge...«, begann er und hielt dann plötzlich unsicher inne.

»Das würde ich offengestanden begrüßen«, bemerkte Antony nicht ohne Sarkasmus. Hätte ein Außenstehender die beiden in diesem Augenblick beobachtet, so hätte er zwischen ihnen eine gewisse Ähnlichkeit entdeckt, obwohl sie, mit Ausnahme der Körpergröße, von recht unterschiedlicher Erscheinung waren.

Sir Nicholas wurde von der Presse vorzugsweise mit dem Attribut ›stattlich‹ bezeichnet, was jedesmal eine so negative Wirkung auf seine Laune hatte, daß Vera und Jenny stillschweigend übereingekommen waren, jeden Zeitungsartikel, der das anstößige Wort enthielt, zu vernichten, bevor Sir Nicholas ihn zu Gesicht bekam. In seinem weißblonden Haar fielen die grauen Strähnen nicht auf, und er war kräftiger gebaut als sein Neffe, ohne jedoch korpulent zu wirken. Außerdem achtete er stets peinlich genau auf eine tadellose Kleidung, während Antony, privat wenigstens, legere Kleidung bevorzugte. Normalerweise gab sich Sir Nicholas durchaus autoritär, wobei er behauptete, das geschehe ganz ohne Absicht, was wiederum Antony nicht ganz akzeptierte, da er schon oft erlebt hatte, wie behutsam Sir Nicholas mit unsicheren Zeugen umgehen konnte.

Maitland hatte dunkles, widerspenstiges Haar, das selbst nachdem es einige Zeit unter der Perücke, die Maitland vor Gericht trug, geglättet worden war, in kürzester Zeit seine ursprüngliche Wildheit wieder annahm. Außerdem hatte er ein schmales, kluges Gesicht mit einem humorvollen Ausdruck; überhaupt besaß er mehr Humor, als es ihm guttat, und, wie seine Freunde hinzufügen würden, auch mehr Sensibilität – eine unbequeme Kombination.

Sir Nicholas schien mittlerweile endlich klargeworden zu sein, daß sein unvollendeter Satz kaum eine befriedigende Antwort auf die Frage seines Neffen sein konnte. »Wenn Jenny erfahren hätte, wessen man deinen potentiellen Klienten beschuldigt, wäre sie vielleicht nicht so ohne weiteres bereit gewesen, dich zu überreden, seine Verteidigung zu übernehmen.«

»Soviel ich verstanden habe, handelt es sich doch um Mord«, entgegnete Antony stirnrunzelnd. Als Erklärung genügte ihm das jedoch noch längst nicht.

»Ja, Mord…, aber um genau zu sein: Der Mann soll ein zwei Wochen altes Baby erstickt haben.«

Maitland hob ruckartig den Kopf. »Ich verstehe«, sagte er schließlich gedehnt. Und dann fügte er hinzu: »Aber weshalb seid ihr eigentlich so erpicht darauf, daß ich mich mit dieser Angelegenheit befasse, Onkel Nick? Nur um mich aus London zu verbannen?«

»Ich muß gestehen, daß das unter normalen Umständen sicher seinen Reiz gehabt hätte«, antwortete Sir Nicholas. Er griff nach seinem Glas, nahm einen kleinen Schluck und betrachtete seinen Neffen mit ernster Miene über den Rand hinweg, bevor er es wieder abstellte. »Bitte mißversteh mich nicht, Antony, keiner von uns möchte deine Gesellschaft missen…«

»Ihr wollt mich wegen dieses neuen stellvertretenden Polizeichefs bei Scotland Yard außer Reichweite haben«, unterbrach Maitland seinen Onkel ohne Umschweife. »Das ist zwecklos, Onkel Nick. Wenn er mir Schwierigkeiten machen will, dann bekommt er früher oder später seine Chance.«

»Leider ist das nur allzu wahr«, murmelte Sir Nicholas. »Wenn ich auf deine Verschwiegenheit rechnen kann…«

»Daß du das kannst, müßtest du inzwischen doch wissen. Oder vielleicht auch nicht«, fügte Antony hinzu, als er den skeptischen Blick seines Onkels auffing. »Aber der neue Mann bei Scotland Yard ist doch nicht der einzige Grund dafür, daß ich mich mit dem Fall beschäftigen soll. Das nämlich würde mir nicht genügen.«

»Ich finde, du hättest selbst merken müssen, daß Vera die Angelegenheit wirklich am Herzen liegt.«

»Ja, das ist mir nicht entgangen, aber…«

»Sie mag die junge Frau, von der sie erzählt hat, ausgesprochen gern und vertraut ihrem Urteil.«

»Das war nicht zu überhören.«

»Es hätte mich auch gewundert, wenn dir das entgangen wäre. Der Punkt ist«, fuhr er hastig fort, als der Neffe Anstalten machte, ihn erneut zu unterbrechen, »daß sich diese Mrs. Traherne mit einer dringenden Bitte an Vera gewandt hat, und wenn die beiden den Angeklagten richtig einschätzen, dann braucht er deine Hilfe. Diese junge Frau, Lisa, hat in Strafsachen praktisch keine Erfahrung.«

»Es ist wirklich merkwürdig«, murmelte Maitland nachdenklich. »Wenn man mir das Mandat direkt angetragen hätte, wärst du bestimmt ärgerlich geworden, wenn ich auch nur einen Augenblick daran gedacht hätte, es anzunehmen.« Es war am Gesichtsausdruck des Onkels unschwer abzulesen, daß er eine scharfe Entgegnung auf der Zunge hatte, und Antony fügte hastig hinzu: »Onkel Nick, du hättest mir deinen Standpunkt ohne Umschweife deutlich darlegen müssen.« Er wagte eine Pause, und Sir Nicholas schwieg zu seiner Erleichterung. »Du machst dir ebensolche Sorgen um Vera wie ich mir um Jenny«, fuhr Antony diesmal sanfter fort. »Also falls ich mich entschließen sollte, mich mit dem Fall zu befassen, falls mich diese vorbereitenden Konsultationen, wie Vera sie nannte, überzeugen, daß es sinnvoll ist, das Mandat anzunehmen, dann werden wir die ganze Angelegenheit irgendwann zu viert und ohne Jenny zu schonen diskutieren.«

»Keiner von uns will Jenny verletzen«, erwiderte der Onkel. »Das weißt du genausogut wie ich. Ich muß gestehen, daß Vera diese Angelegenheit sehr beschäftigt.« Er schwieg und fügte dann, nachdem sich seine Stimmung auf die für ihn so typische Weise schlagartig geändert hatte, mit einem Lächeln hinzu: »Denn bevor sie an dir... oder an Jenny ihre mütterlichen Gefühle auslassen konnte, glaube ich, hatte diese Lisa... also, ich glaube, Vera stand ihr jedenfalls sehr nahe.«

Antony hätte auch am liebsten angesichts dieser reichlich verschwommenen und untypischen Aussage gelächelt, war sich jedoch nicht sicher, ob das taktisch richtig gewesen wäre. Statt dessen sagte er: »Aber nehmen wir an, ich stelle fest...«

»Du kennst Vera. Falls sich herausstellen sollte, daß sich diese Freundin mit unangenehmen Tatsachen abfinden muß, dann akzeptiert sie das. Aber ich glaube, daß sie ganz sichergehen möchte.«

»Ja, natürlich. Das ist mir klar, Onkel Nick. Aber andererseits... wenn diese Lisa Traherne in bezug auf ihren Klienten recht hat... Tut mir leid, wenn ich auf dem Thema beharre... aber in diesem Fall kann ich mich nicht einfach weigern, mit Jenny darüber zu sprechen.«

»Natürlich nicht. Wenn du den Fall annimmst, sollten wir die Erklärungen Vera überlassen, mein Junge.«

»Ja, da können wir uns bestimmt auf sie verlassen«, nickte Antony, und diesmal gestattete er sich ein Lächeln. »Nur du weißt, wie sehr es Jenny getroffen hat, daß wir unser Kind verloren haben, Onkel Nick, und ich leide unter Schuldgefühlen, daß es passiert ist, weil sie sich Sorgen um mich gemacht hat. Und als ihr dann die Ärzte sagen mußten...«

»Du solltest Jenny nicht unterschätzen«, warnte der Onkel. »Jemand, der all die Jahre mit dir ausgekommen ist, muß mehr seelische Kraft besitzen, als du Jenny zutrauen willst.«

Die Unterhaltung geriet offenbar erneut in Gefahr, auszuufern. »Ja, das ist sicher ein Punkt«, murmelte Maitland reichlich vage. »Aber du kannst vermutlich verstehen, daß ich alles in allem hoffe, daß sich diese Geschichte mit Mrs. Trahernes Freund in Wohlgefallen auflöst.«

»Abwarten und Tee trinken, wie du das ausdrücken würdest«, erwiderte Sir Nicholas milde gestimmt. »Aber versuch bitte nicht, dir jetzt schon eine Meinung zu bilden... weder in der einen noch in der anderen Richtung.«

»Das kann ich dir versprechen. Also, nachdem wir das geklärt haben... Was weiß Vera sonst noch?«

»Nur so viel, wie Mrs. Traherne ihr am Telefon gesagt hat.«

»Und warum sollte sich dieser Oliver... oder wie er heißt... an Babys vergreifen? Ist er verrückt?«

»Möglich. Wer weiß? In der Anklage jedenfalls ist davon nicht die Rede. Wie weit bist du eigentlich im Erbrecht bewandert? Was zum Beispiel weißt du über Fideikommiß?«

»So aus dem Stegreif eigentlich nicht viel. Außer vielleicht, daß eine Gesetzesnovelle, die 1925 in den Law of Property Act eingebracht wurde, besagt, daß auch bewegliches Vermögen und nicht nur Landbesitz als unveräußerliches Erbgut – als Fideikommiß – eingerichtet werden kann.«

»Die Linwoods sind allem Anschein nach eine traditionsbewußte Familie, und der Ursprung allen Übels liegt offenbar schon Generationen zurück. Mrs. Traherne wird dich in die Einzelheiten einweihen. Alles, was für uns augenblicklich wichtig ist, ist, daß bei den Linwoods nur männliche Nachkommen erbberechtigt sind. Olivers Cousin Walter hat den gesamten Besitz geerbt... er hatte keine Kinder, als er vor ein paar Wochen starb. Seine Frau allerdings war schwanger.«

»Allmählich begreife ich einiges.«

»Das will ich auch hoffen«, entgegnete Sir Nicholas streng. Maitland verkniff sich mit Mühe eine Bemerkung. »Da Oliver als einziger der Familie Linwood erbberechtigt war, wäre das Vermögen ihm zugefallen, wenn das Baby ein Mädchen geworden wäre. Allerdings wurde es ein Junge namens Mark... benannt nach dem Großvater, soviel ich weiß... aber er hat ja nicht lange gelebt.«

»Das Kind wurde erstickt, oder?«

»Ja, soviel ich weiß«, wiederholte Sir Nicholas. »Mrs. Traherne wird dich noch genau informieren«, fügte er angewidert hinzu.

»Aber ist man denn da so sicher? Ein Kind in diesem Alter... Soweit mir bekannt ist, gibt es den sogenannten plötzlichen Kindstod in den ersten Lebensmonaten, bei dem man nicht so leicht eine Ursache finden kann.«

»Das ist ein Punkt, den du klären mußt – bisher wurde die Sache jedenfalls wie Mord behandelt. Es hat keinen Sinn, mich weiter zu fragen, Antony. Ich habe dir alles gesagt, was ich weiß.«

»Gründet sich die Anklage nur aufs Motiv?«

»Das möchte ich wirklich nicht annehmen. Aber ich wiederhole: Einzelheiten erfährst du von Mrs. Traherne.« Er wandte den Kopf und stellte zufrieden fest, daß Bill das Zeichen sofort verstanden hatte. »Ich schlage vor, wir lassen diese unangenehmen Dinge jetzt mal beiseite und genießen unser Mittagessen. Wenn ich Vera richtig verstanden habe, wird Jenny während deiner Abwesenheit häufig bei uns sein. Du brauchst dir also keine Sorgen zu machen, daß sie sich einsam fühlen könnte. Wann geht denn heute abend dein Zug nach Chedcombe?«

2

Maitland aß im Speisewagen zu Abend. Er rechnete nicht damit, vom Bahnhof abgeholt zu werden. Als er den Bahnsteig durch die Sperre in Chedcombe verließ, fragte er sich, ob der ›Crown Court‹ bereits tagte, und wenn, ob er seine Anwesenheit dem vorsitzenden Richter noch am Abend melden müßte. Nach kurzer Überlegung kam er jedoch zu dem Schluß, daß dafür am darauffolgenden Tag auch noch Zeit war. Ein Schlaftrunk in der Hotelbar war mehr nach seinem Geschmack. Danach wollte er auf sein Zimmer gehen und mit Jenny telefonieren. Allerdings wurden seine Überlegungen von einem jungen Mann unterbrochen, der auf Antony zutrat, als er den Platz vor dem Bahnhof überqueren wollte. »Mr. Maitland?« fragte er. Und als Antony bejahte, erwiderte er knapp: »Dominic Traherne. Meine Frau hat mich gebeten, Sie abzuholen.«

Der junge Mann war dunkelhaarig, schlank und etwas kleiner als Maitland, er machte jedoch einen sehr athletischen Eindruck. »Das ist wirklich sehr freundlich von Ihnen beiden, aber bis zum Hotel George sind es nur ein paar Schritte, und es ist noch nicht mal dunkel«, entgegnete Maitland.

»Haben Sie Gepäck?«

»Nur den kleinen Koffer hier.« Maitland war daran gewöhnt, mit leichtem Gepäck zu reisen, verspürte jedoch keine Lust zu erklären, daß der Grund hierfür eine alte Schulterverletzung war, die es ihm unmöglich machte, schwere Gegenstände zu tragen.

»Sie kennen sich hier vermutlich recht gut aus... obwohl es über drei Jahre her ist, seit Sie zum letzten Mal hier gewesen sind«, bemerkte Dominic. »Allerdings mögen Sie die Stadt wohl nicht besonders... nach allem, was Miss Langhorne... oder besser gesagt Lady Harding... uns erzählt hat.« Er lächelte plötzlich entwaffnend. »Um ehrlich zu sein, Lisa hat mich gebeten, Sie zu fragen, ob Sie heute abend noch mit Ihnen sprechen kann. Sie meinte, wenn sie selbst käme, würden Sie auf jeden Fall ja sagen und natürlich jede Müdigkeit leugnen. Mir gegenüber sind Sie vermutlich ehrlicher.«

»Ich verstehe.« Er dachte einen Augenblick nach. Aber je schneller er einen Entschluß faßte, desto besser war es. »Heißt das, daß ich mit Ihnen nach Madingley kommen soll?«

»Wir würden uns natürlich über Ihren Besuch freuen, aber heute abend wäre das wohl ein bißchen viel verlangt. Offengestanden – Lisa wartet schon im Hotel, aber sie hat versprochen, sich nicht blikken zu lassen, falls Sie heute abend lieber nicht mehr mit ihr sprechen möchten.«

»Nein, ich freue mich schon darauf«, murmelte Maitland nicht ganz aufrichtig. »Von Vera... oder eher von meinem Onkel habe ich nur einige dürftige Informationen bekommen. Ich schätze daher, es wird Zeit, daß ich die ganze Geschichte erfahre.«

Bis zum ›George‹, einem gemütlichen Hotel, das hauptsächlich von Strafjuristen bevölkert wurde, waren es zu Fuß nur wenige Minuten. Dominic suchte nach seiner Frau, während sich Maitland in die Gästeliste einschrieb. Der Hoteldirektor, der ihn von seinem letzten Besuch her noch kannte, jedoch zum Glück noch nicht lange genug in Chedcombe war, um Maitlands erste katastrophale Tätigkeit in der Stadt miterlebt zu haben, begrüßte ihn persönlich, vermied allerdings jede neugierige Frage bezüglich des Grundes seines Besuchs nur wenige Tage, nachdem das Gericht seine Zelte in Chedcombe abgebrochen und nach Northdean weitergezogen war. Maitland nahm seinen Zimmerschlüssel entgegen und überließ seinen Koffer dem Boy, der ihn aufs Zimmer bringen sollte.

Im Hotelrestaurant erwarteten ihn bereits Dominic und Lisa Traherne. Lisa Traherne hatte die Wartezeit offenbar dafür genutzt, einen etwas abgelegenen Ecktisch zu ergattern, an dem eine ungestörte Unterhaltung möglich war. Chedcombe, das mit seinem alten, intakten Stadtkern durchaus eine Touristenattraktion war, wurde in den Sommermonaten von zahlreichen Tagesausflüglern aufgesucht. Allerdings waren an diesem warmen schönen Abend offenbar nur noch wenige Touristen in der Stadt.

Lisa sah jünger aus, als Antony erwartet hatte. Wenn sie bereits vier Jahre vor Veras Hochzeit ihr Staatsexamen gemacht und zu praktizieren begonnen hatte, mußte sie mittlerweile mindestens siebenundzwanzig oder achtundzwanzig Jahre alt sein. So jung sie auch wirkte, ihr Gesicht war nicht ausgesprochen hübsch, aber es drückte Charakter aus und war deshalb für Antony wesentlich anziehender als irgendeine hübsche Larve. Sie hatte dichtes, weiches und glänzendes blondes Haar und wirkte überhaupt nicht wie eine Juristin.

Dominic erhob sich sofort. »Ich lasse euch jetzt allein«, erklärte er. »Ihr findet mich an der Bar. Hier werdet ihr sicher gut versorgt. Henry hat Sie schon hereinkommen sehen.«

»In dieser Beziehung habe ich eigentlich keine Angst.« Noch während er das sagte, hatte Antony einen Entschluß gefaßt. Da er in den nächsten Minuten sicher Lisas Meinung von dem Angeklagten hören würde, erschien es ihm durchaus nützlich, zu erfahren, wie ihr Ehemann über ihn dachte und inwieweit der eine die Ansichten des anderen beeinflußte. »Es wäre mir lieb, wenn Sie bleiben würden«, sagte er daher. »Da Linwood Ihr gemeinsamer Freund ist, wissen Sie vermutlich ebensoviel über den Fall wie Ihre Frau.«

»Das stimmt, aber ich dachte...«

»Vergessen Sie's.« Antony sah lächelnd von einem zum anderen. »Und wie Sie schon vorausgesagt haben, kommt gerade auch Henry. Als Vera noch hier lebte, hatte er eine Schwäche für sie, und ich schätze, daß etwas von ihrem Glanz auf mich abfällt.« Er wartete, bis sie wieder allein waren und fuhr dann fort: »Ich habe den Verdacht, daß Sie es sehr bedauert haben, daß Vera Chedcombe verlassen hat, Mrs. Traherne, aber ich kann Ihnen gar nicht sagen, welchen positiven Wandel es für unser Haus bedeutet hat. Sie wissen vielleicht, daß meine Frau und ich das obere Stockwerk im Haus meines Onkels am Kempenfeldt Square bewohnen, und Onkel Nick gehört zu den Menschen, die ihresgleichen tyrannisieren, aber Wachs in den Händen von Dienstpersonal sind. Vera hat es irgendwie geschafft, mit den herrschsüchtigen Dienstboten auszukommen, und seitdem ist für uns alle das Leben wesentlich unkomplizierter geworden.«

Lisa, die Antony bis dahin skeptisch gemustert hatte, lächelte plötzlich entspannt. »Ich schätze, Mr. Maitland, daß Sie so munter plaudern, weil Sie mehr über mich und Dominic in Erfahrung bringen möchten.«

Das zu leugnen hatte erst gar keinen Sinn. »Bin ich so leicht zu durchschauen?« fragte Antony sie neckend. »Aber natürlich haben Sie recht. Wie sind Sie darauf gekommen?«

»Das war doch naheliegend. Da Sie nichts über Oliver wissen, wollen Sie natürlich erst einmal abwägen, inwieweit Sie unserem Urteil trauen können. Ich habe Dominic schon eindringlich gebeten, auf keinen Fall zu sagen, daß Oliver ein Mord nicht zuzutrauen sei, weil ich ahne, wie oft Sie das schon gehört und es in den meisten Fällen nicht geglaubt haben. Nur ist es eben diesmal … und zu diesem Schluß werden Sie selbst kommen … die Wahrheit.«

»Ich habe doch sicher Gelegenheit, mich davon persönlich zu überzeugen, oder?«

»Ja. Ich habe für morgen einen Besuchstermin für uns vereinbart … natürlich nur, wenn es Ihnen paßt. Allerdings … aber selbstverständlich wollen Sie sich selbst ein Urteil bilden, das ist mir klar. Trotzdem möchte ich wetten, daß Sie so einen Klienten noch nie gehabt haben.«

»Sie machen mich allmählich neugierig«, bemerkte Antony leichthin. »Aber eigentlich wollten Sie mir doch etwas über sich selbst erzählen, oder?«

»Also als erstes möchte ich gleich mal sagen, daß ich es nett fände, wenn Sie das Mr. und Mrs. Traherne lassen würden. Es klingt so umständlich, und Lisa und Dominic genügt völlig, falls es Ihnen nichts ausmacht, etwas legerer mit uns umzugehen. Allerdings verpflichtet

Sie das natürlich zu gar nichts«, fügte sie hastig hinzu.

»Danke.« Antony war froh, daß Vera ihr offenbar wenigstens klargemacht hatte, daß sein Besuch in Chedcombe nicht zwangsläufig bedeutete, daß er das Mandat annahm. »Ich weiß natürlich, daß Sie Anwältin sind und möglicherweise meine Assistentin sein werden, falls wir beide uns entschließen sollten, den Fall durchzufechten, aber was ist mit Ihrem Mann?«

»Ich bin Landwirt«, erwiderte Dominic prompt. »Madingley haben Sie schon erwähnt. Folglich wissen Sie, daß wir dort leben. Ich bewirtschafte hundertsechzig Hektar, aber das Land gehört mir nicht. Ich bin Pächter der Linwoods.«

»Oliver Linwoods Pächter?«

»Ja, jetzt vermutlich schon. Aber es ging alles so schnell, daß ich noch gar keine Zeit hatte, mir richtig klarzuwerden, wem ich nun die Pacht zahle. Ganz bestimmt beeinflußt das meine Einstellung zu Oliver nicht, den ich schon ein Leben lang kenne.«

»Und wie lange kennen Sie ihn, Lisa?«

»Seit meiner Heirat mit Dominic... und das war komischerweise ungefähr zu dem Zeitpunkt, als Vera geheiratet hat. Vera kennt Dominic nur flüchtig. Bei unserer Verlobung habe ich ihn ihr kurz vorgestellt.«

»Das ist also vier Jahre her?«

»Ja, fast genau vier Jahre. Ich habe eigentlich mein ganzes Leben in Chedcombe verbracht. Mein Vater hat hier eine Anwaltskanzlei, und ich bin seine Partnerin. Wir haben den Firmennamen geändert, als ich geheiratet habe, weil mein Vater meinte, Williams & Traherne klinge besser als Williams & Williams.«

»Verzeihen Sie bitte, aber Ihr Vater hat doch bestimmt mehr Erfahrung als Anwalt als Sie. Weshalb hat er nicht Oliver Linwoods Verteidigung übernommen?«

Lisas Blick schweifte zu ihrem Mann und dann zu Maitland zurück. »Weil er ihm nicht glaubt«, antwortete sie schließlich. »Natürlich berät er mich, aber ich bin der Meinung, und Dominic stimmt mir da zu, daß man, wenn man an die Unschuld eines Mandanten glaubt, den Kampf schon halb gewonnen hat. Deshalb habe ich so sehr gehofft, daß es Vera gelingen würde, Sie zu überzeugen...«

»Geht mir denn der Ruf voraus, vertrauensselig zu sein?«

»Jetzt machen Sie sich über mich lustig«, entgegnete Lisa gelassen. »Nein, ich dachte nur, daß Sie wenigstens zuhören würden, und ich bin sicher, daß Sie sich anschließend entscheiden, den Fall zu übernehmen.«

»Na gut. Ich höre.«

Sie zögerte kurz. »Am besten erzähle ich Ihnen zuerst etwas über Oliver«, begann sie. »Dominic kennt ihn schon ein Leben lang, wie er gesagt hat, und die beiden sind fast gleichaltrig. Ich bin ihm erst begegnet, nachdem ich geheiratet hatte und nach Madingley gezogen war. Das Leben auf dem Land war zuerst neu für mich, aber mittlerweile gefällt es mir sehr, und wir haben die Angewohnheit, fast jeden Abend nach dem Essen in die Dorfkneipe runterzugehen. Sie heißt ›The Saracen's Head‹, und niemand kann einem erklären, weshalb. Aber bleiben wir bei der Sache. Ich glaube, ursprünglich wollte Dominic auf diese Weise verhindern, daß ich mich langweile...« Sie warf ihrem Mann einen liebevollen Blick zu, und Antony gestand sich ein, daß sie ihm immer sympathischer wurde und daß er zum ersten Mal, wenn auch vorerst nur halbherzig, hoffte, nicht von ihr enttäuscht zu werden. »...und offengestanden ist es dort immer auf die eine oder andere Weise interessant. Wenn Oliver zufällig dort ist, setzen wir uns meistens an seinen Tisch, und dann ist da noch ein älterer Herr, der Herausgeber des ›Chedcombe Herald‹, der fast jeden Abend kommt. Er ist Witwer, und ich vermute, daß er sich einsam fühlt. Wir trinken noch ein Gläschen und gehen dann wieder nach Haus. Dabei habe ich natürlich vergessen zu sagen, daß wir in dem Landhaus im Dorf wohnen, das Dominic von seinem Vater geerbt hat. Er zieht es dem Bauernhaus vor, das eigentlich zum Pachtland gehört.«

»Sie glauben also, Oliver Linwood ziemlich gut zu kennen?«

»Ja, richtig, und er wäre der letzte..., aber das müssen Sie selbst beurteilen. Vermutlich sollten wir Sie noch über die Familie Linwood aufklären, denn die Tatsache, daß die Familiengüter stets nur unter den Bestimmungen des Fideikommiß weitervererbt werden können, scheint das wichtigste in der ganzen Angelegenheit zu sein.«

»Ja, erzählen Sie mir über die Familie.«

»Dominic kann das besser als ich.«

»Dann mußt du mir aber bei den rechtlichen Begriffen helfen«, fügte Dominic sich bereitwillig. »Der Stammbaum der Linwoods ist nicht sehr kompliziert. Wie weit soll ich zurückgehen?«

»Bis ins Jahr 1925... das dürfte genügen.« Lisa nickte beifällig, fast so, als habe sie gefürchtet, er sei nicht angemessen vorbereitet, dachte Antony amüsiert.

»Damit müßten wir bei... wartet... bei Olivers Großvater anfangen, nachdem er auch benannt ist. Natürlich war er damals nicht der einzige lebende Linwood, aber er hatte den Familienbesitz geerbt... Wie kommen Sie eigentlich ausgerechnet auf das Jahr 1925?«

»Soviel ich verstanden habe«, begann Maitland und sah Lisa fragend an, »war der Familienbesitz damals bereits an die Regeln des Fideikommiß gebunden, und dieser Linwood hat diese noch weiter ausgebaut.«

»Ja, natürlich. Und für meine Begriffe hätte er keine größere Dummheit begehen können«, erklärte sie und wirkte plötzlich ziemlich aggressiv. »Er hat nicht nur die rein männliche Erbfolge festgelegt, sondern den Fideikommiß auch noch auf seinen persönlichen Besitz ausgedehnt.«

»Zu diesem Zeitpunkt war das völlig ohne Bedeutung«, entgegnete Dominic besänftigend. »Er hatte nur Söhne, und in der folgenden Generation war es nicht anders, so daß die weibliche Linie also gar nicht erst um das Erbe betrogen werden konnte.«

»Es wäre kein Betrug gewesen«, verbesserte Lisa ihn, die offenbar Klarheit liebte, »sondern nur verdammt unfair. Und es war sowieso unfair, weil diese Bestimmung bedeutet hat, daß der älteste Sohn alles bekam.«

»Und wann ist Großvater Linwood gestorben?«

»Das war vor meiner Geburt«, erwiderte Dominic, »aber ich erinnere mich, daß mein Vater immer erzählt hat, der älteste Sohn, Mark Linwood, hätte geerbt, als er gerade fünfundzwanzig war.«

»Ich habe die Daten überprüft«, meldete sich Lisa wieder zu Wort. »Denn ich wußte, daß Oliver von diesen Dingen keine Ahnung hat... es sei denn, sie beträfen ihn direkt.« Sie schien völlig vergessen zu haben, daß ihr Mann eigentlich der Experte in bezug auf die Linwoods hatte sein sollen. »Oliver hatte zwei Söhne: Mark, der 1910 geboren war...«

»Dann müßte der Großvater 1935 gestorben sein«, warf Maitland ein, der inzwischen einen reichlich zerknitterten Umschlag aus seiner Tasche gezogen hatte und begann, sich Notizen zu machen.

»Ja, kann sein. Der Zweitgeborene hieß Andrew und kam 1913 zur Welt. Er studierte, als sein Vater starb, und ich vermute... das habe ich allerdings noch nicht überprüft..., daß sein Bruder das Studium weiterfinanziert hat. Jedenfalls ist er Arzt geworden und hat eine Praxis hier im Dorf eröffnet.«

»Und falls es interessiert… Er hat mich zur Welt gebracht«, bemerkte Dominic. »Allerdings kann ich mich an ihn nicht mehr erinnern. Er ist 1948 gestorben. Er war also noch sehr jung und hatte wohl noch kein großes Vermögen. Seine Frau Millicent und Oliver, der damals gerade zwei Jahre alt war, sind in ein kleines Haus gezogen und haben sich irgendwie durchgeschlagen. Ich nehme allerdings an, daß es an allen Ecken und Enden fehlte.«

»Lebt Mrs. Andrew Linwood noch?«

»Nein, sie ist 1968 gestorben.«

»Hat Oliver Ihnen gegenüber je über seine finanziellen Verhältnisse nach dem Tod der Mutter gesprochen, Dominic?«

»Er hat mich beim Verkauf seines Hauses um Rat gefragt und ist dann in das ziemlich heruntergekommene Häuschen in der Church Row gezogen. Er lebt von sehr wenig Geld.«

»Vielleicht bekam er eine Unterstützung von seinem Vetter Walter.«

»Ich bin ziemlich sicher, daß er jede Hilfe von ihm abgelehnt hätte.«

»Und Walter nehme ich an, stammte von der Erstgeborenenlinie der Familie ab?«

»Ja, er war Marks Sohn. Und ich kenne ihn ebenfalls schon ein Leben lang. Er ist zwei Monate vor Oliver geboren.« Dominic hatte es wieder übernommen, die Geschichte der Linwoods vorzutragen. »Mark Linwood und seine Frau Maude starben bei einem Flugzeugabsturz 1967. An das Datum erinnere ich mich genau, denn für unser Dorf war das Ganze so etwas wie eine Sensation.«

»Hatte Walter einen Beruf?«

»Nein, es war ja von vornherein klar, daß er den Familienbesitz übernehmen würde. Aber er ist eben vor ein paar Wochen gestorben, und damit fing das ganze Elend an.«

»Was ist denn passiert?« Maitland betrachtete seine Notizen, die selbst ihm kaum leserlich erschienen. »Er kann doch höchstens neunundzwanzig gewesen sein.«

»Offenbar hatte er einen angeborenen Herzfehler. Einzelheiten müssen Sie den Doktor fragen, aber im Dorf hieß es allgemein, er habe einen Herzinfarkt gehabt.«

»Das ist sowieso nicht wichtig«, warf Lisa ungeduldig ein. »Seine

Frau Sandra war schwanger, und Walters Sohn ist nach dessen Tod am 25. Juni geboren.«

»Das Ganze war so was wie ein Lotteriespiel«, fuhr Dominic fort. »Wenn es nämlich eine Tochter geworden wäre, hätte Oliver den gesamten Besitz übernommen.«

»Ja, so viel habe ich schon begriffen«, sagte Antony lächelnd. »Das finanzielle Motiv liegt klar auf der Hand, aber...«

»Das ist es ja gerade«, unterbrach Lisa ihn. »Meiner Meinung nach könnte Oliver nicht mal 'ner Fliege, geschweige denn einem Baby etwas zuleide tun. Aber finanzielle Erwägungen wären überhaupt das letzte, das ihn zu einer solchen Tat verführen könnte.«

»Nach allem, was Sie mir erzählt haben, sind seine monetären Verhältnisse alles andere als rosig. Was macht er beruflich?«

»Er hat keinen richtigen Beruf. Und genau das macht ihn in den Augen der Polizei schon sehr verdächtig. Wenn in Chedcombe ein Konzert stattfindet oder die Chorgemeinde der Stadt den ›Messias‹ oder Ähnliches aufführt, dann besucht Oliver für unsere Zeitung die Vorstellung und schreibt dann eine Kritik. Sie können sich sicher vorstellen, wieviel das einbringt, aber meines Erachtens macht er das sowieso nur, weil er ein Musiknarr ist. Manche halten ihn für faul, aber niemand spricht ihm Intelligenz ab. Oliver hat einfach nur kein Interesse an materiellen Dingen, das ist alles. Er lebt, wie er will. Was anderes reizt ihn gar nicht.«

»Tja, die Polizei oder die Geschworenen, mit denen wir es möglicherweise zu tun bekommen, werden das kaum verstehen«, bemerkte Maitland nachdenklich. »Trotzdem nehme ich an, daß die Polizei mehr gegen Ihren Freund in der Hand hat als nur das passende Motiv.«

»Ja, natürlich. Er war am Tatort... in Linwood House heißt das. Aber ich fange am besten von vorn an«, seufzte Lisa. »Walter ist am 9. Juni gestorben, und das Baby... Sandra hat es nach seinem Großvater benannt... kam am 25. Juni zur Welt. Nachdem die Wehen sehr früh und heftig eingesetzt hatten, hat der Arzt entschieden, daß Sandra zu Hause entbinden sollte. Es war sowieso ein Kindermädchen im Haus, das blieb, um sich um alles zu kümmern. Der 8. Juli war ein strahlender Sommertag, und das Kindermädchen stellte das Baby in seinem Wagen ins Freie an die herrliche Luft. Das ist ungefähr gegen zwei Uhr gewesen. Gegen halb drei ist das Kindermädchen wieder ins Haus gegangen, um Sandra beim Ankleiden zu helfen. Sandra blieb vormittags noch im Bett, weil der Arzt ihr nach der schweren Geburt viel Ruhe verordnet hatte. Um Viertel nach drei schließlich kam das Kindermädchen wieder in den Garten und hat als erstes natürlich nach dem Baby gesehen... es war tot.«

»Tod durch Ersticken ist, soviel ich weiß, ziemlich schwierig festzustellen... vor allem bei einem Säugling.«

»Ja, der Bericht des Pathologen ist voll von komplizierten Ausdrücken... Sie werden ihn ja selbst lesen..., aber er stellt die Todesursache kaum in Frage. Als das Kindermädchen den kleinen Mark gefunden hat, lag er noch immer auf dem Rücken, aber jemand hatte das Kissen unter seinem Kopf weggezogen und es ihm auf das Gesicht gepreßt. In diese Lage konnte sich das Kind unmöglich selbst manövriert haben.«

»Kaum«, mußte Antony zugeben. »Und Oliver Linwood ist zu diesem Zeitpunkt im Haus gewesen?«

»Ja, er hatte im ›Saracen's Head‹ zu Mittag gegessen... übrigens ein weiterer Grund, weshalb die Polizei ihn verdächtigt, denn diesen Luxus hat er sich normalerweise nicht geleistet, obwohl er fast regelmäßig mit Ruth und Tom Jenkins, dem Wirtsehepaar des ›Saracen's Head‹ zu Abend ißt. Ich vermute allerdings, daß sie für ihn einen Sonderpreis machen. Jedenfalls ist er nach dem Mittagessen nach Linwood House gegangen, um nach Sandra zu sehen, und hat kurz vor drei Uhr am Haupteingang geklingelt.«

»Augenblick, dazu habe ich ein paar Fragen. Zuerst einmal: Wo hat der Kinderwagen gestanden?«

»Auf der Terrasse rechts von der Eingangstür. Oliver hätte also ohne weiteres auf die Terrasse gehen und sich das Baby ansehen können, aber er sagt, daß er das nicht getan hat. Er ist geradewegs die Auffahrt zum Haus hinaufgegangen.«

»Gut. Und wann schließt das ›Saracen's Head‹?«

»Mittags um zwei Uhr. Sie werden mich jetzt natürlich fragen, wie lange man zu Fuß vom Gasthaus aus braucht. Bestimmt nicht länger als eine halbe Stunde. Oliver sagt, daß er vorher zwar nicht mehr nach Hause gegangen ist, daß er sich aber Zeit gelassen hat, weil er annahm, daß Sandra vor drei Uhr keine Besucher empfangen würde. Ich weiß, daß das nicht besonders überzeugend klingt«, fügte Lisa etwas trotzig hinzu.

Antony ließ die Gelegenheit zu einem Kommentar aus. »Ist ihm auf dem Weg denn jemand begegnet?« erkundigte er sich.

»Nein, nachdem er die Dorfstraße verlassen hatte, niemand mehr, und bei meinen Befragungen im Dorf konnte ich auch keinen einzigen auftreiben, der ihn dort gesehen hat.«

»Hm... Er stand also kurz vor drei vor der Haustür von Linwood House. Er hat geklingelt und ist vermutlich eingelassen worden.«

»Ja, nach wenigen Minuten... eben nach so langer Zeit, wie Hilda, das Dienstmädchen, braucht, um vom Küchentrakt zur Haustür zu gehen.«

»Ich wußte gar nicht, daß es heutzutage noch Leute gibt, die ein Dienstmädchen haben.«

»Wir leben in einem altmodischen Dorf, Mr. Maitland. Hildas Mutter und ihr Großvater standen schon in den Diensten der Familie Linwood. Vielleicht geht die Verbindung auch noch weitere Generationen zurück. Das weiß ich nicht. Jedenfalls scheint hier fast alles vererbbar zu sein.«

»Ich verstehe. Also Hilda hat Mr. Linwood eingelassen. Ich nenne ihn von jetzt an lieber nur Oliver. Alles andere wird zu kompliziert.«

»Ja, natürlich. Hilda hat ihn in den Salon geführt, wo Sandra ihn kurz darauf begrüßt hat.«

»Wo war zu diesem Zeitpunkt das Kindermädchen? Wie heißt es überhaupt?«

»Dora Tompkins. Ihrer Aussage nach hat sie noch in Sandras Zimmer aufgeräumt. Das gehörte eigentlich nicht zu ihren Aufgaben, aber sie ist eine ordnungsliebende Frau, und Sandra ist es gewöhnt, bedient zu werden. Sie hat sich sicher nichts dabei gedacht, Dora auch solche Arbeiten verrichten zu lassen.«

»Was mich interessiert«, begann Antony. »Von welchem Fenster des Hauses aus konnte man den Kinderwagen sehen?«

»Vom oberen Stockwerk aus auf keinen Fall... und vom Salon aus eigentlich auch nicht. Dazu hätte man sich schon weit aus dem Fenster beugen und an der Fassade entlang sehen müssen. Miss Tompkins hat den Kinderwagen in eine geschützte Ecke gestellt. Sandra macht letztendlich wohl sie verantwortlich, aber eigentlich ist es ihre eigene Schuld, weil sie Miss Tompkins für sich beansprucht hat. Und schließlich kann ihr niemand Vorwürfe machen, daß sie das Baby im Wagen dorthin gestellt hat.«

»Na, jedenfalls dürfte an einem so heißen, schönen Tag das Fenster im Salon geöffnet gewesen sein. Und Oliver muß von drei Uhr an dort gewesen sein. Hätte er nicht Schritte gehört, wenn jemand über die Terrasse gelaufen wäre?«

»Das habe ich ihn auch gefragt. Er sagt, er hat nichts gehört, aber er ist in allem so vage. Wie ich ihn kenne, ist er mit seinen Gedanken so weit weg gewesen, daß er es nicht mal gehört hätte, wenn eine Herde Elefanten über die Terrasse getrabt wäre. Außerdem ist er nur wenige Minuten allein im Wohnzimmer gewesen. Dann kam ja Sandra, und ich schätze, die beiden haben sich unterhalten. Sicher haben sie nicht auf Geräusche geachtet.«

»Ja, das klingt einleuchtend. Wenn Oliver die Wahrheit sagt, dann erscheint mir die Tatzeit zwischen halb und drei am wahrscheinlichsten. Wie sieht die Umgebung von Linwood House aus?«

»Das Grundstück ist von jeher sehr gepflegt worden. An der Anlage hat sich sicher seit hundert Jahren nichts geändert. Sie wissen vermutlich, daß man früher um den Platz, auf dem die Damen ihre Gymnastik gemacht haben, dichtes Gebüsch gepflanzt hat. Und diese Nische ist noch immer vorhanden... höchstens zehn, zwölf Meter von der Stelle entfernt, an der der Kinderwagen stand.«

»Na, das ist ja schon immerhin etwas«, bemerkte Antony. »Das arme Kind umzubringen muß eine Minutensache gewesen sein. Der Mörder könnte blitzschnell aus dem Gebüsch aufgetaucht und dort auch wieder verschwunden sein... es sei denn, Gärtner wären im Park gewesen?«

»Die Linwoods beschäftigen einen alten Mann und dessen Sohn«, erwiderte Lisa. »Aber beide haben zu diesem Zeitpunkt auf der anderen Seite des Parks hinter dem Haus gearbeitet.«

»Wie schade. Mrs. Traherne... verzeihen Sie, Lisa... wer außer Ihrem Freund könnte noch ein Tatmotiv gehabt haben?«

»Für den Mord an dem kleinen Mark Linwood? Niemand!«

Maitland war plötzlich hellwach. Dominic, der ihn von der Seite beobachtete, hatte plötzlich die Assoziation von einem Jagdhund, der die erste Witterung des gejagten Wilds aufnimmt. »Diese Formulierung und vor allem Ihr Unterton klingen merkwürdig«, murmelte Antony. »Das müssen Sie mir schon näher erklären.«

»Natürlich. Es hat in Chedcombe zwei Fälle von Kindsentführungen gegeben. Beide Babys konnten nur noch tot... erstickt aufgefunden werden.«

»Wie lange liegt das zurück?«

»Das war am 20. und 23. Juni.«

»Und die Polizei hat da noch keinen Zusammenhang hergestellt?«

»Die Polizei glaubt den Täter zu kennen... ein Mädchen namens Henrietta Vaughan.«

»Selbst dann...«

»Sie ist eine ledige Mutter, und ihr Baby, ein Junge, kam am 13. Juni tot zur Welt. Man hat sie ein paar Tage später aus dem Krankenhaus entlassen. Physisch ging es ihr gut. Aber die Polizei ist inzwischen zu dem Schluß gekommen, daß sie durch das Erlebnis völlig aus dem psychischen Gleichgewicht gebracht worden ist. Sie lebt in Chedcombe, und beide Verbrechen wurden in Chedcombe begangen. Die Polizei sieht keine Verbindung zu dem Todesfall in Madingley... besonders, da ihrer Ansicht nach ein so ideales Motiv existiert. Ich glaube, die Polizei ist sogar der Meinung, daß die beiden ersten Baby-Morde Oliver erst auf die Idee gebracht haben.«

»Trotzdem... haben Sie mit der jungen Frau und mit den Eltern der beiden anderen toten Babys gesprochen?«

»Ich dachte, das würden Sie vielleicht lieber persönlich tun... vorausgesetzt, Sie wollen den Fall übernehmen.«

Maitland grinste. »Von wollen kann kaum die Rede sein. Aber ich gebe zu, daß ich dann mit den Leuten reden muß. Aber das kann warten. Zuerst möchte ich mit Ihrem Mandanten sprechen. Sie sagten doch, ich hätte morgen vormittag dazu Gelegenheit, oder?«

»Ja, das stimmt. Ich hole Sie hier um zehn Uhr ab, wenn's recht ist.« Bei diesen Worten stand sie auf und fügte mit gezieltem Zweckpessimismus hinzu: »Dann haben Sie genügend Zeit, noch mit uns zu Mittag zu essen, bevor Sie mit dem Nachmittagszug nach London zurückfahren... falls Sie das wollen.« Sie hielt inne und sah Dominic an, als schöpfe sie allein aus seinem Anblick Mut, und fuhr fort: »Ich kann mir vorstellen, daß Ihnen unsere Geschichte sehr merkwürdig vorkommen muß, Mr. Maitland. Aber vielleicht verstehen Sie uns besser, wenn Sie selbst mit Oliver gesprochen haben.«

»Vielleicht.« Antony war ebenfalls aufgestanden. Allerdings hatte er nicht vor, die Runde zu sprengen. »Bitte nehmen Sie doch wieder Platz. Trinken sie noch ein Glas mit mir. Selbst wenn einer von Ihnen... ich nehme an, es ist Dominic, oder?... noch nach Madingley fahren muß, werden Sie dadurch nicht zu Schaden kommen. Und auf diese Weise könnten wir uns ein bißchen besser kennenlernen.«

3

Es war schon fast elf Uhr abends, als er in sein Zimmer kam und Jenny anrief. Sie meldete sich prompt und erzählte ihm, daß sie nach dem Abendessen mit Sir Nicholas und Vera gerade erst wieder nach oben gegangen war. »Was ist mit deinem neuen Fall, Antony? Wirst du am Wochenende zurück sein?«

»Das kann ich dir jetzt noch nicht sagen, Liebes. Ich bin ziemlich hin und her gerissen. Veras Freunde sind sehr nette Leute. Es ist seltsam... irgendwie kommt es mir so vor, als würde ich diese Lisa Traherne kennen, dabei bin ich sicher, daß ich ihr während meiner früheren Besuche in Chedcombe nie begegnet bin.«

»Vermutlich ist es eine Art Seelenverwandtschaft«, bemerkte Jenny. »Antony...«

»Ja, Liebes?«

»Vera hat mir erzählt, worum es eigentlich geht.«

»Aha.« Im ersten Augenblick fiel ihm keine bessere Antwort ein, obwohl er genausogut nichts hätte sagen können.

»Vera scheint viel auf Lisas Urteilsvermögen zu geben«, fuhr Jenny fort. »Und du weißt, Antony...« Die Erinnerung an das gemeinsam Durchlebte stand unausgesprochen zwischen ihnen, doch nach so vielen Jahren bedurfte es vermutlich keiner Worte mehr. »...wenn sie recht hat, dann solltest du nicht zögern. Dann mußt du helfen, so gut du kannst.«

Danach telefonierten sie noch eine gute Viertelstunde, doch das Thema kam nicht mehr zur Sprache. Trotzdem fühlte Antony eine unerklärliche Zuversicht, als er den Hörer wieder auflegte, und das erschien ihm angesichts der Tatsache, daß er am darauffolgenden Tag seinen potentiellen Mandanten im Gefängnis besuchen sollte, gar nicht begreiflich.

FREITAG 18. Juli

1

Chedcombe ist eine Kleinstadt, die stolz auf die altertümliche Atmosphäre ist. Der Marktplatz mit dem Hotel George, das man getrost als architektonisches Schmuckstück bezeichnen kann, ist noch mit Kopfsteinen gepflastert, und obwohl die Stadtväter den Wochenmarkt mittlerweile auf einen der Sache angemesseneren Platz verwiesen haben, hat sich hier im Lauf der vergangenen Jahrhunderte nichts verändert. Antony wäre jede Wette eingegangen, daß es in Chedcombe mehr Antiquitätenläden gab als in irgendeiner anderen Stadt vergleichbarer Größe in Großbritannien. Über das Flüßchen, das sich in Mäandern durch die Stadtmitte schlängelte, führten mehrere Brücken. Die Besucher fanden das alles sehr interessant und ungewöhnlich, und die Einwohner... einschließlich derer, die keinerlei finanziellen Nutzen aus dem Touristenstrom zogen... hatten sich längst mit den Fremden abgefunden.

An einem solchen Ort erwartete man keine moderne Haftanstalt, die sich daher auch weit außerhalb des Städtchens befand. Lisa holte Maitland um Punkt zehn Uhr im Hotel ab, und Maitland hätte die Fahrt am liebsten schweigend gemacht. Von allen Begleiterscheinungen seines Berufs war das, was ihm bevorstand, die unangenehmste, und er versuchte nicht daran zu denken, indem er die Erinnerung an jenes erste Mal wachrief, als er diese Fahrt zurückgelegt hatte, und registrierte, wie anders die Landschaft doch jetzt im Hochsommer aussah als damals vor elf Jahren, als er mitten im Winter hier gewesen war. Die Konsequenzen jener ersten Fahrt waren gelinde gesagt unerwartet gewesen... und hatten ihm zusammen mit dem schlechten Benehmen der Bewohner von Chedcombe gegen das Mädchen, das damals seine Mandantin gewesen war, Chedcombe und alles, was damit zusammenhing, verhaßt gemacht. Leider kannte er Lisa nicht gut genug, um ohne schlechtes Gewissen schweigend seinen Gedanken nachhängen zu können, und rang sich daher schließlich zu der Bemerkung durch: »Ich bin schon einmal hier draußen gewesen. Aber das hat Vera Ihnen sicher erzählt. Allerdings kann ich mich an die Namen der Dörfer nicht mehr erinnern. Liegt Madingley in dieser Richtung?«

»Nein, nach Madingley muß man über die South Street stadtauswärts fahren und dann von der Northdean Road abbiegen. Es ist ein recht hübscher Ort. Die Leute sagen, es sei im Sommer besonders schön... und das stimmt natürlich..., aber ich mag es zu jeder Jahreszeit. Falls Sie übers Wochenende bleiben, müssen Sie uns unbedingt besuchen. Aber ich schätze, daß Sie sich sowieso den Tatort ansehen wollen«, fügte sie unsicher hinzu.

Antony wandte den Kopf und musterte sie lächelnd, doch er bezweifelte, daß sie es bemerkte, da sie sich ausschließlich auf die kurvenreiche Straße konzentrierte, die sie entlangfuhren. »Ich muß zumindest gestehen, daß es mich reizt«, erwiderte er. »Und vermutlich ist es auch notwendig. Jedenfalls würde ich Sie und Dominic gern besuchen.«

»Und ich bin froh, daß Sie mich heute morgen begleiten«, gestand Lisa. »Ich habe Oliver seit der Verhandlung am Amtsgericht nicht mehr gesehen, und jemandem, den man gut kennt, plötzlich im Gefängnis gegenüberzusitzen... ist doch zumindest peinlich.«

»Das kann ich Ihnen nachempfinden«, erwiderte Maitland, der seine eigenen Gründe hatte, den Besuch als unangenehm zu empfinden, jedoch keine Veranlassung hatte, darüber zu sprechen. »Und für Linwood ist die Situation vermutlich genauso peinlich.«

Er sah sie noch immer an, und diesmal lächelte sie, obwohl sie den Blick weiterhin starr auf die Straße gerichtet hatte. »Das möchte ich bezweifeln«, widersprach sie. »Oliver... ich habe ja schon gesagt, daß er sehr ungewöhnlich ist. Ich glaube kaum, daß er in der mißlichen Lage, in der er sich befindet, all jene Gefühle hegt, die man landläufig für angemessen halten würde.«

»Ich weiß nicht, wie es Ihnen geht, aber ich finde das nur ermutigend«, erklärte Maitland. Allerdings war er froh, daß Lisa nicht nachfragte, wie er das eigentlich meinte.

Danach sprachen sie über ganz andere Dinge und erreichten schließlich das Gefängnis. Falls Lisa diesen Augenblick gefürchtet hatte, ließ sie sich nichts anmerken. Sie erklärte gefaßt, weshalb sie gekommen waren, und kurz darauf saßen sie in dem Besucherzimmer, das sie zugewiesen bekommen hatten. Und Maitland hätte schwören können, daß es dasselbe war wie immer, wenn er diesen traurigen Ort aufgesucht hatte, nämlich ein kleiner, weiß getünchter Raum, in dem ein lasierter Holztisch, auf dem eine Staubschicht lag, und mehrere unbequeme Stühle standen. Aber Örtlichkeiten dieser

Art haben alle eine gewisse Ähnlichkeit, und Maitland schlenderte zum Fenster, um diesen Eindruck noch bestätigt zu finden, als er durch die Gitter auf die Wiesen hinaussah, die zum Fluß hin abfielen.

Die Weiden dort waren dicht belaubt, die Wiesen leuchteten sattgrün und waren nicht überflutet wie bei seinem ersten Besuch. Eine fragmentarische Erinnerung blitzte auf, und die Worte fielen ihm ein, die ihm damals durch den Kopf gegangen waren... der eine sah den Schlamm, der andere die Sterne... doch selbst der Anblick der Sterne konnte kaum tröstlich sein, wenn man hinter verschlossenen Türen saß, die nur von außen geöffnet werden konnten. Ein netter Ort, um darin zu verrotten, dachte er bitter, und einen Augenblick erschreckte ihn die Möglichkeit, er könne die Worte laut ausgesprochen haben. Doch als er sich umdrehte, saß Lisa bereits am Tisch und wirkte so gefaßt wie zuvor. Sie hatte vor sich einen Notizblock und einen Kugelschreiber auf den Tisch gelegt. »Soll ich mitschreiben, oder möchten Sie das lieber selbst tun?« fragte sie.

»Ich habe bestimmt irgendwo einen alten Briefumschlag, falls es mir nötig erscheint, ein paar Gedächtnisstützen festzuhalten«, versicherte er ihr. »Ansonsten verlasse ich mich gern auf Sie.« Und vielleicht weil er merkte, daß der kahle Raum und der Gefängnishof draußen Mitleid bei ihm auslösten, fügte er schroff hinzu: »Falls es überhaupt sinnvoll ist.«

Zu seiner Überraschung wurde sie bei diesen Worten rot, doch sie hielt seinem Blick stand. »Ich habe nicht vergessen, daß Sie sich noch nicht entschieden haben«, erklärte sie.

»Das habe ich eigentlich nicht...«

»Sie wollten natürlich nicht unhöflich sein, aber es stimmt eben, oder? Keine Sorge, Mr. Maitland, Sie kennen Oliver nicht. Ich kann also nicht erwarten, daß Sie Ihre Entscheidung aufgrund meines Urteils treffen.«

»Tut mir leid...«, begann Maitland und wußte selbst nicht, wie er den Satz hätte beenden sollen. Die Tatsache, daß in diesem Augenblick die Tür aufging und Oliver Linwood hereinkam, rettete ihn.

Zum ersten Mal, und vielleicht waren daran Lisa und Dominic schuld, die mit ihren Berichten seine Neugier erregt hatten, konzentrierte sich Maitlands Aufmerksamkeit in diesem Augenblick ausschließlich auf den Mann, der das Zimmer betrat. Er registrierte weder die Tür, die sich hinter Linwood schloß, noch den Wärter, der im

Korridor Posten bezog. Um Linwood in die Augen zu sehen, mußte Maitland den Blick etwas senken, was bedeutete, daß Oliver ungefähr Dominics Körpergröße hatte. Allerdings wirkte der Untersuchungshäftling aufgrund seiner hageren Gestalt größer. Dabei machte er keineswegs einen kranken Eindruck, er schien nur einfach keine Muskeln zu haben. Er trug sein fahlbraunes, glattes Haar für Maitlands Geschmack etwas zu lang, doch Antony hatte sofort den Verdacht, daß das entweder Absicht war oder daß Oliver Haareschneiden für etwas viel zu Banales hielt, um sich oft genug daran zu erinnern. Die Tatsache, daß das Haar frisch gewaschen und ordentlich gebürstet war, paßte nicht ganz zu seiner übrigen Erscheinung. Sein Anzug war nämlich alt und hatte wohl noch nie richtig gesessen. Der zwar saubere Hemdkragen war am Hals ausgefranst, und das einzig Positive, das man von seinen abgetragenen Lederschuhen sagen konnte, war, daß sie mittlerweile außerordentlich bequem sein mußten. Linwoods Gesicht fügte sich unauffällig in sein übriges Äußeres, und erst als Antony später versuchte, den jungen Mann zu beschreiben, fiel ihm auf, daß er keinerlei markante Merkmale hatte, daß er ein Mensch war, über den man leicht hinwegsah. Er war, so besehen, schlicht eine Allerweltserscheinung.

Lisa stand hastig auf. »Oliver...«, begann sie. »Das ist Mr. Maitland, der Strafanwalt. Wir hoffen, daß er dich vor Gericht vertreten wird.«

Linwood wandte seine Aufmerksamkeit Antony zu und lächelte. Das Lächeln machte sein Gesicht schon ausdrucksstärker. Es war ein angenehmes Lächeln mit einer sarkastischen Nuance. »Freut mich, Sie kennenzulernen«, erwiderte Linwood. »Natürlich haben wir hier schon von Ihnen gehört, und ich bin genauso neugierig wie jedermann. Allerdings verstehe ich nicht ganz, was Lisa meint, wenn sie sagt, daß sie hofft, Sie würden mich verteidigen. Ist das nicht Ihr Job?«

»Nur, wenn ich Ihr Mandat übernehme«, präzisierte Antony und ließ es dabei bewenden, da er das Gefühl hatte, daß es bei Linwood keiner weiteren Erklärung bedurfte.

»Lisa hat Ihnen bestimmt gesagt, ich könne keiner Fliege was zuleide tun, was einer ihrer Lieblingsausdrücke ist, aber Sie sind sich da wohl nicht so sicher«, bemerkte Oliver. »Setz dich doch«, fügte er zu Lisa gewandt hinzu. »Wenn wir uns schon hier unterhalten müssen, dann machen wir's uns wenigstens bequem.« Die Tatsache, daß diese Bemerkung angesichts der harten, spartanischen Sitzgelegenheiten der Strafanstalt etwas absurd wirkte, schien ihm gar nicht bewußt zu sein.

Lisa setzte sich, und Linwood folgte ihrem Beispiel. Antony ging zu dem Stuhl, auf dem er normalerweise Platz genommen hätte, stellte sich dahinter und stützte die Hände auf die Lehne. Er bemerkte an Linwood nicht jenes Bedürfnis nach Halt und Trost, das Menschen in seiner Situation üblicherweise hatten. Linwood schien sich völlig in der Hand zu haben und brauchte Maitlands Einschätzung nach kaum gedrängt zu werden, seine Geschichte zu erzählen.

»Mrs. Traherne hat mir ungefähr beschrieben, was man Ihnen vorwirft«, begann Antony. »Ich nehme an, daß Sie auf ›Unschuldig‹ plädieren wollen...«

»Worauf Sie sich verlassen können!«

»... aber sicher hat Lisa Ihnen auch gesagt, daß ein einfaches Leugnen der Tat vor Gericht kaum genügen würde. Sie möchte der Sache weiter nachgehen, und wenn ich an Ihrer Unschuld zweifeln sollte, würde sie mir das Mandat sicherlich nicht übertragen. Sie sehen also, daß ich ebenso wie Sie auf die Probe gestellt werde.«

Linwood dachte einen Augenblick nach. »Es ist alles völlig unsinnig, wissen Sie«, begann er schließlich. »Die Gelegenheit hätte ich gehabt, wenn ich gewollt hätte, aber eigentlich stützen die Behörden die Anklage auf das Motiv, und das ist absurd!«

»Das müssen Sie mir schon näher erklären«, forderte Antony ihn auf.

Linwood spreizte die Finger seiner Hände. »Das Geld will ich überhaupt nicht«, sagte er. »Was sollte ich denn damit anfangen?«

»Na, da würde mir schon etliches einfallen«, entgegnete Maitland mit einem Anflug von Sarkasmus.

»Sie machen den Fehler, die Menschen nach Äußerlichkeiten zu beurteilen«, konterte Linwood. »Sie finden, daß ich einen neuen Anzug brauchen könnte, aber der hier hält noch gut und gern ein paar Jahre. Außerdem habe ich einen zum Wechseln, wenn dieser hier in die Reinigung muß. Und alles andere... Lisa, du kennst mich doch! Habe ich je nach den Fleischtöpfen gegiert?«

»Nein«, gab Lisa zu. »Aber was ich denke, ist nicht von Belang. Es kommt nur auf die Geschworenen an. Und wenn die erfahren, wie du lebst...«

»Laß meinen Lebensstil aus dem Spiel«, entgegnete Oliver nachsichtig. »Ich habe genug, um meine bescheidenen Bedürfnisse zu befriedigen, und außerdem gefällt mir mein Leben. Was sollte ich schon mit einem Vermögen anfangen? Ich würde nur vor Sorgen krank werden, daß ich es an der Börse verlieren könnte. Das deckt sich wirklich nicht mit meinen Vorstellungen von einem amüsanten Leben.«

»Es geht ja nicht nur um Geld«, erinnerte Maitland ihn. »Da ist schließlich auch noch der Grundbesitz.«

Oliver sah ihn lange an. Und als er schließlich antwortete, war es schwierig zu glauben, sein Bedauern sei gespielt. »Begreifen Sie denn gar nichts? Das macht die ganze Sache doch noch viel schlimmer. Tatsächlich ist eine ganze Menge Bargeld in der Familie vorhanden, aber ich glaube, rein theoretisch könnte man es einfach auf einem Bankkonto deponieren und vergessen. Aber wie sollte ich ein Gut in dieser Größe bewirtschaften?«

»Es gibt eine Menge Leute, die dafür einen Verwalter anstellen. Und wenn Sie sich für das Finanzielle schon nicht interessieren, dann würde Ihnen das Gehalt, das Sie ihm bezahlen müßten, doch auch nicht weh tun.«

Linwood musterte Maitland jetzt unverhohlen vorwurfsvoll. »Normalerweise bin ich nicht leicht aus der Ruhe zu bringen«, erklärte er, »aber jetzt habe ich den Eindruck, daß Sie mich absichtlich ärgern wollen. Was haben die Leute denn schon davon? Ich meine, die Leute, die Verwalter einstellen. So ein unangenehmer Mensch würde sich doch dauernd mit einem besprechen wollen. Da müßte ich schon das Land verlassen, um meine Ruhe zu haben, und dazu habe ich nun wirklich keine Lust. Ich lebe gern in England, und ich bin besonders gern in Madingley.«

»Ich verstehe.«

»Das klingt aber nicht danach. Trotzdem stimmt es, was ich sage. Was glauben Sie wohl, habe ich an jenem Tag in Linwood House gewollt?«

»Das werden Sie mir sicher gleich erzählen.«

»Ich wollte Sandra sagen, wie froh ich bin, daß sie kein Mädchen zur Welt gebracht hat. Ich hätte mich sowieso um die beiden gekümmert. Sie hätte auch in jedem Fall im Haus wohnen bleiben können, aber so weit ist es ja gar nicht gekommen. Jedenfalls wollte ich ihr klarmachen, daß sie von mir keinesfalls Mißgunst zu erwarten hat.«

»Und was hatte Mrs. Linwood dazu zu sagen?«

»Ich bin gar nicht dazu gekommen, mit ihr darüber zu sprechen. Bevor ich das Thema anschneiden konnte, schrie sich diese Tompkins die Seele aus dem Leib, das Baby sei tot. Und danach war die Hölle los, wie Sie sich vorstellen können.«

»Ja... ich verstehe«, wiederholte Maitland gedehnt. »Erzählen Sie mir jetzt mal genau, was Sie damals gemacht haben. Sie haben das ›Saracen's Head‹ vermutlich verlassen, als es geschlossen hat.«

»Ja, so um zwei Uhr. Und da Lisa mich schon damit gelöchert hat, wie lange ich zu Fuß bis Linwood House gebraucht habe, nehme ich an, daß es wichtig ist. Es war ein schöner Tag, und ich bin ein bißchen herumspaziert, bis ich allen Mut beisammen hatte. Sandra ist nämlich nicht gerade mein Fall.«

»Ist Ihnen auf diesem ›Spaziergang‹ jemand begegnet?«

»Nachdem ich das Dorf verlassen hatte, niemand. Als ich die Auffahrt hinaufgegangen bin, habe ich natürlich den Kinderwagen gesehen, aber Babys interessieren mich nicht besonders, und ich kann wirklich nicht behaupten, daß ich versucht gewesen wäre, hinzulaufen und mir das Kind anzuschauen. Außerdem habe ich auch keine verdächtige Gestalt durchs Gebüsch schleichen sehen. Damals wußte ich nicht mal, wie spät es war. Ich trage keine Uhr. Die Zeit beschneidet nur die persönliche Freiheit, aber nachdem wir später den Lauf der Dinge rekonstruiert hatten, kamen wir zu dem Schluß, daß ich kurz vor drei Uhr am Haus geklingelt haben muß.«

»Wir? Meinen Sie sich und Mrs. Linwood?«

»Sandra? O nein! Es war wohl kaum der Zeitpunkt, ihr solche Fragen zu stellen. Ich meinte unseren Dorfpolizisten. Ich habe ihm genau gesagt, welchen Weg ich genommen habe, und danach haben wir die Zeit, so gut es ging, berechnet. Und dabei sind wir auf drei Uhr gekommen.«

»Dabei fällt mir was ein.« Maitland sah Lisa Traherne an. »Wer leitet eigentlich die polizeilichen Ermittlungen?«

»Chefinspektor Camden.«

»Wie bedauerlich. Ich kenne den Herrn, das ist alles«, fügte Antony hastig hinzu, als er Lisas besorgten Blick auffing. »Und um Mr. Linwoods Ausdrucksweise aufzugreifen, er ist nicht gerade mein Fall.«

»Heißt das, daß Sie mit der Sache lieber nichts zu tun haben wollen?« erkundigte sich Lisa mit beinahe brutaler Offenheit.

»Nicht unbedingt. Ich hatte mit dieser Möglichkeit schon gerechnet, bevor ich überhaupt in den Zug nach Chedcombe gestiegen bin. Und da Mr. Linwood bereits in Untersuchungshaft sitzt, spielt die Haltung der Polizei für uns kaum noch eine Rolle. Vielleicht ist es sogar hilfreich, wenn ich seine Feindseligkeit vor Gericht offenkundig machen kann.«

»Das bedeutet...«

»...im Augenblick noch gar nichts. Machen wir mit diesem Frage- und Antwortspiel weiter. Dann sehen wir schon, wohin wir kommen. Mr. Linwood hat möglicherweise schneller die Nase voll als ich.«

»Also gut.« Lisa wollte offenbar die Hoffnungen nicht aufgeben, die er genährt hatte. »Was wollen Sie als nächstes von ihm wissen?«

»Wir haben gerade von seinem Besuch in Linwood House an dem Tag gesprochen, als das Kind getötet worden ist.«

»Kinderschwester Tompkins kam herein und schrie hysterisch«, berichtete Oliver bereitwillig weiter. »Sobald ich was Zusammenhängendes aus ihr herausbekommen hatte, bin ich in Walters ehemaliges Arbeitszimmer rübergegangen und habe die Polizei angerufen. Danach haben die alles weitere in die Hand genommen.«

»Was war mit Sandra Linwood?«

»Sandra ist sofort auf die Terrasse hinausgelaufen, hat den kleinen Mark aus dem Kinderwagen genommen und ihn ins Haus gebracht. Als ich wieder ins Wohnzimmer kam, lag er auf dem Sofa. Die Tompkins schien sich inzwischen etwas beruhigt zu haben. Sie schluchzte noch und hatte einen brennend roten Fleck auf der Wange. Ich nehme daher an, daß Sandra ihr eine Ohrfeige gegeben hatte. Jedenfalls hatten sowohl die Tompkins als auch Sandra erfolglos Wiederbelebungsversuche bei dem kleinen Mark unternommen.«

»Wenn die Lage des toten Kindes verändert worden ist...«

»Die Tompkins hat geschworen, ihn nicht angerührt zu haben, aber sie stimmte Sandra darin zu, daß er mit dem Kissen auf dem Gesicht auf dem Rücken gelegen hatte. Armer kleiner Bursche«, fügte er traurig hinzu.

»Und das ist am 8. Juli gewesen, oder?«

»Ja. Nach einer Weile haben sie mich nach Hause gehen lassen, mich aber noch am selben Abend verhaftet.«

»Aber in der Zwischenzeit konnten Sie noch mit dem Dorfpolizisten sprechen, stimmt's?«

»Ja, das habe ich doch schon gesagt. Er ist ein netter Kerl, und ich glaube, er wollte mir klarmachen, was mir bevorstand.«

»Wie meinen Sie das?«

»Na, sobald Sandra allein mit Camden sprechen konnte, hat sie ihm bestimmt eine hübsche Geschichte erzählt... über mich und meinen Lebensstil. Biggins kennt mich...«

»Ist Biggins der Dorfpolizist?«

»Ja, ganz richtig. Als er mir gesagt hat, daß ich eventuell mit meiner Verhaftung rechnen muß, haben wir ausgerechnet, wie lange ich für den Weg zum Linwood House gebraucht habe, indem wir die Strecke noch mal abgegangen sind. Um diese Jahreszeit ist es ja lange hell. Anschließend haben Camden und seine Chargen mich verhaftet. Da ich allerdings von Lisa schon einiges gelernt habe, wie Sie sicher annehmen, habe ich darauf bestanden, mit ihr sprechen zu können. Und sie hat mich dann angewiesen, keine Aussage zu machen.«

»Sie hatten ihn schon verhaftet«, warf Lisa ein. »Indem er ihre Fragen beantwortete, konnte er das also nicht mehr verhindern.«

»Ich verstehe vollkommen. Camden ist schon immer recht impulsiv gewesen, aber wenn ich alles überdenke, kann man es ihm diesmal wirklich nicht verübeln.«

Lisa warf Antony einen prüfenden Blick zu, so, als überlege sie, ob er erneut seine Meinung geändert habe. Maitland, der ihren Ausdruck richtig deutete, dachte insgeheim, wieviel einfacher es war, mit seinem alten Freund Geoffrey Horton zusammenzuarbeiten, der aus seinem plötzlichen scharfen Ton nie die falschen Schlüsse gezogen hätte. »Lassen wir die Tatsachen für den Augenblick mal beiseite«, sagte er. »Erzählen Sie mir von sich, Mr. Linwood.«

»Ich kann schon fast die Frage des Staatsanwalts nach meinem Beruf hören«, seufzte Oliver vergrämt. »Glauben Sie, er gibt sich zufrieden, wenn ich mich als Müßiggänger bezeichne?«

»Das möchte ich ernsthaft bezweifeln. Trotzdem möchte ich noch ein bißchen mehr wissen. Sie sind doch nach Ihrem Großvater Oliver Linwood benannt, oder? Und Ihr Vater ist dessen zweitgeborener Sohn gewesen?«

»Ja, ganz richtig. Großvater ist 1935 gestorben, und mein Onkel Mark hat damals den Familienbesitz übernommen.«

»Hm, die Geschichte interessiert mich. Wissen Sie über Erbformen wie den Fideikommiß Bescheid?«

Oliver zog eine Grimasse. »Lisa hat mir die Angelegenheit ausführlich erklärt«, erwiderte er. »Ich verstehe jetzt jedenfalls Leute, die Gesetze für Unsinn halten.«

»Das ursprüngliche Gesetz über den Fideikommiß ist im Law of Property Act 1925 novelliert worden«, bemerkte Maitland.

»Ich kann leider nicht den geringsten Unterschied zwischen dem alten und dem neuen Gesetz erkennen«, warf Oliver ein.

»O doch! Der Erblasser kann nach dem neuen Gesetz auch sein persönliches Vermögen in das durch den Fideikommiß bestimmte Erbgut einbringen«, klärte Maitland ihn auf. »In gewisser Weise teile ich Ihre Meinung, daß die Bestimmung eigentlich sehr unerfreulich ist, aber das steht hier nicht zur Debatte. Zwei Dinge verwirren mich etwas. Einmal begreife ich nicht ganz, weshalb Ihr Großvater die Erbbestimmungen geändert hat, und zum anderen, warum er sein persönliches Vermögen eingebracht hat. Er hatte zwei Söhne, und ich schätze, daß dadurch Ihr Vater auf Gedeih und Verderb von seinem Bruder abhängig geworden war.«

»Richtig, und um ehrlich zu sein, verblüfft mich die Handlungsweise meines Großvaters auch«, gestand Oliver. »Aber es ist alles so lange her, und ich weiß auch nicht, wie wir etwas über seine Motive herausbekommen sollen.«

»Dann sagen Sie mir, was Sie vermuten. Wie reimen Sie sich das zusammen?« forderte Maitland Oliver auf.

»Na gut. Ich glaube, der Grund ist, daß mein Onkel Mark seinem Vater sehr ähnlich... vielleicht sogar sein erklärter Liebling gewesen ist. Ich habe den alten Herrn natürlich nicht mehr gekannt, aber nach allem, was ich über ihn gehört habe, muß er geradezu dazu prädestiniert gewesen sein, einen großen Besitz zu verwalten, und Onkel Mark war eben wie er. Mein Vater dagegen ist den beiden wohl etwas zu wenig realistisch gewesen. Dabei war er keinesfalls ein Träumer. Meine Mutter hat mir immer gesagt, daß er völlig in seinem Beruf aufging. Und es war schließlich nicht seine Schuld, daß er so früh gestorben ist. Wenn er länger gelebt hätte, hätte er auch besser für sie sorgen können.«

»Und vermutlich auch für Sie.«

»Ja, natürlich... das versteht sich von selbst. Aber inzwischen muß Ihnen doch auch klargeworden sein, daß mir das kaum etwas bedeutet hätte. Nur meine Mutter... Sie ist erst vor sieben Jahren gestorben... und für sie war es schon sehr hart.«

In diesem Augenblick setzte sich Antony auf seinen Stuhl und zog den zerknitterten Briefumschlag aus der Tasche, auf dem er sich am Vorabend Notizen gemacht hatte. »Ihr Vater hieß Andrew und war Arzt«, brachte er, mühsam sein Gekritzel entziffernd, vor. »Er wurde 1913 geboren und starb 1948... also mit 35 Jahren. Woran ist er denn so früh gestorben?«

»Das weiß ich nur vom Hörensagen. Ich bin damals ja gerade zwei Jahre alt gewesen. Aber es scheint derselbe angeborene Herzfehler gewesen zu sein, der auch meinem Vetter Walter vor sechs Wochen zum Verhängnis geworden ist.«

»Und nach dem Tod Ihres Vaters... Tut mir leid, aber wenn ich Ihnen helfen soll, muß ich alles über Ihre finanziellen Verhältnisse wissen«, erklärte Antony, als er Oliver Linwoods Blick auffing.

»Wie soll ich Ihnen nur begreiflich machen, daß Geld mich nicht interessiert?«

»Sie müssen vor allem die Geschworenen überzeugen, also versuchen Sie's probehalber mal bei mir.«

»Sie machen auf mich auch nicht gerade den Eindruck eines geldgierigen Menschen.«

»Ich glaube, der bin ich auch nicht... Trotzdem, wenn mir jemand eine Million Pfund anböte, wüßte ich schon etwas damit anzufangen«, entgegnete Antony. »Und das trifft doch wohl auf die meisten Menschen zu.«

»Nicht auf mich«, widersprach Oliver. »Für mich wäre das eine ziemliche Belastung«, protestierte er. »Aber wenn Sie glauben, daß es mir hilft, die ganze schmutzige Wäsche...«

»Sie haben mein Wort. Vielleicht hilft es nicht unbedingt, aber es ist dringend nötig.«

»Nach allem, was meine Mutter mir erzählt hat, hatte mein Vater bei seinem Tod nur ein paar tausend Pfund auf der Bank. Das Haus, in dem wir lebten, war von der Witwe des Arztes gemietet, dessen Praxis Vater übernommen hatte. Der Mann war schon einige Jahre tot gewesen, als mein Vater in Madingley anfing, so daß er dessen Patienten gar nicht mehr übernehmen konnte. Die meisten waren inzwischen zu anderen Ärzten gegangen. Allerdings schien mein Vater im Dorf sehr beliebt zu sein, und das hat sich offenbar bald bezahlt gemacht. Meinen Onkel Mark hast du natürlich nie gekannt, Lisa. Er war alles andere als ein gefühlsduseliger Mann, und ich glaube, für meinen Vater hatte er überhaupt nichts übrig. Der Name der Familie allerdings war ihm heilig. Schon deshalb hat er für meine Mutter ein kleines Haus im Dorf gekauft, und ich gehe jede Wette ein, daß er hoffte, sie würde bald wieder heiraten und ihm nicht weiter auf der Tasche liegen. Er hat sie nicht gerade verhungern lassen, aber das war auch alles. Meine Mutter war eine kluge Frau und wäre durchaus in der Lage gewesen, eine Arbeit anzunehmen, wenn sie sich nicht um mich hätte kümmern müssen, aber sie hat mir einmal gestanden, daß Onkel Mark ihr das Versprechen abgenommen hatte, keine Tätigkeit auszuüben, die einer Linwood nicht angemessen gewesen wäre. Solange sie sich daran hielt, war er bereit, im Rahmen des Zumutbaren für uns und meine Ausbildung zu sorgen. Er hätte mich sogar auf die Universität gehen lassen, aber darauf habe ich gern verzichtet. Es wäre mir nur als Zeitverschwendung erschienen.«

Maitland studierte erneut seine Notizen. »Ich habe mir hier aufgeschrieben, daß Ihr Onkel bei einem Flugzeugabsturz ums Leben gekommen ist.«

»Ja, er und meine Tante Maud.«

»Und was war danach?«

»Mein Vetter Walter, der nur zwei Monate älter war als ich, der sich aber manchmal schon wie fünfzig benommen hat, hat uns weiter unterstützt wie bis dahin sein Vater. Ein Jahr später, 1968, ist allerdings meine Mutter gestorben, und damit erledigte sich die Angelegenheit von selbst. Ich hätte nie etwas von Walter angenommen. Wir sind nie gut miteinander ausgekommen, und nach seiner Heirat wurde alles nur noch schlimmer. Ich habe mich deshalb an Dominic um Rat gewandt... Ihr habt euch damals noch nicht gekannt..., aber er ist von jeher ein vernünftiger Kerl gewesen. Er hat das Haus für mich verkauft und einen viel höheren Preis erzielt, als ich zu hoffen gewagt hatte, und das Geld dann für mich angelegt. Ich habe mir nur so viel zurückbehalten wie ich brauchte, um das kleine Bauernhaus zu kaufen, das spottbillig zu haben war...«

»Und das du kein bißchen menschenwürdig hergerichtet hast«, warf Lisa etwas gereizt ein.

»Nein..., aber selbst ich sehe ein, daß es wichtig ist, ein Dach über dem Kopf zu haben. Jedenfalls verfüge ich dank Dominics Besonnenheit und Geschick über ein winziges Einkommen. Außerdem schreibe ich Musikkritiken für das Lokalblatt, so daß ich keinen Eintritt für die Konzerte bezahlen muß, und wenn ich gerade besonders knapp bei Kasse bin, dann ist Martin immer bereit, einen Artikel von mir über das Leben auf dem Land zu veröffentlichen. Ich komme also recht gut über die Runden.«

»Sie mochten Ihren Vetter Walter also nicht?«

»Er hat alles mißbilligt, was ich getan habe«, entgegnete Oliver schlicht. Maitland erwiderte darauf gar nichts, und erst als das Schweigen auffällig wurde, fragte Oliver: »Also wie lautet das Urteil?«

»Wenn wir morgen vor Gericht müßten, dann fürchte ich, wüßte ich, wie die Geschworenen entscheiden würden.«

»Ja, aber das habe ich nicht gemeint.«

»Ich weiß.« Es war nicht der Augenblick, über seine Entscheidung zu sprechen, denn die hatte Antony längst getroffen, doch dafür mußte er Farbe bekennen, und das gefiel ihm gar nicht. »Mrs. Traherne hat völlig recht«, sagte er schließlich. »Die Angelegenheit muß gründlich recherchiert werden.«

»Von Ihnen?« fragte Lisa hastig.

»Von wem sonst?«

»Aber wo wollen Sie anfangen?«

»Das haben Sie mir doch selbst gesagt. Es hat zwei ähnliche Verbrechen in dieser Gegend gegeben.«

»Sie wurden in Chedcombe begangen, und die Tatbestände waren nicht gerade identisch. Die Polizei jedenfalls hat überhaupt keine Verbindung hergestellt. Sie glauben das Mädchen zu kennen, das sie begangen hat... davon habe ich ja schon erzählt..., aber es fehlen die Beweise. Wenigstens scheint es mir so.«

Antony sah sie lächelnd an. »Wollen Sie mich von meinem Entschluß wieder abbringen?«

»Sie wissen ganz genau, daß ich das nicht will.« Das klang beinahe beleidigt. »Mir ist eben nur klar, daß wir nicht weiterkommen, wenn wir Ihnen gegenüber nicht ehrlich sind.«

»Es ist durchaus möglich, daß wir überhaupt nichts erreichen«, warnte Maitland. »Aber genau da will ich ansetzen, und da die Polizei offenbar keine Verbindung zwischen den Verbrechen herstellt, kann auch niemand was dagegen haben, wenn ich mich mit Camden darüber unterhalte. Bis dahin...«

»Bis dahin?« wiederholte Lisa.

»Bis dahin bleibt die Frage des Motivs. Wenn unser Mandant unschuldig ist und es sich nicht um die Tat dieser Psychopatin handelt...«

»Das ist das Schlimmste von allem«, unterbrach Lisa ihn verzweifelt. »Es muß doch massenweise Babys in Chedcombe geben. Weshalb sollte sie sich also gerade in Madingley ein Opfer suchen? Außerdem sind die anderen entführt und nicht sofort getötet worden. Nur wenn wir das ausschließen...«

»Sie können sich also nicht vorstellen, wer außer Mr. Linwood ein Motiv gehabt haben sollte?«

»Er hat es nicht getan!«

»Von dieser Annahme gehen wir ja aus. Daraus folgt demnach, daß es jemand anderer getan haben muß. Eine Möglichkeit habe ich schon genannt, aber alles können wir nicht überblicken. Wir müssen also der Frage nachgehen, wer außer unserem Mandanten ein Motiv gehabt haben könnte, ausgerechnet das Baby Mark Linwood zu töten.«

»Ein zwei Wochen altes Baby kann doch niemand so sehr hassen.«

Maitland sah Linwood an und erkannte in seinem Blick die gutmütige Resignation, die auch er empfand.

»Lisa, Liebes, du scheinst nicht recht zu wissen, was du eigentlich willst«, erklärte Oliver offen. »Wenn du nicht akzeptierst, daß dieses arme, irre Mädchen, das in Chedcombe sein Unwesen treibt...«

»Und auf das Sie gestern noch gern alles abgeschoben hätten«, ergänzte Antony.

»...Tut mir leid, aber du mußt entweder meine Schuld oder die Tatsache akzeptieren, daß ein anderer ein Motiv hatte. Es ist sehr unwahrscheinlich, daß zwei Irre diese Gegend unsicher machen und wahllos Kleinkinder ersticken, aber wenn du eine Minute nachdenkst, dann mußt du doch zugeben, daß es durchaus möglich ist, daß jemand was gegen Sandra hatte.«

»Ja, natürlich. Entschuldige, Oliver. Tut mir leid, Mr. Maitland, ich habe mich dumm benommen. Ich habe mich vermutlich bisher so sehr auf Olivers Situation konzentriert, daß alles andere nur einen abstrakten Wert für mich hatte, und jetzt ist mir plötzlich klargeworden, was eigentlich passiert ist. Ich kenne Sandra kaum, aber falls jemand sie oder Walter gehaßt hat... dann ist die Vorstellung doch schrecklich, daß das Baby dafür hat büßen müssen.«

»Für den Augenblick sollten wir diese Aspekte einfach vergessen«, entschied Maitland energisch. »Helfen Sie mir, Mr. Linwood. Wie lange ist Ihr Vetter verheiratet gewesen?«

»Zwei Jahre... ja, bei seinem Tod waren es fast genau zwei Jahre. Ich erinnere mich nämlich, daß er im Juni geheiratet hat. Das genaue

Datum müßte ich allerdings erst nachsehen.«

»Sind Sie auf der Hochzeit gewesen?«

»Nein. Natürlich hatte mich Walter eingeladen..., weil ich ja zur Familie gehöre, aber er hat dabei keinen Zweifel daran gelassen, daß es eine sehr exklusive Gesellschaft wäre, auf der ich mich kaum wohl fühlen würde.«

»Das habe ich gar nicht gewußt«, warf Lisa empört ein. »Wie gemein von ihm«, fuhr sie etwas unsicherer fort. Vielleicht war ihr gerade eingefallen, daß man über Tote nicht schlecht sprach.

»Eigentlich war das nicht so gemeint«, widersprach Oliver. »Er hatte im Grunde doch recht. Und dann hat er mir vorgeschlagen, Urlaub zu machen, und er wollte mir die Ferien finanzieren... das war die perfekte Erklärung dafür, daß sein einziger lebender Verwandter bei der Hochzeit nicht dabei war. Allerdings habe ich keine Veranlassung gesehen, deshalb einen solchen Aufwand zu treiben, und bin für den Tag nur einfach nach Chedcombe gefahren.«

»Kannten Sie Sandra zu diesem Zeitpunkt denn schon?«

»Eigentlich nicht, obwohl ich natürlich von ihrer Existenz gewußt hatte. Walter und ich hatten von jeher völlig andere Interessen, und er war sich seiner gesellschaftlichen Stellung in unserer Gegend immer sehr bewußt. Zum Beispiel wäre er mit Sandra nie auf einen Drink in ›Saracen's Head‹ gekommen, obwohl wir dort wirklich eine nette Runde sind – findest du nicht auch, Lisa? –, und es ist sehr unterhaltsam. Auch was die Musik betraf, hatten wir keine Berührungspunkte. Er ist meistens nach London gefahren... hat sich mächtig in Schale geworfen und dann ein Konzert in der Royal Festival Hall, die Oper oder Covent Garden besucht. Ich habe keine Ahnung, ob ihm die Vorstellungen überhaupt gefallen haben, es gehörte nur einfach zum guten Ton, sich dort sehen zu lassen. Für mich ist das Reizvolle an den Konzerten in Chedcombe, daß sie von ganz normalen, einfachen Leuten in bequemen Alltagskleidern besucht werden. Die Callas kann man dort nie erleben, aber wenn man was von Musik versteht, dann kommt man auch auf seine Kosten. Lisas Freundin, Miss Langhorne, die dann Ihren Onkel geheiratet hat, habe ich nie persönlich kennengelernt, aber der Chor-Gemeinde hat sie sehr gefehlt, als sie nach London gezogen war.«

»Das ist komisch«, bemerkte Antony lächelnd. »Als ich ihr zum ersten Mal auf den Stufen der Shire Hall in Chedcombe begegnet bin, hatte ich plötzlich eine Art Vision von ihr in einem der langen, weißen nachthemdartigen Gewänder, die Chormitglieder bei Aufführungen tragen. Den Salon meines Onkels, der praktisch nur bei ganz offiziellen Anlässen benutzt wird, hat sie in ein Musikzimmer umfunktioniert. Aber wir kommen vom Thema ab. Wann sind Sie also Sandra zum ersten Mal begegnet, Oliver?«

»Als sie von ihrer Hochzeitsreise zurück waren, hat Walter mich zum Abendessen eingeladen. Es war eine reine Familienangelegenheit... nur wir drei. Auf diese Weise kam ich erst gar nicht in die Verlegenheit, mich zwischen seinen eleganten Freunden behaupten zu müssen«, erklärte Oliver ohne Gehässigkeit.

»Und wie hat Sandra reagiert?«

»Also sie ist bei meinem Anblick nicht gleich schreiend davongelaufen, wenn Sie das meinen«, antwortete Linwood. »Allerdings hatte Walter sie vermutlich schonend auf mich vorbereitet. Danach haben wir uns gelegentlich beim Dorfkrämer getroffen und nichtssagende Höflichkeiten ausgetauscht, aber alljährlich in der Weihnachtszeit wurde das langweilige Familienessen wiederholt.«

»Wußten Sie, daß sie ein Kind erwartete..., als Ihr Vetter starb, meine ich.«

»Ja. Ich glaube, im Januar hat Walter mir das bevorstehende freudige Ereignis mit einigem Stolz mitgeteilt. Komischerweise schien ihm nie der Gedanke gekommen zu sein, das Kind könne kein Junge werden, und ich habe wie selbstverständlich angenommen, daß er damit recht hatte. Das hatte er ja auch, wie sich dann herausstellte.«

»Als Walter Linwood nun starb, ist Ihnen da klargewesen, daß Ihre Zukunft praktisch vom Geschlecht dieses Kindes abhing?«

»Nein, daran habe ich überhaupt nie gedacht.« Oliver hielt einen Augenblick nachdenklich inne, bevor er fortfuhr: »Das ist wieder eins von den Dingen, die niemand glauben wird, was?«

»Leicht verdauliche Kost ist es jedenfalls nicht gerade«, gab Antony zu. »Aber von den Erbbestimmungen haben Sie gewußt?«

»O ja. Mutter hatte mir davon erzählt, und Lisa hat mir wie gesagt die Einzelheiten erklärt. Aber wenn ich Ihnen nur begreiflich machen könnte, wie wenig mich das Erbe interess...«

»Das wollen wir erst mal als selbstverständlich annehmen, ja?«

»Ja, aber mir ist klar, in welch schwierige Lage ich Sie bringe. Ist es wirklich Ihr Ernst, daß Sie meine Verteidiung übernehmen wollen? Lisa wäre natürlich begeistert, und ich spreche Sie schon im voraus von jeder Verantwortung für die Nachforschungen frei, die Lisa im

Sinn hat, wenn Sie das wollen.«

»Wenn Lisa mich noch haben will, nehme ich das Mandat an«, erklärte Maitland. »Aber leider kann mich von der Verantwortung niemand freisprechen, Mr. Linwood. Alles oder Nichts heißt die Devise.«

»Genau das will ich auch«, warf Lisa ein. »Und das wissen Sie.«

»Darüber sprechen wir später«, entgegnete Maitland neutral. »Gehe ich recht in der Annahme, daß Sie über Walter und Sandras Freunde wenig wissen?«

»Ich dachte, Sie interessieren sich eher für ihre Feinde.«

»Das ist durchaus richtig. Aber jemand, der die beiden unseren Schlußfolgerungen nach so gehaßt hat, muß sie auch gut gekannt haben. Hat sich Ihr Vetter vielleicht für irgendwelche Geschäfte interessiert?«

»Nein.«

»Hat er den Besitz persönlich verwaltet?«

»Ja... und er kümmerte sich auch um die dazugehörige Landwirtschaft.«

»Die nächste Frage können vermutlich Sie mir beantworten, Lisa. Ist er ein angenehmer Verpächter gewesen?«

»Dominic jedenfalls hatte nie Grund zur Klage. Obwohl ich nicht sicher bin, wie Walter sich verhalten hat, wenn irgendein Stück Land nicht zu seiner Zufriedenheit bewirtschaftet wurde.«

»Haben Sie jemanden im Auge?«

»Nein, aber Dominic könnte Ihnen da vielleicht weiterhelfen. Allerdings kann ich mir nicht vorstellen, daß das ein Motiv wäre.«

Maitland schwieg einen Augenblick. »Ich glaube, Sie beide sollten sich endlich mit der Tatsache abfinden, daß wir, wenn wir Oliver aus der Klemme helfen wollen, nach jedem Strohhalm greifen müssen«, sagte er schließlich ernst. Dann wandte er sich wieder an Linwood. »Also kommen wir wieder auf ihren Freundes- und Bekanntenkreis zurück.«

»Bei diesen Familienessen, von denen ich erzählt habe, fielen natürlich immer mal Namen«, berichtete Oliver. »Leider habe ich damals kaum auf so was geachtet, und ich erinnere mich an niemanden, mit dem sie besonders eng befreundet gewesen wären.«

»Dann bleibt mir nichts anderes übrig, als Dominic dasselbe zu fragen«, seufzte Antony resigniert. »Jetzt nur noch etwas: Wie war Walter Linwoods Gesundheitszustand, als er heiratete?«

»Völlig in Ordnung, soviel ich weiß. Offengestanden kam er mir immer geradezu unangenehm vital und energisch vor. Erst nach seinem Tod fing das Gerede von seiner angeborenen Herzschwäche an.«

»Hatten Sie denn nie etwas davon gehört?«

»Nein, obwohl vermutlich meine Mutter und auch bestimmt mein Vater darüber Bescheid gewußt haben. Nach Vaters Tod könnte Mutter angenommen haben, daß die Herzschwäche in der Familie liegt, und in diesem Fall hat sie das natürlich vor mir verschwiegen. Sie wollte sicher nicht, daß ich mir deshalb Sorgen mache.«

»Das erscheint mir doch unwahrscheinlich. Sie nehmen das und und ihre jetzige Situation reichlich gelassen hin, oder?«

»Was für einen Sinn hätte es denn, mich aufzuregen?« konterte Oliver. »Natürlich wäre ich lieber zu Hause, und selbstverständlich vermisse ich meine Freunde, aber eigentlich erwarte ich nicht zuviel vom Leben. Ich habe ein Dach über dem Kopf, kriege zu essen... wenn die Kost auch eintönig ist. Die Bibliothek ist hoffnungslos veraltet... und voller blutrünstiger und gewalttätiger Bücher, was mir doch etwas seltsam vorkommt. Aber der Gefängniskaplan ist sehr nett und besorgt mir die Lektüre, die ich lesen möchte.« Er sah Lisa lächelnd an. »Ich weiß nicht recht, ob er in mir das schwarze Schaf sieht, das man vor dem Fegefeuer retten kann, oder mich für ein Opfer der Justiz hält. Einen großen Unterschied macht das auf lange Sicht gesehen vermutlich sowieso nicht.«

»Lange? Lange dauert dein Aufenthalt hier nicht«, bemerkte Lisa und stand auf. Die beiden Männer folgten ihrem Beispiel.

»Da bin ich nicht so sicher«, seufzte Oliver. »Und ich glaube, unser Freund hier stimmt mir da zu. Stimmt's?« Er sah Antony herausfordernd an.

»Geduld! Geben Sie mir erst mal eine Chance, mich in den Fall einzuarbeiten.«

»Sie brauchen mich nicht mit Samthandschuhen anzufassen.«

»Das versuche ich auch gar nicht. Sie sehen doch sicher selbst, in welcher schwachen Position Sie sich befinden, und ich würde Ihnen damit nicht den geringsten Gefallen tun, Sie in falscher Sicherheit zu wiegen. Aber Lisa und ich haben mit der Arbeit noch nicht mal angefangen. Wer weiß, was wir herausbekommen?«

2

Nachdem man Oliver Linwood in seine Zelle zurückgebracht hatte, schwieg Lisa, bis sie den Wagen erreicht und das ziemlich schmale Gefängnistor passiert hatten. Erst auf der Straße, die nach Chedcombe führte, sagte sie unvermittelt: »Jetzt ist Ihnen doch auch klar, daß ich in bezug auf Oliver recht habe, oder?«

»Jedenfalls verlief ein Besuch bei einem Mandanten im Gefängnis noch nie in einer so angenehmen Atmosphäre... und das hat er bewirkt. Ansonsten kann ich bestenfalls sagen, daß ich für alles offen bin«, antwortete Antony.

»Aber Sie haben doch versprochen...«

»Ja.« Er drehte sich mühsam auf seinem Sitz um und sah sie an. »Ich versuche, offen Ihnen gegenüber zu sein. Und das wäre ich wohl in jedem Fall gewesen, denn ich teile Ihre Zweifel was Olivers Schuld betrifft.«

»Ich habe nicht die geringsten Zweifel.«

»Nein, das war auch keine glückliche Formulierung. Nur kann ich für meinen Teil nicht mehr sagen. Ich versuche Ihnen eigentlich nur klarzumachen, daß ich nicht recht weiß, ob ich das Mandat um Ihretwillen oder um seinetwillen übernommen habe.«

»Das verstehe ich nicht.«

»Ich glaube, daß Ihnen dieser Fall mehr zu schaffen macht, als Sie mir gegenüber zugegeben haben. Und ich müßte offengestanden taub und blind sein, Lisa, um die seltsame Inkonsequenz in Ihrer Haltung nicht zu merken. Gestern abend wollten Sie mich noch eifrig davon überzeugen, daß dieses unglückliche Mädchen aus Chedcombe diesen Mord begangen haben könnte. Heute sind Ihnen ständig Gegenargumente eingefallen.«

Zuerst dachte er, sie würde überhaupt nicht antworten. Das Schweigen wurde beinahe bedrückend, als sie endlich mit leiser Stimme sagte: »Es heißt, daß sich manche Frauen ziemlich merkwürdig verhalten, wenn sie ein Kind erwarten.«

»Soll das heißen...«

»Ich bekomme im Januar ein Baby.«

»Mein liebes Kind, das ist ja großartig. Freuen sie sich denn nicht?«

»Natürlich... und Dominic ist überglücklich. Nur jetzt... da schon drei Babys ermordet worden sind... Ich glaube, ich habe einfach Angst.« Zum ersten Mal, wenn auch nur für Sekunden, wandte sie den Blick von der Straße und sah ihren Beifahrer an. »Alles, was ich Ihnen über Oliver erzählt habe, entsprach der Wahrheit, und ich hätte mir in jedem Fall Ihre Unterstützung für ihn gewünscht. Aber weil ich eben so sicher bin, daß er unschuldig ist, hatte ich das Gefühl, daß die drei Morde irgendwie zusammenhängen, und wenn sie beweisen können, wer der Täter ist, wozu die Polizei ja offenbar nicht in der Lage ist, dann kann das für uns nur gut sein.«

»Heute morgen haben Sie allerdings behauptet... na, jedenfalls sind Ihnen Argumente eingefallen, die gegen die Schuld dieses Mädchens sprechen.«

»Ich dachte, je intensiver ich versuche, Sie von der Richtigkeit dieses Gedankens zu überzeugen, desto mehr würden Sie dagegen opponieren.«

»Ich verstehe«, murmelte Antony nachdenklich. »Deshalb brauchen Sie sich keine Sorgen zu machen. Ich meine, ich stelle natürlich diesbezüglich Nachforschungen an. Aber wie gesagt werde ich, was die Morde in Chedcombe und den in Madingley betrifft, nach allen Seiten offen bleiben.«

»Mehr kann ich mir für den Augenblick wohl sowieso nicht erhoffen.«

»Nein. Wohin fahren wir jetzt?«

»Zu dem kleinen Restaurant, in dem ich normalerweise zu Mittag esse. Dominic hat versprochen, auch da zu sein. Dann sollten Sie ihm gleich all die Fragen stellen, die weder Oliver noch ich beantworten konnten.«

Maitland, der ausgesprochen hungrig war, sah sich angenehm überrascht um, als sie das Restaurant betraten. Lisa hatte ihn nicht in einen Schnellimbiß geführt, und das machte sie ihm nur noch sympathischer. Seiner Erfahrung nach neigten Frauen, sobald sie allein waren, nur allzu leicht dazu, irgendwelche exotischen Snacks zu bevorzugen, die einen nur noch hungriger machten.

Dominic wartete bereits an einem Ecktisch, von dem aus man den ganzen Raum überblicken konnte. »Na?« fragte er, noch bevor sie Platz genommen hatten.

»Er übernimmt den Fall«, erwiderte Lisa, die seine Frage sofort richtig gedeutet hatte. »Aber ich glaube, er ist noch nicht ganz sicher, ob Oliver wirklich unschuldig ist.«

»Das kommt noch«, bemerkte Dominic zufrieden. »Wenn man

Oliver nicht kennt, dann klingt seine Lebensphilosophie schon ein bißchen merkwürdig. Selbst du, Lisa... erinnerst du dich noch, wie komisch du ihn anfangs gefunden hast?«

»Ja, das stimmt«, gab sie zu. »Ich dachte, es sei alles nur Theater... wie beim Fuchs, dem die Trauben zu hoch hingen. Aber das ist es eben nicht«, fügte sie hinzu und wandte sich an Maitland. »Materielle Dinge interessieren ihn wirklich nicht.«

»Leider verfügt die Staatsanwaltschaft sicher über detaillierte Informationen über seine Finanzlage. Übrigens... vielleicht sollte ich mir sein Häuschen mal ansehen. Haben Sie einen Schlüssel?«

»Ja, nach seiner Verhaftung hat er ihn mir gegeben.« Lisa zog eine Grimasse. »Dort gefällt es Ihnen sicher nicht«, prophezeite sie.

»Darauf bin ich vorbereitet. Trotzdem... ich muß auch das Schlimmste über ihn wissen.«

»Ich wollte damit nicht sagen, daß es dort schmutzig ist«, versicherte sie ihm hastig. »Ein bißchen staubig wird es in der Wohnung inzwischen allerdings sein. Aber was persönlichen Komfort betrifft, hat Oliver nie Konzessionen gemacht.«

»Lassen Sie das nur meine Sorge sein. Dann ist da noch der Direktor seiner Bank. Er kann uns doch diesbezüglich eine Bestätigung geben.«

»Ich bezweifle, daß er überhaupt so was wie ein Bankkonto hat.«

»Ich dachte, Oliver hat auf Ihren Rat hin eine kleine Geldsumme angelegt.«

»Ja, aber nicht in Aktien. Schließlich bin ich nicht sein Kindermädchen, und ich konnte es nicht riskieren, ihn solche Dinge selbständig machen zu lassen. Aus diesem Grund habe ich ihn überredet, einen Rentenbrief zu kaufen. Das bringt zwar verdammt wenig Geld ein, aber es wird ihm monatlich per Post überwiesen.«

»Ich verstehe. Das vereinfacht natürlich die Dinge. Und vermutlich hat er bis jetzt nicht mal einen Anwalt gehabt, was?«

»Er hat ja auch nie einen gebraucht... nur beim Verkauf des Hauses seiner Mutter und beim Kauf des Häuschens. Dein Vater hat diese Dinge doch für ihn erledigt, stimmt's, Lisa?«

»Da bin ich nicht ganz sicher.« Sie überlegte. »Wenn ja, dann muß das kurz vor meinem Examen und meinem Eintritt in die Kanzlei gewesen sein.«

»Für alle Fälle können wir ja mit Ihrem Vater sprechen. Der Anwalt, der das Testament der Linwoods verwaltet – wer das auch sein mag – ist für uns tabu, da er sicher ein Zeuge der Anklage ist.«

»Ja, ganz richtig. Natürlich habe ich eine Kopie seiner Aussage. Sie wissen ja über die Erbbestimmungen der Familie Bescheid, darüber brauchen wir also nicht mehr zu sprechen. Sonst ist noch wichtig, daß Vater kurz nach dem Tod des kleinen Mark an Oliver geschrieben, jedoch nie eine Antwort von ihm bekommen hat. Ich hatte eigentlich gehofft, Oliver würde aus dem Gefängnis an ihn schreiben und sich darüber äußern, was man unter diesen Umständen für Sandra tun könne, denn ich weiß, daß er selbst bei einer Verurteilung für sie sorgen würde, aber vermutlich wäre das zuviel erwartet gewesen.«

»Und ich bezweifle, daß es geholfen hätte. Vor Gericht wäre ein solcher Brief nur wie ein überlegter Schachzug erschienen, durch den Oliver einen guten Eindruck machen wollte.« Antony wartete einen Augenblick, als jedoch seine beiden Begleiter schwiegen, fuhr er fort: »Mit den Bewohnern von Linwood House können wir genausowenig sprechen, denn Sandra, das Dienstmädchen und das Kindermädchen haben mit großer Wahrscheinlichkeit schon ihre Aussagen gemacht. Schließlich waren sie auf dem Grundstück, als das Baby starb, und können vor Gericht Olivers Besuch dort bezeugen.«

Lisa nickte. »Ja, das können sie natürlich alle.«

»Gibt es etwas in ihren Aussagen, daß ich wissen müßte?«

»Hilda berichtet lediglich, daß sie Oliver die Tür geöffnet, ihn ins Wohnzimmer geführt und dann Sandra Bescheid gesagt hat, die sofort zu ihm hinuntergegangen ist. Als Hilda Oliver ins Haus ließ, hat dieser auf der obersten Treppenstufe gestanden. Es gab keine Anzeichen dafür, daß er von der Terrasse her gekommen sein könnte, wo der Kinderwagen stand, aber das hilft uns nicht weiter, weil man das eben nicht sehen konnte. Nach dem Klingeln mußte Hilda vom hinteren Teil des Hauses nach vorn gehen, um zu öffnen, aber was man von Oliver noch sagen muß, ist, daß er niemals unnötig Energie verschwendet. Er würde nie auf die Idee kommen, auf und ab zu gehen, was ihr dann einen falschen Eindruck vermittelt hätte.«

Antony sah sie lächelnd an. »Soll ich dafür dankbar sein?« fragte er. »Was ist mit dem Kindermädchen Dora Tompkins?«

»Sie hat Oliver erst gesehen, als sie mit der schrecklichen Nachricht ins Wohnzimmer gerannt kam. Dora hatte Sandra beim Ankleiden geholfen, was vermutlich bedeutet, daß sie die Sachen herausgelegt hat, die Sandra anziehen wollte, und hinterher aufgeräumt hat. Sandra behauptet, sie sei überrascht gewesen, daß Oliver zu ihr gekommen ist, denn er habe ihr auf Walters Beerdigung bereits kondoliert, und daß sie sich nur vorstellen konnte, daß er möglicherweise Geld von ihr borgen wollte. Er benahm sich angeblich sehr merkwürdig, sei beinahe verlegen gewesen, so daß sie annahm, das sei der Grund seines Besuchs. Oliver hat sie nicht gut gekannt, aber was er von ihr wußte, hat ihm vermutlich nicht gefallen, und natürlich machte es ihn verlegen, ihr seine Gefühle über die Tatsache, daß sie einen Sohn bekommen hatte, auszudrücken. Ich bin sicher, daß er es als schwieriges Unterfangen angesehen hat, Sandra glauben zu machen, daß er wirklich froh über die Geburt des kleinen Mark war.«

»Ja, das kann ich mir gut vorstellen. Erzählen Sie mir mehr über Sandra. Haben Sie sie schon vor ihrer Hochzeit gekannt, Dominic?«

»Nur wie man eben ein Mädchen aus der Nachbarschaft kennt, das ein paar Jahre jünger ist als man selbst. Ich wußte eben, daß es sie gibt und habe sie auch gelegentlich auf den Dorfveranstaltungen gesehen. Wir sind eine sehr demokratische Gemeinschaft hier... zu diesen Veranstaltungen kommt jeder.«

»Mit Ausnahme von Oliver«, murmelte Lisa.

»Ja, außer Oliver. Sie war ehrlich gesagt ein ziemlich uninteressantes Mädchen, das sich dann plötzlich zu einer kleinen Schönheit entwickelt hat. Niemand war überrascht, als sie sich mit Walter verlobt hat. Er war die bei weitem beste Partie in der ganzen Gegend.«

»Das klingt, als ob...«

»Als ob ich die Dame nicht mag. Das stimmt. Daß sie schön ist, habe ich ja schon gesagt. Aber sie strahlt eine gewisse Härte aus. Ich bin sicher, daß Walter ihr nicht gerade zuwider war, aber ich glaube kaum, daß sie ihn geliebt hat wie... wie Lisa und ich uns zum Beispiel lieben«, fügte er beinahe verlegen hinzu.

»Hm. Haben Sie dem noch was hinzuzufügen, Lisa?«

»Nein, nichts. Ich habe Sandra erst zwei Jahre vor ihrer Hochzeit mit Walter kennengelernt, aber ich glaube, Dominic hat mit seinem Urteil recht. Vielleicht war sie in Walter verliebt, aber ich bezweifle, daß sie ihn geheiratet hätte, wenn er nicht vermögend gewesen wäre.«

»Na gut. Dann kommen wir jetzt zu Walter!« forderte Maitland Dominic auf.

»Wenn Sie wissen wollen, ob die beiden Vettern so etwas wie Sympathie füreinander empfunden haben, dann muß ich das verneinen. Aber sie hegten auch keinen Groll gegeneinander... Oliver tat das jedenfalls bestimmt nicht. Die beiden waren eben grundverschieden.«

»Ja, das verstehe ich.«

»Bevor Walter und Oliver aufs Internat geschickt wurden, haben wir drei uns häufig gesehen. Danach schlief die Freundschaft etwas ein. Walters Vater, Mark Linwood, war ein guter Grundbesitzer, aber mein Vater hat immer behauptet, er wisse genau, wo sein Vorteil liege und daß es ihm nichts nütze, den Besitz herunterkommen zu lassen. Allerdings muß ich sagen, daß er Pächter, die nicht gut gewirtschaftet haben, sofort davongejagt hat, aber ich weiß nicht, ob das so verwerflich ist, und in letzter Zeit ist so was gar nicht mehr passiert. Walter hat noch studiert, als seine Eltern ums Leben kamen, und hat sein Studium sofort abgebrochen. Schließlich hat ihn das Gut zu Hause schon immer mehr interessiert als das Universitätsstudium, deshalb fiel es ihm wohl auch nicht schwer. Seit unserer Jugend hatte ich zwar nicht mehr viel mit ihm zu tun, aber er kam mir offengestanden ein bißchen wie ein Spießer vor. Trotzdem tat es uns natürlich sehr leid, daß er so jung starb... besonders weil er frisch verheiratet und ein Kind unterwegs war. Wir wußten allerdings nicht, ob wir froh oder traurig sein sollten, daß Sandra ein Kind erwartete.«

»Wegen Ihrer Freundschaft mit Oliver?«

»Nein, die rechtlichen Komplikationen sind mir gar nicht in den Sinn gekommen, obwohl Oliver mir mal erzählt hatte, daß er das Familienvermögen nie bekommen würde. Selbst Lisa wußte von den Erbbedingungen nichts, bis sie Olivers Verteidigung übernommen hat. Ich glaubte eigentlich, daß das Kind ein Trost für Sandra hätte sein können... nur ist sie mir nie als der mütterliche Typ erschienen.«

»Das kann sich ändern, wenn man ein eigenes Kind erwartet«, warf Lisa ein.

»Hm... und was ist mit Walters und Sandras Freunden?« wollte Maitland wissen.

»Die beiden waren... gesellschaftlich sehr engagiert«, antwortete Dominic gedehnt, als wisse er nicht recht, wie er sich ausdrücken sollte. »Ich muß in diesem Zusammenhang noch mal auf Walters Vater Mark zurückkommen. Er und seine Frau Maud hatten regelmäßig ein- oder zweimal im Jahr alle Honoratioren der Gegend bei sich zu Gast... und die, mit denen sie intimer befreundet waren, vielleicht auch öfter. Selbst als Junggeselle hat Walter diese Tradition aufrechterhalten und die Freunde seiner Eltern und deren Familienangehörige, die eher in seinem Alter waren, eingeladen. Nach seiner Heirat mit Sandra konzentrierten sie sich mehr auf die Leute in ihrem Alter. Aber ich verstehe nicht ganz..., warum wollen Sie das eigentlich wissen?«

»Weil die Auswahl an Motiven bei dem Mord an dem Baby nur sehr gering ist«, erwiderte Antony. »Natürlich kommt es vor, daß Mütter ihre eigenen Kinder umbringen, aber wie Sie mir die Dame beschrieben haben, dürfte so was hier ausgeschlossen sein... vor allem, da sie mit ihrem Kind automatisch auch ihren Erbanspruch verliert und auf Haus und Vermögen verzichten muß.«

»Natürlich... Sandra hat damit nichts zu tun.«

»Eine weitere Möglichkeit wäre ein geisteskranker Mörder... und es gab zwei Fälle in Chedcombe, die in diese Kategorie fallen könnten.«

»Um die Tat eines Geisteskranken im rein juristischen Sinn handelt es sich wohl nicht«, entgegnete Lisa. »Ich meine, wenn das Mädchen verrückt wäre, dann hätte man sie doch längst in eine Anstalt eingewiesen, oder?«

»Nicht unbedingt. Nach allem, was Sie mir erzählt haben, hat die Polizei eine Verdächtige, deren Zurechnungsfähigkeit möglicherweise nur in diesem Punkt gestört ist, aber gegen die keine Beweise vorliegen. Selbstverständlich müssen wir die Geschichte näher untersuchen, und sei es nur, um die Geschworenen zu verunsichern. Einen Aspekt dürfen wir jedoch auch nicht übersehen.«

»Rache?« warf Lisa prompt ein und wandte sich erklärend an ihren Mann: »Mr. Maitland meint, jemand könnte Sandra oder auch Walter so gehaßt haben, daß dieser das Kind umgebracht hat, um sich an den beiden zu rächen.«

»Das klingt reichlich weit hergeholt«, seufzte Antony. »Nur können wir es uns nicht leisten, auch nur die fadenscheinigste Möglichkeit außer acht zu lassen. Wir ignorieren nämlich schon ein Motiv... und zwar die finanziellen Beweggründe. Das ganze Gerede ist Unsinn, daß juristisch gesehen keine Notwendigkeit besteht, dem Täter auch das Motiv nachzuweisen. Wären alle Geschworenen Juristen, wäre es etwas anderes, aber solange ganz normale Bürger als Geschworene fungieren..., wenn man ihnen einen plausiblen Anhaltspunkt gibt, dann hat man sein Ziel schon fast erreicht..., und da ist das Motiv der persönlichen Bereicherung eines der wichtigsten überhaupt.«

»Das heißt, daß wir wirklich in der Patsche sitzen«, kommentierte Lisa. Dominic sah sie lächelnd an.

»Ja, meine kluge Frau, so viel habe ich auch begriffen«, entgegnete er. »Das Dumme ist nur, daß ich Ihnen offenbar auch nicht weiterhelfen kann. Weder Walter noch Sandra waren Menschen, die andere so aufgebracht hätten, daß es zu einer solch grausamen Tat kommen mußte.«

»Die beiden müssen doch intimere Freunde gehabt haben und nicht nur diese gesellschaftlichen Verbindungen, von denen Sie sprachen, Dominic.«

»Ja, das nehme ich auch an. Nur weiß ich darüber leider nichts.«

»Wie wäre es mit einem enttäuschten ehemaligen Verehrer von Sandra?«

»Jemand, der sie seit zwei Jahren so sehr haßt? Das erscheint mir ziemlich unwahrscheinlich – auch in dieser Beziehung kann ich Ihnen nicht weiterhelfen.«

»Dann bleibt uns nichts anderes übrig, als das Nächstliegende zu tun. Fällt Ihnen beiden vielleicht noch irgendeine Person ein, mit der ich sprechen sollte, die aber bisher nicht erwähnt worden ist?«

»Eigentlich nicht. Es sei denn..., wollten Sie nicht genauere Informationen über Olivers finanzielle Situation haben?«

»Ja, das halte ich für außerordentlich wichtig.«

»Dann empfehle ich Ihnen, mit Martin Weatherby zu sprechen. Das ist der Herausgeber unseres Lokalblatts. Er ist sowohl mit Oliver als auch mit uns gut befreundet und verschafft Oliver die Aufträge, für seine Zeitung Kritiken zu schreiben. Aus den Bemerkungen, die er gelegentlich gemacht hat, geht hervor, daß er Oliver nur zu gern eine feste Anstellung bei seiner Zeitung gegeben hätte. Nicht als Reporter – das wäre für Oliver viel zu hektisch und aufreibend gewesen –, aber vielleicht als Kolumnist. Wäre es nicht hilfreich, wenn man aufzeigen könnte, daß Oliver jederzeit mehr hätte verdienen können, wenn er nur gewollt hätte?«

»Das ist eine gute Idee.« Insgeheim überlegte Antony, daß Martin Weatherby ihm vielleicht eine unvoreingenommenere Beurteilung seines Mandanten geben konnte. »Ich schlage vor, wir entwerfen erst mal einen Schlachtplan.«

»Martin treffen Sie heute abend im ›Saracen's Head‹«, sagte Lisa. »In der Redaktion ist meistens zuviel Betrieb. Außerdem ist er abends entspannter und nach ein, zwei Gläsern Bier wohl eher bereit, sich mit Ihnen zu unterhalten.« Sie hat also meine Beweggründe für die Unterredung mit Weatherby erraten, dachte Maitland amüsiert. »Ich glaube... möchten Sie vielleicht auch mit meinem Vater sprechen?« fragte Lisa.

»Ja, gern.«

»Dann fahren wir nach dem Essen gleich in die Kanzlei«, schlug sie vor. »Danach sehen wir uns Olivers Haus in Madingley an. Am besten nehmen Sie Ihre Zahnbürste gleich mit und übernachten bei uns. Mrs. Biggins, meine Haushaltshilfe, hat uns bestimmt einen Eintopf oder irgendwas anderes Langweiliges, aber Nahrhaftes gekocht... und es reicht immer für eine ganze Kompanie. Anschließend gehen wir dann ins ›Saracen's Head‹. Ich glaube, es wird dort für Sie recht interessant werden. Und morgen bringe ich Sie nach Chedcombe zurück... Sie wollten doch mit den Eltern reden, die ebenfalls ihre Babys verloren haben.«

»Ja, ich fürchte, das muß sein. Allerdings würde ich das lieber allein machen, wenn Sie nichts dagegen haben. Erfreulich werden diese Unterredungen nämlich sicher nicht sein. Dann ist da noch diese junge Frau... sagten Sie nicht, sie hieße Henrietta Vaughan?«

»Ja. Ich schätze, Samstag ist der beste Tag für diese Besuche; dann müßten die Leute zu Hause sein. Und wenn Sie das durchstehen, kann ich das auch«, behauptete sie entschlossen. »Schließlich ist Oliver unser Freund, und ich bin schuld, daß Sie das alles auf sich nehmen müssen.«

»Ein ausgezeichnetes Programm«, lobte Maitland amüsiert. »Und wenn ich die Zahnbürste auf Ihren Rat hin aus dem Hotelzimmer hole, rufe ich gleich meine Frau an und sage ihr, daß ich frühestens Sonntag zurückkomme... vielleicht sogar noch später, sollte sich etwas ergeben.«

3

Ralph Williams war ein Mann, der seinen Beruf offenbar sehr ernst nahm. Mit seiner Gestik und seinem Gesichtsausdruck wäre er auf jeder Theaterbühne sofort vom Publikum als der typische Familienanwalt erkannt worden. In der Unterhaltung allerdings entpuppte er sich als liebenswürdiger Mann, der auf Lisa sehr stolz war. »Nicht, daß ich in bezug auf diesen merkwürdigen jungen Mann einer Meinung mit meiner Tochter wäre, Mr. Maitland«, gestand er, »aber diese Sache ist für sie sicher eine wertvolle Erfahrung, und in unserer Gegend sind solche Gelegenheiten nicht häufig. Ich bin sogar froh darüber, denn falls wir mal eine strafrechtliche Sache vertreten müssen, kann sie das übernehmen.«

Antony fand insgeheim, daß Chedcombe seiner Erfahrung nach eine für eine Kleinstadt recht beeindruckende Kriminalstatistik hatte. Entweder mußte er sich durch seine Miene verraten haben, oder Williams war Gedankenleser, denn der ältere Herr beugte sich vor und sagte mit vertraulicher Eindringlichkeit: »Natürlich weiß ich, daß Sie schon einige Mandanten hier und in Northdean hatten. Es freut mich auch aufrichtig, Sie kennenzulernen... Ich bin neugierig wie jedermann, und es ist hier viel geredet worden.« Erneut schien Maitlands Miene ihn zu verraten. »Na gut, vermutlich wollen Sie nicht daran erinnert werden, aber mein Freund Fred Byron hält große Stücke auf Sie und hat mehr als einmal von Ihnen gesprochen.«

»Das freut mich.« Antonys Stimme klang plötzlich etwas reserviert, und Lisa warf ihm einen ängstlichen Blick zu. »Ich will Sie nicht lange aufhalten, Mr. Williams. Mich interessiert nur, ob Sie mir möglicherweise etwas über Oliver Linwood erzählen können. Soviel ich weiß, waren Sie einige Male sein Rechtsbeistand. Da fällt mir ein, Lisa..., während ich mich mit Ihrem Vater unterhalte, könnten Sie bitte Inspektor Camden... nein, er ist ja jetzt Chefinspektor... anrufen und einen Gesprächstermin mit ihm vereinbaren? Wir könnten zu ihm fahren, sobald wir hier fertig sind... Wenn's ihm besser paßt, ginge es allerdings auch morgen.«

Lisa stand sofort auf, zögerte dann jedoch. »Und was sage ich, wenn er mich fragt, weshalb Sie mit ihm sprechen wollen?« erkundigte sie sich.

»Ich glaube, sobald er weiß, daß ich hier bin, wird er es kaum erwarten können, mit mir zu sprechen«, erwiderte Maitland sarkastisch. »Aber Sie sollten unbedingt erwähnen, daß ich nie den Faux pas begehen würde, mit ihm über den Fall Linwood zu diskutieren. Ich nehme an, daß er auch für die beiden Todesfälle in Chedcombe zuständig ist.«

»Ja, das ist er. Na, ich tue mein Bestes«, seufzte Lisa, ging hinaus und machte die Tür hinter sich zu. Antony wandte sich an Mr. Williams.

»Eine reizende Tochter haben Sie«, bemerkte Antony. »Und sie ist intelligent. Sie müssen sehr glücklich gewesen sein, als sie in Ihre Fußstapfen trat. Jura ist nicht gerade jedermanns Geschmack.«

»Ich bin wirklich sehr froh, aber das ist nicht mein Verdienst. Meine Frau und ich haben Lisa als Baby adoptiert. Hat sie Ihnen das nicht erzählt?«

»Nein, aber wenn man sie von Ihnen sprechen hört, hat man nicht das Gefühl, daß sie einen Gedanken daran verschwendet.«

Williams schien mit den Gedanken woanders zu sein. »Ich nehme an, daß Sie bereits bei Linwood im Gefängnis gewesen sind«, begann er. »Was halten Sie von ihm?«

»Ich finde ihn etwas seltsam... aber durchaus sympathisch.«

»Hm«, murmelte Williams skeptisch. »Trotzdem hat es mich überrascht, daß Sie den Fall übernommen haben. Wissen Sie, ich glaube, Lisa ist noch zu jung, um die Erfahrung gemacht zu haben, daß sich selbst die besten Freunde nicht immer korrekt verhalten.«

»Wenn Sie damit den Mord an Kleinkindern meinen, dann ist das ein sehr milder Ausdruck«, entgegnete Antony. »Aber soviel kann ich Ihnen verraten... und das habe ich auch Lisa gesagt: Eigentlich weiß ich nicht, ob ich das Mandat angenommen habe, weil ich an Linwoods Unschuld glaube oder weil mich die Überzeugung Ihrer Tochter beeindruckt hat.«

»Vielleicht war es auch Vera Langhornes Einfluß. Oder sollte ich lieber Lady Harding sagen? Sie ist doch jetzt Ihre angeheiratete Tante, oder?«

»Vera hat mich zwar gebeten, hierherzukommen, aber sie wußte genau, daß ich mir eine eigene Meinung über die Angelegenheit bilden würde. Aber daran habe ich offengestanden gar nicht gedacht... Sie müssen Vera ja schon eine Ewigkeit kennen.«

»Sie hat bis zu ihrer Heirat und ihrem Umzug nach London ihr ganzes Leben in Chedcombe verbracht. Und da wir denselben Beruf haben, hatten wir natürlich zahlreiche Berührungspunkte. Meine Frau Mary hat Vera immer sehr gern gemocht, und deshalb kennt Lisa sie auch so gut. Aber davon abgesehen, Mr. Maitland, Sie haben nunmal Oliver Linwoods Verteidigung übernommen. Was möchten Sie von mir wissen?«

»Alles, was mir bei seiner Verteidigung helfen könnte.«

»Ich habe als Notar den Verkauf eines Hauses abgewickelt, das er von seiner Mutter geerbt hat, und dann noch einmal für ihn die Urkunden ausgefertigt, als er die Hütte gekauft hat, in der er jetzt lebt. Außerdem habe ich auf Dominic Trahernes Bitte hin einen Rentenbrief für Linwood erworben… das war übrigens eine ausgezeichnete Empfehlung von Dominic, und ohne diesen Rentenbrief wäre Linwood mittlerweile vermutlich verhungert. Damals kannte ich Dominic noch gar nicht, obwohl ich mit seinem Vater öfter zu tun hatte… und das war wohl auch der Grund, aus dem er seinen Freund zu mir geschickt hat.«

»Sind sich Lisa und Dominic auf diese Weise begegnet?«

»Nein. Damals arbeitete Lisa gerade als Referendarin in der Kanzlei, mit der ich in London zusammenarbeite.« Er lächelte bei der Erinnerung daran amüsiert. »Das ist jetzt sieben Jahre her, Mr. Maitland, und wenn Sie Lisa besser kennen würden, wüßten Sie, daß eine dreijährige Verlobungszeit bei ihr nicht in Frage gekommen wäre. Die beiden waren zwei Monate, nachdem sie sich zum ersten Mal begegnet sind, verheiratet.«

»Lisa behauptet, Linwood hätte kein Bankkonto. Können Sie mir nähere Informationen über diesen Rentenbrief geben, der ja seine einzige regelmäßige Einkommensquelle zu sein scheint?«

»Ja, das kann ich… allerdings nicht aus dem Stegreif. Die Sache liegt immerhin einige Zeit zurück, und ich habe keine Ahnung, wo die Unterlagen geblieben sind. Aber ich verspreche Ihnen, nachzusehen.«

»Hatten Sie je mit anderen Mitgliedern der Familie Linwood beruflich zu tun?«

»Nein, aber natürlich kenne ich die Familie… und Lisa und Dominic haben gelegentlich von ihnen gesprochen. Aber warten Sie…, möglicherweise ist Fred Byron der Anwalt der Familie. Er und sein verstorbener Partner hatten hauptsächlich die Großgrundbesitzer der Gegend als Klienten… das müßten Sie doch eigentlich wissen, Mr. Maitland.«

»Alte Sünden«, sagte Antony leichthin und hoffte, daß man ihm nicht anmerkte, wie unangenehm die Erinnerung für ihn war. »Er hat doch Nell Randall geheiratet, oder?«

»Ja, und ich muß gestehen, daß sie trotz des Altersunterschieds eine sehr gute Ehe führen. Hilft es Ihnen, wenn ich anrufe und mich erkundige…«

»Nein, das ist nicht nötig. Egal, wer der Familienanwalt ist… Lisa hat eine Kopie seiner Aussage, und obwohl ich weiß, daß Fred Byron, falls er der Anwalt ist, sicher hilfsbereit wäre, ist er für mich als Zeuge der Anklage tabu.«

»Ja, natürlich. Sie sehen, wie fremd mir diese Dinge geworden sind. Deshalb bin ich auch froh, daß Lisa mir das abnimmt, Mr. Maitland. Ich fürchte, daß sie und Dominic sich ernstlich Sorgen um ihren Freund Linwood machen, und ob er nun unschuldig ist oder nicht – die Sorge ist berechtigt.«

»Ja, das ist auch mein Eindruck. Ich wünschte, es wäre anders.« In diesem Augenblick kam Lisa mit der Neuigkeit ins Zimmer zurück, daß sie Chefinspektor Camden erreicht und von ihm die zähneknirschende Zusage erhalten hatte, Mr. Maitland um halb zehn Uhr am folgenden Vormittag im Polizeipräsidium zu empfangen.

»Seine Widerspenstigkeit schien mit allerdings gespielt«, fügte Lisa hinzu. »Er klang beinahe wie jemand, der sich auf eine lang ersehnte Beute freut. Verstehen Sie, was ich meine?«

»Sehr gut sogar«, erwiderte Maitland und stand auf. »Und es würde mich kaum überraschen, wenn uns beiden die Unterredung großen Spaß machen würde. Jetzt haben wir Ihren Vater aber lange genug aufgehalten, Lisa. Er will alles über Olivers Geldanlage für uns herausfinden. Ich kann mir zwar nicht vorstellen, daß wir damit weiterkommen, doch wir sollten uns so gut informiert wie nur möglich zeigen.«

Lisa ließ ihren Wagen auf dem Parkplatz stehen, und sie gingen zu Fuß zum Hotel George hinüber, um Antonys Reisetasche abzuholen. »Wenn wir schon mal hier sind, können wir auch gleich eine Tasse Tee trinken«, schlug Maitland vor, als sie das Foyer betraten. »Ich brauche ein paar Minuten, weil ich noch Jenny anrufen möchte, aber ich bin bestimmt zurück, bevor der Tee kalt wird.«

4

Jenny hob bereits nach dem ersten Klingeln den Hörer ab, was bedeutete, daß sie entweder Briefe schrieb oder auf seinen Anruf gewartet hatte, und als er ihre atemlose Stimme hörte, schloß er daraus, daß vermutlich letzteres der Fall gewesen war. »Ich bin so froh, daß du anrufst, Antony«, begann sie. »Ich esse nämlich mit Onkel Nick und Vera zu Abend, und Vera hat mich gebeten, schon zum Tee runterzukommen.«

»Ich hätte auch so gewußt, wo du zu finden bist, Liebes.«

»Sicher, aber ich wollte allein mit dir sprechen«, erklärte Jenny. »Kommst du heute abend nach Hause?«

»Nein, Liebes... es wird wohl frühestens Sonntag werden. Vielleicht noch später. Trotzdem kann ich hier im Augenblick eigentlich nichts Produktives tun.«

»Aber du hast offensichtlich den Fall übernommen.«

»Ja.«

»Da bin ich aber froh«, seufzte Jenny.

»Bist du froh, daß ich noch nicht nach Hause komme?« fragte er neckend.

»Natürlich nicht! Es ist nur... Antony, hast du Vera je wirklich aufgewühlt erlebt?«

»Um diese Freundin... diese Leiterin des Altersheims, in das sie mich das letzte Mal gejagt hat... ist sie schrecklich in Sorge gewesen.«

»Ja, aber jetzt ist es anders. Sie kennt den jungen Mann nicht mal, der verhaftet wurde... nur die Anwältin... dabei weiß sie so gut wie wir alle, daß man nicht jeden Fall gewinnen kann.«

»Sie kannte Lisa Traherne als Kind. Ich schätze, daß sie ihr einfach nur helfen möchte.«

»Was ist das für eine Frau?«

Antony tat gar nicht erst so, als habe er sie absichtlich mißverstanden. »Charmant, intelligent und kämpferisch. Ihr scheint die ganze Geschichte ebenfalls schlaflose Nächte zu bereiten... und die Sache ist komplizierter, als Onkel Nick oder Vera mir erzählt haben.«

»Soll das heißen, daß sie in diesen... diesen Oliver verliebt ist?«

»Nein, nichts dergleichen. Sie ist sehr in ihren Mann verliebt, der sie in dieser Sache unterstützt. Das muß selbst dem Dümmsten klar sein... und in Herzenssachen bin ich ja nicht so bewandert.«

»Dann...«

»Sie hat persönliche Gründe, weshalb ihr die Geschichte so nahe geht«, erklärte Antony.

»Antony, sprich bitte nicht in Rätseln. Vera hat mir ganz genau erzählt, was dieser Mann getan haben soll, und obwohl ich es einfach schrecklich finde, raubt es mir nicht den Schlaf... und schon gar nicht, wenn du ihn für unschuldig hältst.«

»Aha.« Falls das nachdenklich klang, dann nur, weil ihm wieder einmal klarwurde, daß Jenny, so gut er sie auch zu kennen glaubte, ihn stets überraschen konnte. »Dann sollte ich dir Lisas Situation vielleicht näher erklären. Es... es hat ähnlich gelagerte Fälle in Chedcombe gegeben.«

»Aber das wäre doch für deine Verteidigungsstrategie hervorragend. Es sei denn, die Polizei hält deinen Klienten in allen Fällen für den Täter.«

»Nein, die Polizei glaubt den Mörder zu kennen, kann es nur nicht beweisen. Aber ich weiß bestimmt mehr, wenn ich erst mit der Polizei gesprochen habe.«

»Kannst du das denn tun?«

»Da sie jede Verbindung zwischen den beiden Morden und dem Todesfall, mit dem ich beschäftigt bin, leugnen, ja.«

»Also, ich glaube trotzdem... Aber weshalb ist Lisa so beunruhigt?«

»Sie ist überzeugt, daß die drei Morde zusammenhängen, und gleichzeitig sicher, daß Oliver nichts damit zu tun hat. Und weil sie im Januar ihr erstes Kind erwartet, möchte sie diese Verbrechen so schnell wie möglich geklärt wissen. Ihre Angst ist natürlich unsinnig, denn wenn man die Gefahr kennt, kann man sich auch dagegen schützen. Allerdings ist unter den gegebenen Umständen kaum Vernunft von ihr zu erwarten.«

»Arme Lisa«, murmelte Jenny. »Meinst du, Vera weiß das alles?«

»Offenbar weiß sie genug, um bei dir den Eindruck zu hinterlassen, sehr in Sorge zu sein. Und das sieht Vera überhaupt nicht ähnlich.«

»Wenn es sich nicht um Vera handeln würde, würde ich sagen, daß sie panische Angst hat.« Es entstand eine Gesprächspause, und Antony hörte, wie Jenny seufzte. »Wenn man gefühlsmäßig an jemanden gebunden ist, dann kompliziert das die Dinge ungeheuer, findest du nicht?« fragte sie schließlich. »Ich vermute, daß Vera Angst hat,

Lisa könne eine Fehlgeburt haben, wenn die Geschichte nicht aufgeklärt wird.« In diesem Augenblick glaubte Antony Jenny ganz deutlich vor sich zu sehen, als befänden sie sich zusammen im Zimmer, und er wußte, daß sie wie immer, wenn sie über eine delikate Angelegenheit sprach, das Kinn trotzig vorgereckt hatte.

»Falls sich die Gelegenheit ergeben sollte, kannst du ihr von mir ausrichten, daß das Blödsinn ist«, entgegnete er so bestimmt wie nur möglich. »Abgesehen davon gibt es leider nicht viel mehr zu berichten, als daß ich das Mandat übernehme und mein Bestes tun werde.«

»Vielleicht solltest du ihr das am Sonntag selbst sagen.«

»Das tue ich möglicherweise auch. Jenny, Liebes, ist mit dir alles in Ordnung?«

»Du fehlst mir, das ist alles. Trotzdem bin ich froh, daß du den Fall übernommen hast«, sagte Jenny energisch. »Denn Vera... Vera ist ein sehr lieber Mensch, nicht?«

5

Als Antony in das Hotelrestaurant kam, hatte der Ober gerade den Tee serviert. Lisa schenkte ein und fragte: »War Mrs. Maitland sehr verstimmt darüber, daß Sie heute abend nicht nach Hause kommen?«

»Leider hat sie sich mittlerweile an meinen unsteten Lebenswandel gewöhnen müssen.«

Lisa reichte ihm seine Tasse. »Sie haben mir noch gar nicht gesagt, ob Dad Ihnen weiterhelfen konnte.«

»Mit Ausnahme der Sache mit dem Rentenbrief eigentlich nicht. Er wußte zwar nicht, wer der Anwalt der Linwoods ist, aber da Sie dessen Aussage kennen, können Sie mir sicher Auskunft geben. Ihr Vater vermutet, daß es Fred Byron ist.«

»Damit hat er recht. Sie kennen ihn natürlich, oder?«

»Ich hatte mehrmals mit ihm zu tun. Alles in allem bin ich froh darüber, denn er versucht sicher nicht, die Dinge zu verschlimmern, wenn wir erst vor Gericht sind.«

»Nein, aber... ich weiß so gut wie Sie, daß die nackten Tatsachen schon schlimm genug sind.«

»Sehen wir erst mal, was sich dagegen tun läßt. Ich nehme an, daß zumindest Vera froh ist, daß ich bleibe.« Er sah sie dabei nicht an, denn allein die Neugier hatte ihm diese Bemerkung in den Mund gelegt. Jennys Worte hatten ihren Eindruck nicht verfehlt.

Er hob hastig den Blick, als Lisa enthusiastisch antwortete: »Sie ist einfach ein Schatz. Ich hoffe, Sie waren nicht allzu enttäuscht, als sie Ihren Onkel geheiratet hat.«

»Im Gegenteil. Das war ein Segen.«

»Das klingt, als meinten Sie das ehrlich.«

»Was dachten sie denn? Und Jenny würde Ihnen dasselbe sagen.«

»Erinnern Sie sich noch an ihr Häuschen hier?«

»Sehr gut sogar... vor und nach dem Brand. Sie hatte... und hat noch immer ein gutes Gespür dafür, welche Art von Musik der Stimmung ihrer Besucher entspricht.«

»Sie hat mein Interesse für Musik geweckt«, gestand Lisa. »Und später, als ich älter war – Dad war immer sehr darauf bedacht, mich bei der Berufswahl in keiner Weise zu beeinflussen – und nachdem sie mir eröffnet hatten, daß ich ein Adoptivkind bin, hatte er schreckliche Angst, ich würde mich verpflichtet fühlen, dankbar zu sein. Natürlich bin ich das auch, aber wenn man Menschen wirklich gern hat, dann kommt es darauf doch gar nicht an. Außerdem bin ich schon als Baby zu den Williams gekommen... sie sind schon deshalb wie meine richtigen Eltern für mich.«

»Ja, das verstehe ich.«

»Als ich angefangen habe, mich für Jura zu interessieren, habe ich mir Veras Bücher ausgeliehen«, fuhr sie nachdenklich fort. »Und als ich Dad gesagt habe, daß ich Jura studieren wolle, konnte ich ihn davon überzeugen, daß ich wußte, wovon ich sprach, und daß ich nicht nur ihm eine Freude machen wollte.« Dann wechselte Lisa plötzlich das Thema: »Vera hat mir erzählt, daß Sie Chedcombe nicht mögen, Mr. Maitland.«

»Ich hatte ein oder zwei Fälle hier, die ziemlich... deprimierend waren«, gab er zu.

»Dann wissen Sie ja genau, wie es mir wegen Oliver geht«, erklärte sie triumphierend. »Ganz abgesehen von all dem Unsinn, den ich Ihnen nach unserem Besuch im Gefängnis erzählt habe. Ich bin eigentlich keine hysterische Frau... also wenn Sie Dominic nicht unbedingt sagen...«

»Wenn mich nicht alles täuscht, weiß er es bereits«, bemerkte Antony lächelnd.

»Aber ich will nicht, daß er sich meinetwegen Sorgen macht!«

»Wozu sind Ehemänner denn sonst da?« entgegnete er leichthin. »Natürlich, um an allem teilzuhaben. Aber falls er wirklich keine Ahnung hat, brauchen Sie sich keine Sorgen zu machen..., ich schweige wie ein Grab.«

Sie verließen das Hotel zehn Minuten später in gelöster Stimmung. Der erste Teil der Strecke kam ihm bekannt vor, doch bald war ihm die Umgebung fremd. Die Straße nach Northdean war offenbar erst vor kurzem verbreitert worden, doch sobald sie an dem Hinweisschild mit der Aufschrift ›MADINGLEY‹ abgebogen waren, begann eine jener Landstraßen, die so schmal waren, daß sie sogar bei einem entgegenkommenden Fahrrad bis zur nächsten Ausweiche hätten zurückstoßen müssen. Von diesen Ausbuchtungen gab es einige, wenn auch in großen Abständen, doch an diesem Tag herrschte kein Verkehr, und die Fahrt verlief ohne Zwischenfälle.

»Das ist Madingley«, erklärte Lisa schließlich nicht ohne Stolz, als die Straße wieder breiter und von Häusern und Geschäften gesäumt wurde. »Das ist unser Haus... das zweite dort links. Es ist eines der ältesten...« Das war für Antony sofort erkennbar. »...und hatte natürlich keine Garage. Aber da genug Platz da war, hat Dominic eine bauen lassen, als wir geheiratet haben. Wir fanden, daß zwei Autos ein ungerechtfertigter Luxus sind, deshalb benutzt er einen der Kleintransporter von der Farm. Und da ist das Polizeirevier. Mrs. Biggins hat es also nicht weit bis zu uns. Sie ist nämlich die Frau des Dorfpolizisten. Und das ›Saracen's Head‹ liegt ein Stück weiter auf der anderen Seite. Das Schild muß gleich in Sicht kommen... es ist ziemlich scheußlich. Und direkt dahinter beginnt der Weg, der zur Kirche und zu der Reihe alter Häuschen hinaufführt, wo Oliver wohnt.«

Madingley war wirklich ein hübsches Dorf, und da es weit ab von der Hauptverkehrsstraße lag, auch ruhig und beschaulich. Maitland bemühte sich, Lisas hastigen Kommentaren, so gut er konnte, zu folgen und sich gleichzeitig alles zu merken. »Und wo ist Linwood House?« fragte er schließlich.

»Hinter der nächsten Kurve... also gar nicht weit. Wir können wohl kaum hinauffahren und den Ort, wo alles passiert ist, neugierig angaffen, aber ich kehre hier um, damit Sie wenigstens einen Blick darauf werfen können.«

Lisa fuhr einen großen Bogen, doch sehr aufschlußreich war das für Antony nicht. »Lebt Sandra noch dort?« erkundigte sich Antony, als sie wieder zurückfuhren.

»Ja... es ist wohl auch das Vernünftigste, denn falls Oliver verurteilt wird, kann er ja das Erbe nicht antreten. Wie wäre überhaupt dann die Rechtslage?«

»Ein heilloses Durcheinander«, prophezeite Maitland ohne Umschweife. »Und für Fred Byron natürlich ein einträgliches Geschäft. Ernsthaft kann ich Ihre Frage allerdings erst beantworten, wenn ich mir einschlägige Präzedenzfälle durchgesehen habe... sofern es solche überhaupt gibt«, fügte er skeptisch hinzu.

»Es ist dringend notwendig, daß wir Oliver da rauspauken«, seufzte Lisa und hielt den Wagen vor dem dritten Haus in der Reihe von Cottages an, die sie ihm zuvor gezeigt hatte. Allerdings machte sie vorerst keine Anstalten auszusteigen. »Ob es für Oliver selbst so gut ist, bleibt die Frage«, fügte sie hinzu.

»Sie wollen mir doch nicht erzählen, daß er lieber im Gefängnis sitzt, als den Familienbesitz zu verwalten.«

»Nein. Sandra könnte in Linwood House wohnen bleiben, aber allein dürfte das nicht sehr lustig sein, oder? Außerdem verbietet sicher kein Gesetz, daß Oliver ihr eine Unterhaltssumme zahlt. Natürlich müßte er einen Verwalter anstellen, und wenn der Mann ehrlich ist und ihn nicht dauernd mit Fragen belästigt, könnte das vielleicht sogar ganz gut funktionieren. Möglicherweise läßt er sich dann auch überreden, sein Häuschen ein bißchen zu renovieren«, murmelte sie, doch ihre Stimme klang mehr als skeptisch. »Ein Badezimmer und ein ordentliches Spülbecken für die Küche... das wäre schon ein Fortschritt. Und mit etwas Farbe sähe es auch von außen recht hübsch aus. Die Nachbarhäuser, die schon hergerichtet wurden, sind wirklich reizend geworden.«

Von den sieben Cottages waren offenbar fünf renoviert worden, und das einzige, das noch genauso schäbig aussah, wie das von Oliver, lag am Ende der Reihe an der Straße, die zur Kirche hinaufführte. Lisa betrachtete Olivers Besitztum eine Weile schweigend, dann sagte sie energisch: »Also, gehen wir. Einmal müssen Sie es ja doch sehen.« Damit stieg sie aus dem Wagen, ohne auf den möglichen Autoverkehr auf der Straße zu achten. An einem Ort wie Madingley mochte das nicht nötig sein, doch Maitland, der aus London anderes gewohnt war, bekam eine Gänsehaut.

Es passierte jedoch nichts. Lisa trat zu ihm auf den Bürgersteig, zog einen Schlüssel aus der Tasche und schloß die Tür auf: »Ich habe Sie ja schon gewarnt. Es ist sicher staubig, aber das bedeutet nicht...«

»Jede Wohnung, die nur ein paar Tage unbewohnt war, sieht vernachlässigt aus«, beruhigte Antony sie. Und so war es auch hier, doch der vorhergesagte Staub war kaum sichtbar. Selbst auf der Hauptstraße von Madingley herrschte nur selten Verkehr. »In einem Punkt muß ich Ihnen wirklich recht geben«, bemerkte Maitland, während sein Blick durch den Raum schweifte, den sie betreten hatten, »Linwood hat von gemütlicher Wohnkultur wirklich keine Ahnung.«

»Ich hab's Ihnen ja gesagt«, seufzte Lisa. »Aber irgendwie beweist das wohl auch, daß wir Ihnen die Wahrheit erzählt haben. Er kümmert sich um diese Dinge einfach nicht. Ich meine, das gilt auch für finanzielle Angelegenheiten... Immer wieder habe ich ihn dazu zu überreden versucht, wenigstens einen bequemen Stuhl und ein Bett aus dem Nachlaß seiner Mutter zu behalten, aber er wollte lieber das Geld für andere Dinge. Zum Beispiel für die Busfahrt nach Chedcombe oder ein Glas Bier im ›Saracen's Head‹. Und Dominic hat mir dann gesagt, daß ich ihn in Ruhe lassen soll, jeder würde eben andere Prioritäten setzen. Aber Dominic kennt Oliver eben schon ein Leben lang. Für ihn ist das kein solcher Schock gewesen wie für mich.«

Maitland trat ein Stück weiter ins Zimmer und blickte sich interessiert um. »Das kann ich Ihnen nachempfinden«, murmelte er geistesabwesend und konzentrierte sich auf das, was er sah. Es gab einen Kamin, in dem noch die Asche vom vorigen Jahr lag, obwohl alles sorgfältig zusammengefegt worden war. Als einziger Schmuck stand eine Fotografie im angelaufenen Silberrahmen auf dem Kaminsims.

»Das ist seine Mutter, Millicent Linwood«, klärte Lisa ihn auf. »Ich habe sie zwar nie gekannt, aber Dominic hat sie sehr gern gemocht.«

»Ich frage mich, was sie wohl von ihrem Sohn gedacht hat«, murmelte Antony. »Immerhin war er... einundzwanzig, als sie starb.«

»Dominic sagt...« Sie hielt lächelnd inne. »Normalerweise zitiere ich nicht ständig meinen Mann«, behauptete sie, »aber in diesem Fall... er kennt die Leute im Dorf eben besser. Ich bin hier quasi ein Neuling.«

»Natürlich. Und was sagt Dominic?«

»Daß sie gehofft hat, er würde wie sein Vater Arzt werden, und selbst als er jede Unterstützung seines Onkels für ein Universitätsstudium zurückwies, glaubte sie, er würde sich einen Job suchen und es allein schaffen. Bis zu ihrem Tod war er freier Mitarbeiter bei der Zeitung, um leben zu können und Konflikte mit der Mutter zu vermeiden. Ich bin sicher, daß sie insgeheim längst wußte, daß Oliver nicht der Typ für ein geregeltes Arbeitsleben war.«

»Und was erzählt Dominic weiter? Hat sie das sehr betrübt?«

»Nein. Soviel ich von Dominic erfahren konnte, war sie eine Frau, die das Leben nahm, wie es kam. Ich glaube, er sagte, sie sei sanftmütig gewesen, aber für mich klingt das ein wenig nach ›dumm‹.«

»Ich habe angeblich ›dumme‹ Frauen gekannt, die...«, begann Maitland, doch sein Blick hatte sich bereits von dem Foto gelöst und schweifte weiter durch den Raum, wobei er völlig zu vergessen schien, daß er den Satz unbeendet gelassen hatte. Vor dem Kamin standen drei Stühle, die man selbst bei größtem Wohlwollen nicht als bequem bezeichnen konnte, die gegenüber dem restlichen Mobiliar jedoch geradezu noch einladend wirkten. Einer war ein alter Stuhl ohne Lehnen und mit niedriger Sitzfläche, dessen Brokatbezug an manchen Stellen bereits durchgewetzt war. Die anderen hätte Antony als modern beschrieben, doch als er später darüber nachdachte, fiel ihm ein, daß auch sie so ausgesehen hatten, als seien sie seit vielen Jahren in Benutzung gewesen. Beide hatten hölzerne Armlehnen und niedrige, harte Rückenlehnen, und neben dem einen stand eine Allerwelts-Stehlampe mit eingerissenem Schirm und eine Holzkiste, die als Tisch diente, und auf der ein unordentlicher Zeitungsstapel mit einem aufgeschlagenen Buch aus der Leihbibliothek zuoberst lag.

»Das Buch bringe ich lieber zurück«, entschied Lisa. »Es sei denn, er hat es bei einem der Basare der Bibliothek billig gekauft. Das tut er nämlich manchmal. Dort drüben stehen ein paar Taschenbücher, aber ich glaube, er mag sie nicht besonders. Je öfter man sie liest, desto unansehnlicher werden sie.«

»Was ist das für ein Buch?« fragte Antony nebenbei.

Lisa nahm es auf. »Es ist doch Eigentum der Bibliothek«, bemerkte sie. »Ein Buch über China. Glauben Sie, die Polizei hat es gesehen und schließt daraus, daß er insgeheim gern Auslandsreisen machen würde?«

Maitland nahm es ihr aus der Hand. »Es gibt viele Leute, die der echten Reise die Reiselektüre vorziehen«, erwiderte er. »Sowieso ist das eine hauptsächlich politische Abhandlung. Ich möchte sagen, daß man das weder auf die eine noch auf die andere Art auslegen kann. Wo war sein Arbeitstisch?«

Lisa lächelte erneut. »Im Zusammenhang mit Oliver klingt so was komisch. Dort der große Küchentisch am Fenster. Die Dinger kann man heutzutage, da die modernen Küchen meist die Ausmaße einer Schiffskombüse haben, für einen Apfel und ein Ei bekommen. Oliver hat für den Tisch nur einen Stuhl...« Sie deutete auf einen einfachen Küchenstuhl. »Er behauptet, daß man ihn leicht herumtragen könne, und ißt immer an einem Ende des Tischs, und am anderen Ende... dort, wo die Schreibmaschine steht... arbeitet er.«

»Hm, die ist nicht zu übersehen.« Es handelte sich um das altmodische Ungetüm einer Schreibmaschine mit einem überbreiten Wagen. »Das ist ja schon beinahe eine Antiquität«, bemerkte Antony. »Wo, um Himmels willen, hat er die denn her?«

»Ich habe sie ganz hinten in einem Schrank in der Kanzlei entdeckt«, antwortete Lisa. »Man schien sie völlig vergessen zu haben, und ich konnte Dad überreden, sie mir zu geben.«

Jetzt war es Maitland, der lächelte. »Ein Wink mit dem Zaunpfahl für den armen Burschen, ein bißchen mehr zu arbeiten, was?« vermutete er. »Hat er sie je benutzt?«

»Wenn ihn die Muse geküßt hat, ja«, seufzte Lisa. »In der Schublade ist Papier, aber er läßt es nie herumliegen. Er meint, das würde einen falschen Eindruck vermitteln.«

Mehr gab es im Wohnraum nicht zu entdecken. Das einzige, was noch auffallend war, war, daß er einen Fliesenfußboden hatte, und daß vor dem Kamin ein uralter Teppich lag, der so aussah, als hätten ihn die Vorbewohner zurückgelassen. »Die Küche ist hier drüben«, sagte Lisa und deutete auf eine Tür in der Rückwand des Wohnzimmers. Ich weiß nicht, wie es Ihnen geht, aber ich finde sie noch trostloser als den Raum hier.«

Und damit hatte Lisa durchaus recht. Trotz des warmen Sommertags war es in der Küche unangenehm feucht und kalt. »Als Oliver das Haus gekauft hat, stand ein Gasofen mit Herd drinnen. Aber der muß schrecklich unpraktisch gewesen sein. Oliver hat ihn verkauft und sich statt dessen einen Gaskocher besorgt... aber ich glaube, viel hat er nicht für den Herd bekommen.«

Oliver Linwoods Küchengeräte schienen lediglich eine Bratpfanne, ein Wasserkessel und etwas Steingutgeschirr zu sein. Lisa zog eine Schublade auf, in der eine kärgliche Auswahl uralten Bestecks zum Vorschein kam. Im altmodischen Spülstein stand eine Blechschüssel unter dem Hahn. »Hat er heißes Wasser?« erkundigte sich Antony.

»Nur wenn er sich einen Kessel aufstellt. Aber er behauptet, damit zurechtzukommen. Im Winter schiebt er einen Ölofen rein. Die Toilettensachen hat er natürlich mitgenommen.«

»Und die Toilette ist vermutlich im Garten?«

»Einen Garten gibt es nicht... nur eine Art Hof. Und die Toilette ist gleich neben der Hintertür. Oliver findet das gar nicht umständlich.«

»Ein anspruchsloser Bursche. Wo bewahrt er denn seine Lebensmittel auf?«

»Dort drüben ist ein Brotkasten«, klärte Lisa ihn auf. »Und der Schrank unter dem Fenster ist gut durchlüftet, so daß er darin Butter, Milch und eventuell Fleisch unterbringen kann. Oliver hat mich allerdings gebeten, alles wegzutun, was schlecht werden könnte... und das habe ich getan. Die Konserven sind noch da, aber... mein Gott, ich frage mich wirklich, ob er je zurückkommen wird.«

»Nach allem, was ich hier gesehen habe, dürfte das Gefängnis mal eine nette Abwechslung für ihn sein«, entgegnete Maitland etwas grimmig. »Haben Sie im ersten Stock noch ein paar Überraschungen für mich parat?«

»Es sieht dort nicht besser, aber auch nicht schlechter aus«, erklärte Lisa. Auch damit sollte sie recht behalten. Das kleine Hinterzimmer über der Küche war überhaupt nicht möbliert, sondern wurde als eine Art Abstellkammer genutzt. Das vordere Zimmer enthielt ein Bett, einen Tisch mit einer Lampe, eine Kommode und einen Schrank. Sämtliche Möbel waren offenbar gebraucht gekauft worden. »Oliver behauptet immer, daß er den Schrank eigentlich nicht brauche... daß eine gespannte Schnur mit einem Vorhang davor genügen würde..., aber der Gebrauchtwarenhändler hat ihn praktisch angefleht, den Schrank zu nehmen... diese Ungetüme kauft doch heutzutage niemand mehr.«

Maitland sah sich ein letztes Mal um. »Ich finde, es ist höchste Zeit, daß wir zu Ihnen fahren... schließlich haben Sie mich eingeladen. Ich habe mich nie für besonders genußsüchtig gehalten..., aber das hier ist schon ein bißchen viel auf einmal.«

»Glauben Sie, es hat geholfen, daß Sie hier gewesen sind?« wollte Lisa wissen, als sie die Haustür wieder abschloß.

»Ich glaube schon. Es ist schließlich eine Frage der Interpretation. Der Staatsanwalt hat sicher eigene Vorstellungen von Linwoods Gefühlswelt und seinem Lebensstil… und ich tue natürlich mein Bestes, dem entgegenzusteuern. Das Problem dabei ist nur, daß mir ein gewisses Verständnis für Ihren Freund Oliver einfach abgeht.«

Was Mrs. Biggins für diesen Abend vorbereitet hatte, war nicht der von Lisa erwartete Eintopf, sondern eine Lammfleischpastete, die dazu noch außerordentlich gut duftete. Dominic war offenbar schon vor ihnen nach Hause gekommen, und das Wasserrauschen und ein verhältnismäßig unmelodischer Gesang im ersten Stock ließen darauf schließen, daß er den Schweiß des Tages unter der Dusche beseitigte. Das Cottage der Trahernes, so stellte Maitland fest, war innen ebenso gepflegt und geschmackvoll wie es von außen aussah, wobei nirgends dem malerischen Eindruck zuliebe die Gemütlichkeit geopfert worden war. Nach dem Besuch in Oliver Linwoods Haus kam es Antony hier geradezu sündig luxuriös vor, und er ließ sich dankbar in die Polster eines Lehnstuhls sinken, der diese Bezeichnung wirklich verdiente. Dominic gesellte sich bereits wenige Minuten später zu ihnen, schenkte die gewünschten Getränke ein, und während die Pastete im Ofen gewärmt wurde, erhielt er auf seine Bitte hin einen ausführlichen Bericht über das, was sie am Nachmittag unternommen hatten. »Und mein Schwiegervater ist natürlich von Olivers Schuld überzeugt«, bemerkte Dominic, nachdem Lisa und Antony von ihrem Besuch im Haus in der Church Row erzählt hatten. »Und da er kein Mensch vorschneller Urteile ist, fürchte ich, daß wir seine Meinung als die allgemeine hinnehmen müssen. Ich hoffe nur, daß Ihnen Olivers Zuhause keinen falschen Eindruck von seiner Person vermittelt hat.«

»Ich glaube, ich war vor allem ziemlich verblüfft«, gab Antony zu. »Und ich muß mir sorgfältig überlegen, was ich vor Gericht sage. Trotzdem war es gut, daß ich das alles gesehen habe. Vielen Dank, Lisa. Hoffentlich fällt mir eine plausible Erklärung für die Persönlichkeitsstruktur eines Mannes ein, der auf diese Art leben möchte. Schließlich ist er intelligent, und die Lokalzeitung war durchaus gewillt, ihm mehr Aufträge zu geben, als er es für nötig hielt. Mit nur wenig mehr Aufwand hätte er ein wesentlich angenehmeres Leben führen können.«

»Ja, das stimmt. Vermutlich haben wir uns zu sehr daran gewöhnt, ihn zu nehmen, wie er ist, und wir haben erst darüber nachgedacht, als die Umstände uns dazu gezwungen haben.« Dominic ließ es damit bei dem Thema bewenden. Vielleicht merkte er instinktiv, daß im Augenblick alles gesagt war oder der Gast aus London nichts mehr darüber hören wollte. Sie unterhielten sich über alles mögliche, und Antony fühlte sich plötzlich so entspannt wie seit seiner Abreise aus London nicht mehr. Erst nachdem sie gegessen hatten, kam Dominic wieder auf Oliver Linwoods Probleme zu sprechen, und das mit gutem Grund. »Wie wollen wir heute abend vorgehen?«

»Sie erwarten Mister... Weatherby hieß er doch... in der Dorfkneipe.«

»Es würde mich wirklich überraschen, wenn er nicht da wäre. An Wochenenden ist es allerdings immer ziemlich voll dort.«

»Das habe ich mir fast schon gedacht. Vielleicht könnten Sie ihn bitten, schon etwas früher als sonst mit uns zu gehen und mit hierherzukommen?«

»Und bis zu diesem Zeitpunkt möchten Sie inkognito bleiben? Sollen wir Sie lediglich als einen Freund vorstellen?«

»Das wäre gut. Ich will mich vorerst aus allem raushalten und nur zuhören, wenn die Leute über die Sache sprechen. Immerhin dürfte der Fall hier so was wie eine Sensation sein. Schon deshalb werden die Gäste zwangsläufig darauf zu sprechen kommen. Aber was Mr. Weatherby betrifft...«

»Kennen Sie ihn?«

»Nein, aber ich fürchte, daß er mich kennt. Die Prozesse, mit denen ich hier zu tun hatte, wurden sowohl in den regionalen als auch in den überregionalen Zeitungen behandelt. Und vermutlich sind auch Fotos von mir erschienen. Ob er mich nun erkennt oder nicht, mein Name ist ihm sicher geläufig.«

»Vermutlich. Daran habe ich gar nicht gedacht. Allerdings ist Martin sehr diskret. Ich sage ihm einfach, daß Sie später am Abend noch gern mit ihm reden möchten, dann ist er sicher im Bilde.«

»Ausgezeichnet. Und nun wegen morgen... Ich habe nachgedacht, Lisa. Es ist wirklich nicht nötig, daß Sie mich begleiten. Die Gespräche, die ich führe, sind rein informeller Art... wenigstens solange wir sie nicht in unsere Verteidigung vor Gericht einbringen. Sie haben sicher besseres zu tun.«

Lisa musterte ihn einen Augenblick nachdenklich. »Sie wollen damit wohl sagen, daß es ziemlich unerfreulich werden wird und daß Sie mir die Erfahrung lieber ersparen würden«, entgegnete sie schließlich. »Aber Sie tun sowohl Oliver als auch uns einen Gefallen, und wenn ich überhaupt nicht helfen kann...«

»Nein, das können Sie nicht«, erwiderte er geradeheraus, und sie lächelte.

»Besonders unglücklich bin ich darüber, ehrlich gesagt, nicht. Wenn Sie möchten, können Sie meinen Wagen haben«, bot sie an. »Kommen Sie doch hierher zurück, sobald Sie fertig sind. Dann halten wir gemeinsam Kriegsrat.«

»Nett von Ihnen, aber ich kann nicht Auto fahren.« Wie immer, wenn er über das Gebrechen sprach, das ihm diese Tätigkeit unmöglich machte, wurde seine Miene verschlossen und abweisend. »Wenn Sie mich am Polizeipräsidium absetzen und anschließend meine Reisetasche im Hotel abgeben, ist es für mich vermutlich am einfachsten, per Taxi alles zu erledigen. Ich kenne Chedcombe nur oberflächlich. Schon deshalb kann mir ein Taxifahrer mit seinem Ortssinn sehr behilflich sein.«

»Ich könnte Sie doch chauffieren«, schlug Lisa vor.

»Es würde mich nur nervös machen, Sie überall warten zu lassen«, widersprach Antony. »Nein, ich glaube, mein Plan ist besser, Lisa. Sie und Dominic könnten doch abends mit mir in der Stadt essen. Dabei besprechen wir dann alles.«

»Gut, aber ich fände es netter, wenn Sie wieder zu uns kämen. Hier sind wir ungestört. Lassen Sie einfach Ihre Sachen hier und übernachten Sie noch mal bei uns.«

»Wenn Ihnen das keine Umstände macht? Sicher gibt es einen Bus nach Madingley... oder einen Taxifahrer, dem es nichts ausmacht, so weit aufs Land hinauszufahren.«

»Wir holen Sie ab«, entschied Lisa energisch. »Jetzt, da alles besprochen ist, sollten wir uns auf den Weg ins ›Saracen's Head‹ machen. Sonst wundern die sich dort noch, was mit uns los ist.«

6

Die Fassade des ›Saracen's Head‹ war durch keinerlei Modernisierungsmaßnahmen verunstaltet, obwohl offensichtlich vor einigen Jahren Ausbesserungsarbeiten stattgefunden hatten. Das schmiedeeiserne Aushängeschild war sicher kein Kunstwerk, aber bei näherer Betrachtung entpuppte es sich nicht als so scheußlich, wie Antony nach Lisas Beschreibung erwartet hatte. Für ihn wäre es sogar interessant gewesen, zu wissen, wie alt es tatsächlich war. Die Farbe war verblichen, die Oberfläche wies zahlreiche Sprünge und Risse auf, und wenn der Künstler damit einen düsteren Eindruck hatte vermitteln wollen, dann war ihm das durchaus gelungen. Dasselbe galt für das Innere des Lokals: Nirgends verdarb moderne Ausstattung die typische Atmosphäre eines Dorfpubs, nirgends war versucht worden, durch Kunstgriffe eine neue ›alte heile Welt‹ entstehen zu lassen. Auf den harten Stühlen lagen lediglich ein paar flache Kissen, um diese bequemer zu machen, und aus der Buntheit des Bezugsstoffes war zu schließen, daß sie jemandes Freude und Stolz waren.

Nachdem sie das Lokal betreten hatten, ging Lisa voraus zu jenem Tisch, der offenbar der Stammplatz der Trahernes war, während Dominic sofort auf die Theke zusteuerte. Maitland war peinlich berührt, als bei ihrem Eintreten die allgemeine Geräuschkulisse schlagartig verstummte, bis die Begrüßungen der Trahernes von allen Seiten erwidert wurden. Der Mann, der bereits an dem von Lisa anvisierten Tisch saß, erhob sich, kaum daß er sie sah. Er war mittelgroß, hatte dunkles schütteres Haar und buschige Augenbrauen, die das markanteste an seiner sonst unauffälligen Erscheinung waren. »Das ist Martin Weatherby ... von dem wir Ihnen ja schon erzählt haben«, stellte Lisa ihn vor. »Mr. Maitland, Martin. Er möchte später gern mit dir sprechen ..., aber nicht hier. Vielleicht kannst du nachher noch mit zu uns kommen?«

»Mit Vergnügen«, erwiderte Weatherby, und das klang aufrichtig. »Ist es Ihnen unangenehm, Mr. Maitland, wenn ich Ihnen sage, daß ich mich freue, Sie kennenzulernen, nachdem ich jahrelang viel über Sie geschrieben und gelesen habe? Natürlich habe ich Sie auch schon vor Gericht erlebt, aber das ist wohl kaum dasselbe.«

»Vorsichtig, Martin«, warf Lisa ein. »Ich habe den Eindruck, daß Mr. Maitland gar nicht gern an diese Dinge erinnert wird.«

»Würde mich auch nicht wundern, wenn er was gegen Journalisten hätte«, bemerkte Weatherby mit schlauem Blick. Sie hatten sich inzwischen alle gesetzt. »Aber wenn's nötig ist, macht man selbst mit dem Teufel Geschäfte – stimmt's, Mr. Maitland? Falls ich Ihnen überhaupt helfen kann, stehe ich gern zur Verfügung. Und ich verspreche Ihnen, unser Gespräch nicht als Interview zu veröffentlichen.«

Dominic kam in diesem Augenblick an den Tisch. »Ich habe dir gleich Nachschub mitgebracht, Martin«, verkündete er, setzte ein Tablett ab und verteilte die Gläser. »Hat Lisa dir schon erklärt...?«

»Ja, das habe ich, Liebling«, fiel Lisa ihm ins Wort. »Und ich schätze, er hat mich auch verstanden.«

Dominic sah verwirrt von einem zum anderen. »Gut, verschieben wir das auf später. Ich fürchte nur, Antony, wenn Sie auf interessante Kommentare von Leuten hier aus sind, die nicht wissen, wer Sie sind, ist das eine Fehlanzeige. Ich habe an der Theke gesagt, daß wir einen Gast mitgebracht haben, der zur Zeit bei uns wohnt, aber es ist allen klar, wer Sie sind und weshalb Sie hier sind.«

»Alles andere wäre vermutlich in einer ländlichen Gegend zuviel verlangt gewesen«, entgegnete Maitland etwas enttäuscht. Dominic und Lisa sprachen ihn seit dem gemeinsamen Abendessen weniger förmlich an, und wenigstens darüber war er froh. »Haben die Leute darüber geredet, als wir reinkamen... über Oliver Linwoods Verhaftung?«

»Ja, ich schätze schon. Offengestanden gibt es in Madingley gegenwärtig gar kein anderes Gesprächsthema.«

»Meinen Sie, man wird die Diskussion bald wiederaufnehmen?«

»Natürlich«, warf Weatherby ein. »Lange halten sie die Abstinenz hier nicht aus. Aber jetzt mal ganz offen... Mr. Maitland. Ich kann Ihnen vermutlich genauso viel erzählen wie alle anderen. Alle haben mir gesagt, wie sie darüber denken, vielleicht aus Hilfsbereitschaft, vielleicht in der Hoffnung, in die Zeitung zu kommen. Und wenn ich einen Vorschlag machen darf: Es lohnt sich bestimmt, mit Ruth und Tom Jenkins zu reden. Das sind die Wirtsleute. Oliver hat öfter hier gegessen. Mittlerweile wissen Sie bestimmt, daß er knapp bei Kasse war, und hier kriegt man viel für wenig Geld. Die beiden haben eine Schwäche für Oliver und haben ihn häufig gefragt, ob er nicht abends mitessen möchte.«

»Eine gute Idee. Heute abend sind sie sicher zu beschäftigt, aber vielleicht am Sonntagmorgen...«

»Ich arrangiere das«, erbot Dominic sich. »Wenn wir jetzt mal eine Weile nur still dasitzen, bekommen Sie sicher eine recht gute Vorstellung davon, wie das Dorf über die ganze Geschichte denkt.«

Doch es kam etwas anders als erwartet. Dominic sollte insofern recht behalten, als nach einer Weile wieder der Mord zum allgemeinen Gesprächsthema wurde, wenn auch nicht ohne neugierige

Blicke in Maitlands Richtung, und alles, was er hörte, bestätigte nur Lisas und Dominics Meinung: Die Gäste des Lokals, wenn nicht sogar das ganze Dorf, waren einhellig der Meinung, daß die Polizei einen großen Fehler gemacht hatte. Die meisten warfen der Kriminalpolizei in Chedcombe vor, nicht bis drei zählen zu können, und fanden, daß die Dinge ganz anders gelaufen wären, wenn man Joe Biggins alles überlassen hätte; andere erklärten offen, daß, obwohl Oliver zu einer solchen Tat nicht fähig sei, er es sich selbst zuzuschreiben habe, daß Fremde ihn falsch einschätzten.

»Er benimmt sich wirklich nicht wie ein anständiger Christenmensch«, behauptete ein Mann, der schrecklich schielte, und begann einen heftigen, aber völlig unsachlichen Streit über die praktischen Vor- und Nachteile eines Eremitendaseins. Der Wirt machte der Auseinandersetzung schließlich ein Ende, indem er erklärte, Oliver habe nie Neigungen in dieser Richtung gezeigt. »Sonst würden wir ihn ja alle nicht so gut kennen«, schloß er und sah triumphierend in die Runde.

»Das Problem ist nur, wie man beweisen soll, daß er's nicht gewesen ist«, verkündete eine untersetzte Frau, die bis dahin noch gar nichts gesagt hatte. Sie trug eine Männerkappe, die sie verkehrt herum aufgesetzt hatte, und warf Antony einen scharfen prüfenden Blick zu.

»Es liegt doch auf der Hand, daß dieses arme Mädchen aus Chedcombe dahintersteckt«, erklärte der Mann, der sich so abfällig über Olivers Lebensstil geäußert hatte. »In einer solchen Stadt ist den Leuten ja nichts mehr heilig... Sie müssen schon entschuldigen, Mrs. Traherne.«

Lisa schüttelte nur lächelnd den Kopf. »Aber wenn sie's gewesen ist, wie ist sie dann hierhergekommen?« warf Martin Weatherby ein.

»Mit dem Bus«, schlug jemand vor.

»Ein reichlich auffälliges Fortbewegungsmittel, für jemanden, der einen Mord vorhat.«

»Aber jeder weiß doch, daß sie sie nicht alle beisammen hat. Außerdem könnte sie auch zu Fuß gegangen sein, oder?«

»Sicher. Aber dann erhebt sich die Frage, ob jemand sie gesehen hat.«

»Hier würde sie doch niemand erkennen. In den Zeitungen war nie ein Foto. Und wenn das Olivers Anwalt aus London ist,« fügte der Schielende provozierend hinzu, »dann möchte ich wissen, warum er nicht selbst ein paar Fragen stellt.«

Weatherby wandte sich mit entschuldigendem Lächeln an Maitland: »Ich wollte nur helfen«, murmelte er. »Aber wenn Sie möchten, überlasse ich Ihnen das Feld.«

»Na gut.« Wenn Antony diese Wende des Geschehens mißfiel, so ließ er sich nichts anmerken. »Das Mädchen, von dem Sie gesprochen haben...«

»Henrietta Vaughan«, assistierte Lisa.

»Ja, Mrs. Vaughan.«

Zu seiner Überraschung löste diese Bezeichnung bei den männlichen Gästen schallendes Gelächter aus. »Wenn sie verheiratet ist, dann ist das bisher verschwiegen worden«, erklärte schließlich eine Frau mit säuerlicher Miene. »Wir nennen so was eine ledige Mutter. Wenn Sie mich fragen, dann kann sie froh sein, daß sie das Kind verloren hat.«

»Es scheint, als würden Sie sie kennen, Madam.«

»Nein, nur vom Hörensagen.«

»Das klingt ziemlich abfällig. Soviel ich weiß, hat sie ihr Kind erst vor kurzer Zeit verloren. Hat sie noch andere Kinder?«

»Das ist mir nicht bekannt. Und die Gerüchte sind auch erst aufgekommen, als die anderen Kinder plötzlich verschwanden und dann tot aufgefunden wurden. Sie hat es einfach nicht überwunden, daß ihr Baby gestorben ist, wissen Sie, und hat sich an den Müttern und Vätern gerächt, die gesunde Kinder hatten«, fügte sie selbstgerecht hinzu.

»Aha.« Antony verzog keine Miene. »Und obwohl Sie alle von dem Mädchen gehört haben, würde keiner von Ihnen sie auf der Straße erkennen?« fragte er gedehnt und sah prüfend in die Runde. Es waren gut zwanzig Gäste versammelt, doch abgesehen von Lisa waren nur drei Frauen anwesend, und das zustimmende Gemurmel war deutlich.

»Dann ergibt sich die nächste Frage von selbst. Hat irgend jemand hier in der Gegend an dem Tag, als der Mord passiert ist, eine Fremde gesehen?«

»Wenn das so gewesen wäre, dann hätten wir das sofort gesagt«, antwortete der Mann prompt, der als erster von den Unzulänglichkeiten der Polizei gesprochen hatte. »Und wenn jemand was Verdächtiges bemerkt hätte, dann hätte Mrs. Croft in ihrem Laden davon gehört. Stimmt's nicht, Madam?«

»Natürlich«, antwortete die dritte Frau unter den Gästen, die fast wie die Zwillingsschwester der Dame mit der Männermütze aussah, jedoch etwas gefälliger gekleidet war. »Wenn mir jemand so was erzählt hätte, hätte ich ihn sofort zu Joe Biggins geschickt, da können Sie Gift drauf nehmen.« Antony fiel es nicht schwer, ihr zu glauben, obwohl er nicht ganz sicher war, ob das Bedauern in ihrer Stimme Olivers mißlicher Lage oder der Tatsache galt, die einzige Chance, über ihr Dorf hinaus bekannt zu werden, verpaßt zu haben.

»Ich habe die Erfahrung gemacht, daß auf dem Land nichts unbeobachtet bleibt... vor allem Fremde nicht«, erklärte Antony. »Ich habe nämlich nicht immer nur in London gelebt«, fügte er hinzu, als er die skeptischen Mienen der Dorfbewohner sah. »Sie haben doch auch gleich gewußt, wer ich bin.«

»Das war nicht schwierig zu erraten, wo Sie doch mit Mrs. Traherne hergekommen sind.«

»Vielleicht nicht. Aber nehmen wir doch mal rein hypothetisch an, das arme Mädchen hat nach dem Tod ihres Kindes den Verstand verloren und ist für die Morde der beiden anderen Babys in Chedcombe verantwortlich. Chedcombe ist trotz allem eine Kleinstadt«, betonte er mit Blick auf den Schielenden, der zuvor das Gegenteil behauptet hatte. »Aber sicher werden dort eine Menge Babys geboren. Warum sollte sie also ausgerechnet nach Madingley kommen?«

»Das ist doch einfach! Die Leute in Chedcombe sind jetzt auf der Hut. Da ist kein Baby mehr unbewacht. Und wenn Sie wissen wollen, warum sie ausgerechnet auf das Linwood-Baby verfallen ist«, fügte der streitbare Mann hinzu, der trotz seiner offensichtlichen Sympathie für Oliver Maitlands Fragen als ärgerlich zu empfinden schien, »dann brauchen Sie nur zu lesen, was in den Zeitungen stand. Da war nicht nur die Geburtsanzeige, sondern auch ein Artikel über Walter Linwoods Tod und die Geburt seines Sohnes zwei Wochen danach drin.«

Die Frau mit der Männerkappe schaltete sich ein: »Aber das ist doch alles Unsinn. Ich will mich gar nicht weiter darüber auslassen, was in Chedcombe alles passieren könnte...« Und ihr Ton machte deutlich, daß die nur fünf Kilometer entfernte Kleinstadt für ihre Begriffe fast in einer anderen Welt lag. »...aber diese Sandra ist von jeher ein kokettes Frauenzimmer gewesen... schon als molliges kleines Mädchen. Ich will keine Namen nennen, aber es wird sich bestimmt rausstellen, daß jemand ein Auge auf sie geworfen hat, dem das Kind im Weg war.«

Maitland verschlug es einen Moment die Sprache, doch diesmal sprang Dominic in die Bresche. »Aber mit dem Mord an dem kleinen Mark hätte sich derjenige doch um ein stattliches Vermögen gebracht«, erinnerte er. »Selbst wenn es so gewesen wäre, glauben Sie nicht, daß es sich für ihn durchaus in barer Münze ausgezahlt hätte, das Kind in Kauf zu nehmen?«

»Diese idiotische Geschichte kennen wir mittlerweile ja alle«, warf die Frau mit der Männerkappe mit einem Blick auf Antony ein, der deutlich ausdrückte, was sie von Juristen hielt. »Aber das kam ja erst bei Olivers Verhaftung raus. Wir haben bis dahin gedacht, Sandra sei eine reiche Witwe.«

»Was sie auch hätte sein sollen«, bemerkte der streitsüchtige Mann. »Wenigstens in einem Staat, in dem Recht und Ordnung herrscht.«

Es erhob sich stellenweise zustimmendes Gemurmel, doch insgesamt schien die Mehrzahl der Gäste geneigt, die arme Henrietta Vaughan als Sündenbock anzusehen.

Maitland sah den Zeitpunkt für gekommen, die Diskussion abzubrechen. Er leerte sein Glas, sah hastig in die Runde und stand dann ostentativ auf. »Es war sehr interessant hier bei Ihnen«, verabschiedete er sich höflich von den Gästen des Pubs. »Ich hatte Angst, die Unterhaltung würde jeden Moment in Verleumdungen ausufern«, fügte er draußen hinzu, als sie zu viert die menschenleere Straße zum Haus der Trahernes entlang gingen. Den Rest des Wegs legten sie schweigend zurück. Erst als sie im Haus, die Vorhänge zugezogen und die Lichter angeknipst waren, entspannten sie sich. Da die Fenster auf der Vorder- und Rückseite geöffnet geblieben waren, herrschte in den Räumen nach der Hitze des Tages angenehme Kühle. »Die Fenster zur Straße machen wir lieber zu«, schlug Maitland vor. »Sonst riskieren wir, daß uns jemand hört.«

»Allmählich machen Sie mich wirklich neugierig«, seufzte Martin Weatherby. »Offenbar sehen Sie in mir so etwas wie einen Zeugen.« Weatherby, der sich bei den Trahernes gut auszukennen schien, steuerte zielstrebig auf die Sitzgruppe vor der Terrassentür zu.

»Nicht nur das«, erwiderte Antony. »Ich verlasse mich auch auf Ihre Diskretion, wozu Lisa und Dominic mich ermutigt haben.«

»Von einem Zeitungsmann ist das viel verlangt«, entgegnete Weatherby lächelnd. »Wissen Sie, die Kollegen von der überregionalen

Presse waren anläßlich Ihrer früheren Tätigkeit hier in unserer Gegend der Meinung, daß Sie für Journalisten nicht viel übrig haben.«

»Ich mag keine Publicity«, klärte Maitland ihn auf und hoffte, daß Martin die ausweichende Antwort akzeptieren würde.

»Na, jedenfalls kann ich nicht versprechen, keinen Reporter zu der Gerichtsversammlung zu schicken, falls es dazu kommt, aber alles, was wir hier unter uns besprechen, wird als streng vertraulich behandelt«, versicherte Weatherby erneut.

»Danke, das genügt mir vollkommen. Haben Sie denn eine persönliche Meinung über diese Geschichte?«

»Ich teile die im Dorf vorherrschende Ansicht, daß Oliver unschuldig ist«, erwiderte Weatherby. »Aber das dürfte Ihnen kaum helfen.«

»Nur vielleicht insofern, als es mich etwas überrascht. Ich meine, daß die Meinung so einhellig ist.«

»Die Leute hier können einfach nicht glauben, daß einer von ihnen zu einer so abscheulichen Tat wie dem Mord an einem Kind fähig sein könnte.«

In diesem Moment gesellten sich auch Lisa und Dominic zu ihnen. »Ganz so einig waren sie sich allerdings nicht, daß der Mörder nicht aus dem Dorf stammt«, bemerkte Dominic.

»Sie spielen damit vermutlich auf die Behauptung dieser Dame an, Sandra Linwood könne einen heimlichen Liebhaber gehabt haben? Wenigstens habe ich ihren Hinweis so aufgefaßt. Und sie hatte mit ihrer Anspielung, daß der einfache Mann von der Straße das komplizierte Erbrecht nicht verstünde, durchaus recht. Die Frage ist nur, ob es jemanden im Dorf gibt, der tatsächlich in Betracht käme.«

»Ich weiß nicht, ob es stimmt, daß Sandra vor ihrer Ehe eine leichtlebige Person war«, murmelte Martin Weatherby nachdenklich. »Aber vermutlich ist es so gewesen. Eines allerdings war sie bestimmt... ein Snob. Also mit Liebhabern à la Lady Chatterley hatte sie sicher nichts im Sinn. Und ich könnte Ihnen ein triftiges Argument gegen diese Liebhaber-Theorie liefern.«

»Daß Walter und Sandra erst ungefähr zwei Jahre verheiratet waren«, warf Antony ein.

»Und ich dachte, Juristen seien alle Zyniker! Aber jetzt im Ernst..., ich weiß natürlich nichts über Sandras Gefühle zu ihrem Mann, obwohl ich der Ansicht bin, daß sie ihn geliebt hat. Sollte sie jedoch wirklich eine... nun eine Affäre mit einem anderen Mann gehabt haben, dann hätte sie ihm bestimmt die Rechtslage in bezug auf das Familienvermögen erklärt. Natürlich hätte sie kein eigenes Vermögen mehr gehabt, wenn ihr Sohn Mark volljährig geworden wäre, aber bis dahin war noch lange Zeit. Außerdem hätte er wohl seine Mutter kaum unversorgt gelassen.«

»Gut, dann lassen wir die Aspekte Liebe und Ehe mal beiseite. Was wissen Sie über Henrietta Vaughan?«

»Nicht viel. Eben nur, daß sie am 13. Juni einen totgeborenen Jungen bekommen hat. Natürlich habe ich erst von ihr erfahren, nachdem gerüchteweise bekannt wurde, daß die Polizei sie der Entführung und Tötung von zwei Kindern aus Chedcombe verdächtigt.«

»Das gerade beschäftigt mich ziemlich«, hakte Antony ein. »Wie sind diese Gerüchte überhaupt publik geworden? Ich kann mir einfach nicht vorstellen, daß die Polizei es an Diskretion hat mangeln lassen.«

»Allein die Tatsache, daß sie verhört wurde, hat schon genügt.«

»Aber warum hat man sie denn verhört?«

»Henriettas Nachbarin hat der Polizei gegenüber behauptet, sie benähme sich in letzter Zeit sehr merkwürdig.«

»Sind da Einzelheiten bekannt geworden?«

»Nein, leider nicht.«

»Aber Sie kennen wenigstens den Namen der Nachbarin?«

»Marilyn Parker«, antwortete Weatherby prompt. »Ich schätze, daß Lisa Miss Vaughans Adresse hat, und Mrs. Parker wohnt wie gesagt im Nebenhaus.«

»Glauben Sie an diese Theorie?«

»Die Polizei hat bisher, soviel ich weiß, nichts beweisen können.«

»Das beantwortet meine Frage nicht. Die ganze Geschichte stützt sich doch auf die Vermutung, daß Henrietta Vaughans psychisches Gleichgewicht durch den Tod ihres Kindes vorübergehend gestört gewesen ist... wäre das nicht Beweis genug gewesen? Wäre das kein Grund gewesen, sie in eine Anstalt einzuweisen?«

»So leicht geht das nicht«, warf Lisa ein. »Sie war vielleicht ein bißchen durcheinander – anders kann sich das kaum geäußert haben. Und soviel ich weiß, sind Morde ohne jegliches Motiv am schwierigsten aufzuklären.«

»Wenn Miss Vaughan sie begangen hätte, hätte sich durchaus ein Tatmotiv rekonstruieren lassen«, gab Antony zu bedenken. »Trotzdem verstehe ich, was Sie meinen. Aber Mr. Weatherby hat meine

Frage, was er von dieser Theorie hält, noch nicht beantwortet.«

»Das Problem ist, daß mir keine andere einfällt«, erwiderte Weatherby. »Aber wie Sie wissen, ist das kaum eine Grundlage für eine Anklage. Wenn Sie allerdings auf einer Antwort bestehen, muß ich sagen, daß ich die Theorie für möglich, ja sogar für wahrscheinlich halte, daß das Mädchen für die Morde in Chedcombe verantwortlich ist. Ob sie in Linwood House gewesen ist und den kleinen Mark Linwood schlafend in seinem Kinderwagen entdeckt hat, als er gerade unbewacht war, steht auf einem anderen Blatt.«

»Die Polizei wenigstens scheint von zwei verschiedenen Tätern auszugehen.«

»Die Polizei ist wie besessen von Olivers Motiv, was, wie Sie zugeben müssen, auch verständlich ist... sie glaubt, daß zwei verschiedene Personen die Morde begangen haben.«

»Trotzdem muß die Möglichkeit einer solchen Verbindung einfach überprüft werden«, erklärte Maitland, und das klang nicht so, als sei er davon begeistert. »Aber was ich Sie noch fragen möchte, Mr. Weatherby, ist, ob Sie etwas über Walter und Sandra Linwoods Freundeskreis wissen. Ich muß gestehen, daß es mir schwerfällt zu glauben, daß das Kind aus Haß gegen seine Mutter getötet worden ist. Sicher hätte sich der Täter dann an Sandra selbst vergriffen. Um allerdings keine Möglichkeit außer acht zu lassen...«

»Sie fragen nach den *Freunden* der Linwoods, Mr. Maitland«, antwortete Weatherby mit seltsamer Betonung. »Sicher...«

»Wenn jemand einen solchen Groll gegen die beiden gehegt haben sollte, dann muß er sie gut gekannt haben«, legte Antony zum wiederholten Mal dar. »Und natürlich hat sich diejenige Person nie etwas anmerken lassen. Trotzdem ist mir gerade eingefallen, daß, falls es ein Mord aus Rache gewesen ist...«

»Ja?« fragten die anderen im Chor, als er den Satz unvollendet ließ.

»Vielleicht ist das doch gar keine so schlechte Theorie. Ich kenne Sandra Linwood nicht, aber ihr gleichzeitig das Kind und ihr Einkommen zu nehmen... Was könnte wohl schlimmer für sie sein, Lisa?«

»Das kann ich vielleicht beantworten«, meldete sich Dominic. »Wir haben Ihnen ja bereits gesagt, daß sie nicht gerade der mütterliche Typ ist. Trotzdem bin ich sicher, daß sie wie jede Mutter sehr unglücklich über den Tod ihres Babys ist. Der Verlust eines stattlichen Vermögens allerdings ist bestimmt von einschneidenderer Bedeutung.«

»Hm, ich verstehe.«

»Ich muß gestehen, daß ich dir in diesem Punkt recht geben muß«, unterstützte Weatherby Dominic. »Aber Sie haben mich nach dem Bekanntenkreis der Linwoods gefragt... in dem sich auch Feinde verborgen haben könnten. Die Linwoods haben sicher jeden in unserem Landkreis gekannt, der Rang und Namen hat... nur enge Freunde waren das nicht. Ihre intimsten Freunde, die sie auch am häufigsten sahen, waren Charles und Jean Martin, die außerhalb von Northdean leben. Er sitzt in einigen Aufsichtsräten in der Hauptstadt und fährt auch gelegentlich nach London, aber meistens sind die beiden zu Hause. Ich kann Ihnen die Adresse geben... Allerdings stehen sie auch im Telefonbuch. Ein anderer guter Freund ist Cliff Elliott, der Verwaltungsdirektor des St. Luke's Krankenhauses in Chedcombe. Er ist übrigens Arzt. Ich kenne ihn recht gut... ein sympathischer Mann, Witwer wie ich... allerdings ist er erst Ende dreißig oder höchstens vierzig.«

»Und sonst fällt Ihnen niemand ein?« Weatherby schüttelte den Kopf. »Oder vielleicht irgendein Grund, weshalb einer dieser Leute...«

»Nein, beim besten Willen nicht«, antwortete Weatherby auffällig schnell. »Fänden Sie es nicht auch reichlich merkwürdig, wenn es zwei Personen in unserer Gegend gäbe... glauben Sie an solche Zufälle, Mr. Maitland?«

»Sie kommen vor«, entgegnete Antony im Widerspruch zu dem, was er ein ganzes Leben lang vertreten hatte. In letzter Zeit war er in diesem Punkt nämlich etwas vorsichtiger geworden. »Wenn ich Sie richtig verstehe, wollen Sie sagen, daß, wenn wir von Oliver Linwoods Unschuld ausgehen, die Person, die die beiden Kinder in Chedcombe getötet hat... also Henrietta Vaughan... die einzige Alternative ist, ja?«

»Ich dachte, Olivers Unschuld stünde bei uns gar nicht zur Debatte.«

»Irgendwo muß ich ja anfangen«, seufzte Antony entschuldigend. »Trotzdem bin ich Ihnen sehr dankbar, Mr. Weatherby. Vielleicht können mir wenigstens diese Freunde von Walter und Sandra Linwood weiterhelfen. Das ist immerhin schon etwas.«

»Das freut mich«, sagte Martin ohne jede Begeisterung.

Dominic war aufgestanden. »Und jetzt trinken wir unser zweites Glas Bier, auf das wir in der Kneipe verzichtet haben.« Damit wandte sich die Unterhaltung in eine andere Richtung, doch seltsamerweise wollte sich die entspannte Stimmung, die einige Zeit zuvor geherrscht hatte, nicht wieder einstellen.

»Na und jetzt?« fragte Lisa, als Martin Weatherby sich verabschiedet und nach Hause gegangen war.

»Die Situation ist ungewöhnlich«, erwiderte Maitland vorsichtig. »Wenn wir bei Gericht mit Geschworenen aus Madingley rechnen können, wäre das großartig. Die Frage ist nur, ob sich diese Einstellung auch auf die Leute aus Chedcombe ausweiten läßt?«

»Das kann ich mir nicht vorstellen. Sie wissen doch, wie das ist«, seufzte Lisa resigniert. »Die landläufige Meinung ist: Wo Rauch ist, ist auch Feuer. Und in Chedcombe kennt man Oliver nicht... mit Ausnahme einiger Journalisten von der Zeitung. Daß die nun ausgerechnet den Geschworenen angehören, können wir kaum erwarten.« Lisa hielt inne und musterte Antony skeptisch. »Leider muß ich Martin in einem Punkt recht geben: Das Wahrscheinlichste ist doch, daß alle drei Morde auf das Konto einer Person gehen.«

»Das glaube ich eben auch, aber wir müssen alle Möglichkeiten in Betracht ziehen«, erinnerte Antony sie. »Allerdings möchte ich mir diese Freunde der Linwoods gern mal ansehen.«

»Dazu haben wir morgen wohl kaum noch Zeit.«

»Nein. Aber vielleicht können Sie mich Sonntagmorgen zu Dr. Elliott fahren? Er wohnt doch sicher in der Nähe von Chedcombe. Das heißt, falls Sie bei Ihrem Angebot bleiben, daß ich morgen Abend hierher zurückkommen kann.«

»Wenn Sie es nicht tun, sterbe ich vor Neugier«, gestand Lisa ohne Umschweife. »Und Dominic geht es bestimmt nicht anders.«

»Gut, dann bleibt es dabei. Vielleicht können wir dann sogar noch ein Gespräch mit den Martins arrangieren. Anschließend steige ich dann in Northdean in den Zug nach London.«

»Jetzt ist es leider zu spät, um mit den Leuten zu telefonieren«, bedauerte Lisa. »Aber das erledige ich gleich morgen, nachdem ich Sie am Polizeipräsidium abgesetzt habe.«

»Ausgezeichnet. Auf diese Weise können Sie beide auch etwas für Oliver Linwood tun«, erklärte Antony und sah seine beiden Gastgeber an.

Doch wie Lisa wenige Minuten später, als sie mit ihrem Mann allein im Schlafzimmer war, bemerkte: »Wir wissen, was er uns erzählt, aber leider nicht, was er denkt.« Der folgende Vormittag allerdings sollte sie wenigstens in einem Punkt widerlegen.

Samstag 19. Juli

1

Maitland erwartete eigentlich, daß Chefinspektor Camden ihn am nächsten Morgen in einem der Wartezimmer eine Weile schmoren lassen würde, um seiner Machtposition Nachdruck zu verleihen. Zu Antonys Erleichterung jedoch führte ihn ein Beamter in Uniform sofort in das Büro des Chefinspektors. Sie begrüßten sich ziemlich reserviert und abwartend, und Antony nahm die Gelegenheit wahr, dem anderen zu seiner Beförderung zu gratulieren. Es war mittlerweile fast dreieinhalb Jahre her, seit sich die beiden zum letzten Mal getroffen hatten. Camden, für einen Polizeibeamten ungewöhnlich klein, hatte ein grob geschnittenes Gesicht, einen dunklen Teint und trug eine ständig mißmutige Miene zur Schau.

»Soviel ich gehört habe, werden Sie Oliver Linwoods Verteidigung übernehmen«, begann Camden ohne Umschweife. »Als der mit den Ermittlungen betraute Beamte muß ich Ihnen vermutlich nicht erst sagen, daß ich über diese Sache nicht sprechen kann.«

»Wenn Sie tatsächlich glauben, daß ich deswegen gekommen bin, überrascht es mich offengestanden, daß Sie sich zu diesem Gespräch bereitgefunden haben«, konterte Antony. »Sie werden wahrscheinlich verstehen, daß ich ein bißchen mehr über diese beiden anderen Kindermorde wissen möchte«, fuhr Antony fort.

»Wenn Sie glauben, daß Sie dadurch Beweismittel bekommen, die vor Gericht verwendet werden können…«

»Versuchen sollte man's immer«, bemerkte Maitland ausweichend, zog einen seiner zerknitterten Briefumschläge aus der Tasche und studierte diesen ostentativ. »Ich habe mir hier einiges notiert. Vielleicht können Sie mir manche Dinge bestätigen.«

»Dann fangen Sie am besten mit Walter Linwoods Tod an. Wenn er nicht gestorben wäre, hätte sein Vetter kaum ein Motiv gehabt, sich des Babys zu entledigen«, erklärte Camden unverhohlen verächtlich.

Antony verkniff sich die Bemerkung, daß Camden eigentlich nicht mit ihm über den Mord in Madingley reden wollte. »Wie Sie meinen«, sagte er daher gelassen. »Walter ist am 9. Juni gestorben, sein Sohn wurde am 25. desselben Monats geboren und am 8. Juli ermordet. Im Augenblick interessieren mich allerdings die beiden Morde in Chedcombe, über die wir ohne schlechtes Gewissen miteinander sprechen dürfen.«

»Über die ist hier schon genug geredet worden«, bemerkte Camden reserviert. »Ich weiß wirklich nicht, was Sie da noch von mir hören wollen.«

»Ich brauche wie gesagt nur eine Bestätigung der Angaben, die mir zur Verfügung stehen. Als erstes habe ich mir hier eine gewisse Henrietta Vaughan notiert, deren Baby am 13. Juni tot zur Welt gekommen ist.«

»Totgeboren, aber nicht ermordet.«

»Sie wissen doch, wie das in Chedcombe ist«, seufzte Maitland. »Viel besser als ich. Es wird viel geredet, und angeblich soll das arme Mädchen mehrmals von Ihnen oder einem Ihrer Leute wegen der beiden nachfolgenden Morde vernommen worden sein.«

»Ich begreife nicht, inwiefern das jetzt von Interesse ist, Mr. Maitland.«

»Dann bestätigen Sie mir wenigstens das Datum vom 13. Juni.«

»Soweit ich mich erinnere, ist das korrekt.«

»Als nächstes habe ich mir hier den drei Monate alten Louis, Sohn von John und Louise Swift aus Chedcombe notiert«, fuhr Antony ungerührt fort. »Sein Tod erfolgte meinen Recherchen nach exakt eine Woche später, also am 20. Juni.«

»Auch das stimmt. Und wenn Sie diese Farce unbedingt weiterspielen wollen, dann kann ich Ihnen genausogut gleich sagen, daß der zweite Mord nur drei Tage später stattfand. Auch diesmal handelte es sich um einen Jungen, den Sohn von Ernest und Caroline Blunt, der etwas jünger als das erste Opfer war.«

»Danke, Chefinspektor«, erwiderte Maitland mit einem leichten Anflug von Sarkasmus. »Nett, daß Sie so hilfsbereit sind.«

»Freut mich, daß Sie das anerkennen. Und vielleicht darf ich Ihnen noch etwas mitteilen, was Ihnen entgangen sein mag, Mr. Maitland. Falls Sie versuchen wollen, eine Verbindung zwischen den drei

Morden herzustellen, dürften Sie Pech haben. Ich bin ganz sicher, daß die beiden Morde, von denen Sie gerade gesprochen haben, von einer Person ausgeübt wurden, aber mit dem Tod des Linwood-Babys haben sie nichts zu tun.«

»Auch ohne Einzelheiten zu kennen, fallen mir doch gewisse Parallelen auf.«

»Das Swift-Baby stand in seinem Kinderwagen vor einem Supermarkt ganz in der Nähe des Hauses seiner Eltern. Als Mrs. Swift nach zehn Minuten wieder herauskam, waren Kinderwagen und Kind verschwunden. Später hat man den leeren Kinderwagen wieder entdeckt... und noch später auch den kleinen Jungen... und zwar tot. Die Leiche lag ziemlich notdürftig versteckt unter einem Busch im Park.«

»Und das Blunt-Baby?«

»Auch das ist zuerst entführt worden, und zwar in demselben Park, in dem Louis Swift gefunden worden war. Mrs. Blunt hat den Kinderwagen ihrer Aussage nach nur einen Augenblick allein gelassen, um die öffentliche Toilette zu benutzen, aber ich vermute, daß es wohl doch länger gedauert hat. Der Park ist im Sommer stark besucht, und die öffentliche Toilette liegt drunten am Weiher, wo sie in der Sonne gesessen hatte. In diesem Fall hat man das Kind zuerst – an fast derselben Stelle wie das Swift-Baby – gefunden. Der leere Kinderwagen stand etwas weiter auf der anderen Seite des Weihers.«

»Haben Sie das alles auch Mrs. Traherne erzählt?«

»Dazu bestand keine Veranlassung. Keiner dieser beiden Todesfälle steht in irgendeiner Verbindung zu den Verdachtsmomenten gegen Oliver Linwood. Sowieso schien sie selbst genug darüber Bescheid zu wissen.«

»Aber als ein ähnlicher Fall in einem nur fünf Kilometer von Chedcombe entfernten Dorf passierte, haben Sie keinerlei Zusammenhänge herstellen können?«

»Dazu gab es wie gesagt nicht den geringsten Grund. In den beiden ersten Fällen sind die Kinder zuerst entführt und dann getötet worden. Daß das auch auf das Linwood-Baby zutrifft, wäre mir neu.«

»Mir fallen offengestanden auf Anhieb zwei, nein drei Ähnlichkeiten ein.«

»Die Sie mir sicher gleich darlegen werden, wie ich Sie kenne.«

»Gern. Alle ermordeten Kinder waren männlichen Geschlechts,

alle starben den Erstickungstod... Das ist doch richtig, oder?«

Camden ging auf die Frage nicht weiter ein. »Und die dritte Ähnlichkeit?« erkundigte er sich statt dessen.

»Na, die Zeitspanne, in der die Morde begangen wurden, natürlich«, erwiderte Antony. »Sämtliche Babys, das von Henrietta Vaughan eingeschlossen, starben, nachdem Walter Linwood einem Herzinfarkt erlegen war.«

»Wenn Sie eine Bedeutung in der Tatsache sehen, daß...«

Maitland lächelte plötzlich. »Oh, das kann ich nicht, Chefinspektor... noch nicht«, gestand er ein. »Aber ich arbeite daran, wissen Sie.«

Camden stand auf. »Wenn das alles ist, Mr. Maitland...« Er machte gar nicht den Versuch, den Satz zu beenden.

»Fast alles«, antwortete Maitland und erhob sich ebenfalls. »Eines würde mich noch brennend interessieren. Wie sind sie darauf gekommen, diese Vaughan zu verdächtigen?«

Jetzt verzog sich Camdens Gesicht zu einem Lächeln. »Routinearbeit, Mr. Maitland... und das ist wohl etwas, was Sie nicht kennen. Und wenn ich Ihnen noch einen Rat geben darf...«

»Da wäre ich dankbar«, sagte Antony förmlich.

»Das möchte ich ehrlich gesagt doch bezweifeln. Trotzdem sollen Sie meine Meinung erfahren. Ich an Ihrer Stelle würde nicht allzu viel auf die Tatsache bauen, daß unsere Ermittlungen bei den Morden von Chedcombe bisher noch keine Ergebnisse gebracht haben. Wenn ich Sie wäre, würde ich die Verteidigung Ihres Falles nach etwas konventionelleren Maßstäben aufbauen. Oder noch besser: benutzen Sie nur die Informationen, die Ihnen zur Verfügung stehen.«

»Besten Dank, Chefinspektor«, erwiderte Antony in geradezu herzlichem Ton. An der Tür drehte er sich noch einmal um. »Kennen Sie zufällig Sir Alfred Godalming?« fragte er und fuhr fort, ohne eine Antwort abzuwarten: »Selbstverständlich tun Sie das, er ist schließlich eine Zeitlang Polizeipräsident von Westhampton gewesen, stimmt's? Danach ist er stellvertretender Leiter von Scotland Yard geworden. Ich habe ihn leider noch nicht persönlich kennengelernt, aber ich kann mich des Eindrucks nicht erwehren, daß er mit Ihnen völlig übereinstimmen würde.«

Damit ging Antony hinaus, bevor Camden noch etwas entgegnen konnte, und schloß die Tür betont leise hinter sich.

2

Vom Polizeipräsidium waren es zu Fuß nur wenige Minuten bis zum Hotel. Maitland ging zum letzten Mal in sein Zimmer hinauf, um Jenny anzurufen und ihr seine Rückkehr für den kommenden Tag anzukündigen. »Das ist später, als ich wollte, Liebes«, gestand er. »Aber die Dinge entwickeln sich.«

»Positiv?« erkundigte sich Jenny hoffnungsvoll.

»Das läßt sich noch nicht sagen. Ich habe natürlich erst angefangen, also...«

»Wenn da jemand frei rumläuft, der Babys umbringt, dann sollte ihm das Handwerk gelegt werden.«

»Auch wenn das nichts mit dem Fall zu tun hat, an dem ich arbeite?« fragte Antony erleichtert und amüsiert zugleich.

»Selbstverständlich«, betonte Jenny. »Ich weiß, daß du Chedcombe nicht magst«, fügte sie ernst hinzu. »Aber das ist kein Grund dafür, hinzunehmen, daß die Bevölkerung dort auf diese Art und Weise dezimiert wird.«

»Liebste, du hast mit Onkel Nick gesprochen, stimmt's?«

»Natürlich habe ich das. Vera und er haben sich schließlich jede Mühe gegeben, keine Einsamkeitsgefühle in mir aufkommen zu lassen«, erklärte Jenny. »Aber Onkel Nick macht sich eben Sorgen um Vera... na ja, und sie... sie macht sich eben auch Sorgen.«

»Denk doch mal nach, Liebes. Vera hat von jeher den Drang, Menschen, an deren Unschuld sie glaubt, aus der Patsche zu helfen. Erinnere dich an das erste Mal, als sie mich eingeschaltet hat... und das nur, weil die Betroffene ein nettes Mädchen war.«

»Aber sie kennt diesen Oliver Linwood nicht mal«, protestierte Jenny. »Morgen sind die beiden sowieso zum Abendessen bei uns, also iß bitte nicht schon im Zug. Wir fangen am besten erst später als üblich an, damit du noch Zeit für einen Drink hast.«

»Und damit mich zwei erfahrene Strafanwälte ins Kreuzfeuer nehmen können«, ergänzte Maitland, den diese Aussichten nicht gerade in ausgelassene Stimmung versetzten. »Aber da ich dem sowieso nicht entgehen kann, bringen wir's lieber so schnell wie möglich hinter uns. Wenigstens ist unser Urlaub in greifbarer Nähe. Das ist zumindest etwas, was mir Auftrieb gibt.«

Nachdem er aufgelegt hatte, sah er sich noch einmal hastig im Zimmer um, um sich zu vergewissern, daß er nichts vergessen hatte, bestellte dann telefonisch ein Taxi und ging zum Empfang hinunter, um die Rechnung zu bezahlen. Als er fertig war, wartete bereits das Taxi. Er sah in der Liste nach, die Lisa ihm gegeben hatte, und nannte dem Chauffeur die Adresse der Swifts.

Während der Unterhaltung mit dem Taxifahrer stellte sich heraus, daß alle Leute, die er aufsuchen wollte, in derselben Gegend wohnten, nämlich in einem nordöstlichen Vorort von Chedcombe. »Ich weiß noch nicht genau, wie lange die Gespräche, die ich führen muß, dauern, aber es wäre mir recht, wenn Sie mir für den Rest des Tages als Fahrer zur Verfügung stehen könnten. Am späten Nachmittag jedenfalls muß ich nach Madingley zurück. Allzu lange wird es also nicht dauern.«

»In Ordnung.« Die Aussicht, einen angenehmen Tagesauftrag statt der ständig wechselnden Fahrten zu haben, schien die Stimmung des Taxifahrers merklich zu heben. Nach wenigen Minuten bereits wurden sie sich über den Preis einig. »Hier ist es. Nummer 14 haben Sie gesagt. Ich muß wenden und parke dann auf der gegenüberliegenden Straßenseite.«

Maitland stieg vor einem etwa zehn Jahre alten Reihenhaus aus. Es war gepflegt und hatte einen schmalen Vorgarten mit einer blühenden Rosenrabatte. Zu seiner Erleichterung stand in der geöffneten Garage ein Wagen. Er wußte, daß es klüger gewesen wäre, vorher einen Besuchstermin zu vereinbaren, aber er war davor zurückgeschreckt, die delikate Angelegenheit am Telefon erklären zu müssen, und Lisa hatte er dies unter den gegebenen Umständen erst recht nicht zumuten wollen.

Trotzdem hatte er Glück. Ein blondes junges Mädchen, das Maitland höchstens auf zwanzig Jahre schätzte, öffnete ihm die Tür, und er fragte sich insgeheim, ob er mittlerweile bereits ein Alter erreicht hatte, in dem ihm alle anderen schrecklich jung vorkamen. Maitland stellte sich vor, und seine Schüchternheit war diesmal nicht gespielt. »Mrs. Swift, ich würde mich gern mal mit Ihnen und Ihrem Mann unterhalten.«

»Sie sind Anwalt? Das verstehe ich nicht ganz. Es sei denn... es geht um dieses Mädchen, über das uns schon die Polizei ausgefragt hat. Haben Sie jetzt jemanden verhaftet?«

»Nein, es geht... Also vielleicht dürfte ich Ihnen in Gegenwart Ihres Mannes alles erklären«, schlug er vor.

»John ist im Garten«, erwiderte sie. »Wir können uns ja dort unterhalten. Es ist ein so herrlicher Tag. Kommen Sie, wir gehen gleich durchs Haus.«

John Swift war offenbar nur ein paar Jahre älter als seine Frau, ein kräftiger junger Mann, der gerade die Rosen begoß. Nachdem seine Frau Louise ihm Antony etwas atemlos vorgestellt hatte, sah er dem Besucher gerade in die Augen. »Ich verstehe nicht ganz, weshalb Sie hier sind.«

»Vielleicht sollte ich Ihnen erst einmal mein aufrichtiges Beileid ausdrücken. Es tut mir wirklich leid, das alles wieder aufrühren zu müssen.«

John Swift warf seiner Frau einen flüchtigen Seitenblick zu, doch obwohl sie die Lippen fest aufeinander preßte, blieb ihre Miene ruhig und gefaßt. »Hat... hat die Polizei die Person verhaftet, die... die Louis entführt hat?« fragte sie schließlich. »Denn wenn Sie die vertreten...«

»Nein, nichts dergleichen. Haben Sie zufällig vom Tod eines Kindes in Madingley gelesen?«

»Ja, aber die Sache hatte mit uns nichts zu tun. Als wir davon erfuhren, hatte die Polizei bereits jemanden verhaftet, und... ich bin offengestanden in der Verhandlung vor dem Amtsgericht gewesen, weil ich wissen wollte... aber der Mann hatte ein Motiv für die Tat. Zu dem, was mit Louis passiert ist, bestand überhaupt kein Zusammenhang.«

»Genau darüber mache ich mir eben Gedanken, und das ist der Grund, weshalb ich zu Ihnen gekommen bin, obwohl ich weiß, daß ich Ihnen mit meiner Befragung weh tun muß. Ich bin der Anwalt von Oliver Linwood.«

»Er hat das Baby seines Vetters umgebracht«, bemerkte Louise ruhig.

»Verzeihen Sie, aber das ist noch nicht bewiesen. Ich habe offengestanden große Zweifel«, erklärte Antony und merkte erst, während er das sagte, daß es die Wahrheit war. »Sie werden also verstehen, daß ich die Tatsache, daß sich in der näheren Umgebung zwei ähnliche Fälle ereignet haben, in meine Ermittlungen einbeziehen muß... schon aus Fairneß gegenüber meinem Klienten.«

John Swift dachte einen Augenblick nach, dann räusperte er sich abrupt. »Setzen wir uns erst mal«, schlug er vor und ging zu einem Platz voraus, an dem einige Stühle um einen runden Tisch gruppiert unter einem bunten Sonnenschirm standen. »Es ist erst einen Monat her«, murmelte er. »Morgen ist es genau einen Monat her. Louise hat sich tapfer gehalten, aber...«

»Es ist noch zu früh, um an der Wunde zu rühren«, ergänzte Antony. »Glauben Sie mir, ich kann das nur zu gut verstehen, und es wäre mir nicht im Traum eingefallen, Sie zu belästigen, wenn die Sache nicht so drängen würde.«

Offenbar spürte Louise Maitlands aufrichtiges Mitgefühl noch stärker als ihr Mann, denn sie ergriff das Wort: »Es macht mir nichts aus, darüber zu sprechen, wenn ein triftiger Grund dafür besteht... eben nicht nur Neugier. Sie können sich nicht vorstellen, wie taktlos die Leute sind. Dabei wollen sie oft nur freundlich sein.« Sie warf ihrem Mann einen liebevollen Blick zu, und die folgenden Worte waren möglicherweise auf ihn gemünzt: »Wir sind noch jung«, begann sie tröstend. »Ich habe die Babysachen behalten... obwohl meine Schwester das morbide findet..., aber wir brauchen sie... fürs nächste Mal.«

Antony sah sie lächelnd an, wandte sich dann jedoch an John: »Sie können sich glücklich schätzen, eine solche Frau zu haben, Mr. Swift. Sind Sie einverstanden, daß wir den traurigsten Teil gleich hinter uns bringen? Erzählen Sie mir doch einfach, was eigentlich passiert ist...«

»Ich hatte einige Briefe... anonyme Briefe bekommen«, erwiderte Louise gefaßt. »Sie wissen vermutlich, was ich meine.«

»Ja, leider. Das beste ist, sie gleich zu verbrennen.«

»Ich hätte sie vermutlich wegwerfen sollen, aber die Polizei hat behauptet, sie könnten hilfreich sein. Einer stammt möglicherweise von der Person, die Louis mitgenommen hat.« Maitland, der aufmerksam zuhörte, vermutete, daß sich das Ehepaar Swift auf diese Sprachregelung geeinigt hatte. »Wer immer es auch getan hat, er muß verrückt gewesen sein, aber das macht es irgendwie noch schlimmer. Ich mache mir auch keine Vorwürfe... niemand hat Louis mehr geliebt als ich... als wir. Ganz in unserer Nähe gibt es ein Einkaufszentrum, und die Kunden dort sind fast alle unsere Nachbarn. Schon deshalb war es für mich ganz normal, den Kinderwagen draußen stehen zu lassen. Das hatte ich zuvor schon oft getan, und fast immer hat sich jemand mit dem Baby beschäftigt, wenn ich wieder herausgekommen bin. Es war Freitag, aber am Vormittag wird man an den Kassen noch zügig abgefertigt. An jenem Tag war's genauso. Allerdings standen noch einige Leute herum, als ich festgestellt habe, daß der Kinderwagen nicht mehr da war, und ich habe alle gefragt. Zwei behaupteten, den Kinderwagen gesehen, aber nicht auf die Person geachtet zu haben, die ihn weggefahren hat. Ich bin danach in die Apotheke nebenan gelaufen und habe die Polizei angerufen. Allerdings habe ich dann nicht erst auf die Polizei gewartet, obwohl man mich darum gebeten hatte, sondern bin überall herumgelaufen, in der Hoffnung, mein Kind selbst wieder finden zu können. Erst viel später an diesem Tag...«

»Darüber brauchen wir erst gar nicht weiter zu reden«, unterbrach Antony sie hastig. »Sie sagten vorhin, die Polizei habe Ihnen gegenüber vom Verdacht gegen eine junge Frau gesprochen, Mrs. Swift. Wissen Sie, wer gemeint war?«

»Henrietta Vaughan..., natürlich hatten sie den Namen nicht genannt, aber die Leute reden eben.«

»Kennen Sie sie?«

»Nein. Sie wohnt allerdings nicht weit von hier und hatte ein uneheliches Kind, das tot zur Welt gekommen ist, heißt es. Das scheint sie psychisch sehr mitgenommen zu haben. Ich weiß nicht, ob die Polizei, was sie betrifft, recht hat, die Leute kommen ja auf die verrücktesten Ideen..., aber irgendwie kann ich verstehen, daß sie nach dem Verlust ihres Kindes vielleicht schrecklich eifersüchtig auf alle geworden ist, die...«

»Ich möchte Ihnen nur noch eine Frage stellen«, fiel Antony ihr ins Wort. »Kennen Sie die Linwoods?«

»Nein. Für sie... ich meine für Mrs. Linwood muß es besonders schlimm gewesen sein, stimmt's? Zuerst ihr Mann und dann ihr Kind. Glauben Sie wirklich, daß es der Bruder gewesen ist?«

»Oliver Linwood ist Walters Vetter, nicht sein Bruder. Und ich glaube wirklich... Nun, Sie beide sind hilfsbereiter gewesen, als ich hoffen konnte, aber wenn es darum geht, daß möglicherweise ein Unschuldiger für viele Jahre ins Gefängnis muß... Ich frage Sie das nur ungern, aber wäre einer von Ihnen bereit, vor Gericht als Zeuge auszusagen, falls wir uns entschließen, die Anklage mit Hilfe der beiden Verbrechen von Chedcombe zu erschüttern?«

»Dann tue ich das«, erwiderte John Swift. »Wenn es der Gerechtigkeit dient, können wir uns kaum weigern. Er ist doch nicht verrückt, oder?« erkundigte er sich unvermittelt. »Ich meine, er kann wohl kaum derjenige sein, der...«

»In dieser Beziehung bin ich mir wirklich vollkommen sicher.

Oliver hatte nichts mit dem zu tun, was Ihnen angetan wurde«, versicherte Antony ihm. »Kennen Sie eigentlich die Blunts? Sie müssen doch auch ganz in der Nähe wohnen.«

»Ich kenne sie vom Sehen«, warf Louise ein. »Das ist alles. Offengestanden habe ich mit dem Gedanken gespielt, sie anzurufen und ihnen mein Beileid auszusprechen, aber dann hatte ich Angst, daß das alles nur noch schlimmer machen könnte.«

Maitland stand auf. »Ich glaube, ein Gespräch mit Ihnen kann jedem nur guttun«, beteuerte er herzlich. »Und bitte verzeihen Sie mir, daß ich...«

»Da gibt's nichts zu verzeihen.« Mrs. Swift streckte ihm die Hand hin. »John bringt Sie raus. Ich möchte ein bißchen allein sein.«

Sie hatten sich gerade an der Haustür verabschiedet, als Antony plötzlich etwas einfiel. Er wandte sich noch einmal um. »Wo hat Ihre Frau eigentlich entbunden?«

»Im St. Luke's. Es hat die beste Entbindungsstation in Chedcombe.« Sein Gesicht verzog sich plötzlich zu einem warmen Lächeln. »Meine Frau hatte dort die beste Pflege, aber eine Krankenschwester, eine Frau aus Pakistan namens Dera Mohamad ist ganz besonders nett gewesen. Dera Mohamad hat sie sogar mehrmals angerufen, nachdem... nachdem es passiert war. Ich glaube, die Geschichte hat sie ebenso getroffen wie uns.«

»Dera ist hier in Chedcombe?«

»Ja, kennen Sie sie?«

»Ja, schon seit etlichen Jahren. Als wir uns das letzte Mal gesehen haben, hat sie in einem Seniorenheim auf der anderen Seite der Stadt gearbeitet. Da Sie von Dera Mohamad sprachen, nehme ich an, daß sie noch nicht verheiratet ist. Wissen Sie, ob sie hier im Schwesternheim wohnt?«

»Ich glaube, ja.« John Swift stand noch immer auf der Schwelle seines Hauses, als Antony die Straße überquert hatte und in das wartende Taxi stieg. Maitland hob noch einmal die Hand zum Gruß, als sie davonfuhren.

Rückblickend hatte Antony später Mühe, zu entscheiden, was ihm seine Aufgabe schwerer gemacht hatte: die freundliche, entgegenkommende Art der Swifts oder der völlig andere Empfang, der ihm bei Ernest und Caroline Blunt zuteil wurde. Das Haus der Blunts war wesentlich größer, stammte offenbar aus den zwanziger Jahren und lag in einem gepflegten Grundstück. Kaum war das Taxi in die Auffahrt eingebogen, drängte sich Antony der Eindruck auf, daß alles hier für die kleineren Häuser der Umgebung nur Verachtung übrig hatte. Und nach seinem Gespräch mit den Blunts erschien ihm dies gar nicht mehr so weit hergeholt.

Diesmal öffnete ihm der Hausherr, Ernest Blunt. Er hörte sich Antonys Erklärungen reserviert an und ließ ihn dann widerwillig ins Haus, damit er auch mit Mrs. Blunt sprechen konnte. »Es mußte ja so kommen«, bemerkte er, während er vorausging. »Die ganze Nachbarschaft wird immer schlechter. Wenn die Polizei nicht bald was unternimmt, sind wir hier unseres Lebens nicht mehr sicher.«

Ernest Blunt war ein hochgewachsener, für den warmen Sommerabend ungewöhnlich sorgfältig und elegant gekleideter Mann, und als sie den kleinen Salon betraten, in dem Mrs. Blunt saß, wurde Maitland klar, daß die beiden ein perfektes Paar abgaben. »Hier ist es kühler als im großen Wohnzimmer«, behauptete Mr. Blunt, der den Besucher offenbar durch die Tatsache beeindrucken wollte, daß man über noch bessere Räumlichkeiten verfügte. »Das ist Mr. Maitland, Carrie«, stellte er Antony vor. »Er ist angeblich Anwalt und vertritt den Mann, der das Baby in Madingley umgebracht hat. Er glaubt offenbar, daß wir ihm helfen können..., wie, ist mir allerdings schleierhaft.«

Antony wollte schon zu seiner vorsichtig entschuldigenden Einleitung anheben, doch Carrie Blunt wehrte sowohl seine Beileidsbekundungen als auch seine bedauernden Erklärungen mit einer hastigen Handbewegung ab. »Glaubt die Polizei denn, daß Oliver Linwood auch für den Tod unseres Kindes verantwortlich ist?«

»Im Gegenteil. Die Polizei ist ganz sicher, daß die beiden Fälle nichts miteinander zu tun haben. Ich bin allerdings schon aus Rücksicht auf meinen Klienten der Meinung, daß die Tatsache, daß es ähnlich gelagerte Verbrechen innerhalb kurzer Zeit gegeben hat, vor Gericht vorgebracht werden muß... vorausgesetzt, der Richter läßt diesen Beweisantrag zu. Aus diesem Grund bitte ich Sie um Hilfe.«

»Oliver Linwood ist ein reichlich schräger Vogel«, bemerkte Ernest. »Ihm würde ich alles zutrauen.«

»Sie kennen ihn also?«

»Er ist kaum die Sorte Mensch, mit der ich mich befasse«, entgegnete Ernest. »Aber wir sind öfter bei Walter und Sandra eingeladen gewesen und haben zwangsläufig von ihm gehört.«

»Arme Sandra«, seufzte Carrie. Antony konnte sich des Eindrucks nicht erwehren, daß die Bemerkung eine leere Phrase war. »Mann und Kind so kurz hintereinander zu verlieren«, fuhr sie fort. »Ich weiß nicht, wie du darüber denkst, Ernest, aber ich mache keinen Finger für Oliver krumm. Haben Sie gesehen, wie der Mann haust? Natürlich bin ich nie in diesem entsetzlichen Haus gewesen, aber er wäre durchaus in der Lage, einen Job anzunehmen und wie ein normaler Mensch zu leben. Ich fürchte, Sie haben bei uns kein Glück, Mr. Maitland. Wir haben selbst genug Probleme.«

Antony war inzwischen klargeworden, daß die beiden als Zeugen vor Gericht Olivers Interessen nur schaden konnten. Trotzdem stellte er noch eine Frage: »Was wissen Sie über die Linwoods... wer zum Beispiel könnte sie ernsthaft gehaßt haben?«

»Warum sollen wir uns darüber den Kopf zerbrechen, wenn es einen Mann gibt, der ein mehr als einleuchtendes Motiv für die Tat hat?« konterte Ernest Blunt ätzend. »Und was die leidvolle Erfahrung betrifft, die wir machen mußten... also meine Frau hat das sehr mitgenommen.«

Antony blieb danach nichts weiter übrig, als sich die Bemerkung, daß man ihr dies nicht ansehe, zu verkneifen und sich zu verabschieden. Es war nur ein Zufall, daß die Blunts die Linwoods gekannt hatten; wenn vermutlich auch nicht so gut, wie die Blunts es gern erscheinen lassen wollten. Was die Morde in Chedcombe betraf, konnte Lisa vielleicht den mit den Ermittlungen befaßten Beamten zwangsweise vorladen lassen, was sich allerdings für den Fall nicht als besonders vorteilhaft erweisen konnte. Camden war tatsächlich der Mann, auf den es hier ankam. Vielleicht war es besser, sich an den Polizeiarzt zu halten, der sicher nicht so voreingenommen war. Antony nahm sich vor, mit Lisa darüber noch an diesem Abend zu sprechen.

Der Taxifahrer hatte mittlerweile offenbar über die Liste von Adressen nachgedacht, die Antony ihm gegeben hatte. »Also ich hätte Sie wirklich nicht für einen Polizisten gehalten«, bemerkte er, als Antony wieder in den Wagen stieg.

›Gott sei Dank nicht‹, hätte Antony beinahe spontan geantwortet, doch dann dachte er an die vielen Freunde, die er bei der Polizei hatte, und konterte: »Und wie kommen Sie darauf, daß ich Polizeibeamter sein könnte?«

»Über die Leute, die Sie besuchen, ist 'ne Menge wegen der Babymorde in den Zeitungen geschrieben worden«, erwiderte der Taxifahrer. »Und die nächste Adresse... da wohnt doch diese Vaughan, oder?«

»Jetzt sagen Sie bloß, daß der Name in den Zeitungen gestanden hat.«

»Nein, aber die Leute reden... besonders in Chedcombe.« Maitland konnte ihm in diesem Punkt nur zustimmen. »Deshalb ist mir die Idee gekommen, daß Sie Ermittlungen in den beiden Kindesmorden durchführen.«

»Ermittlungen führe ich schon durch«, gestand Antony. »Aber nicht für die Polizei. Kennen Sie hier in der Gegend ein Restaurant, wo wir 'ne Kleinigkeit zu Mittag essen können?«

»Gleich um die Ecke ist eine Kneipe..., wenn Sie damit vorlieb nehmen wollen.«

»Ausgezeichnet. Ich mag Kneipen.« Und wie Antony feststellen konnte, war auf die Empfehlung des Taxifahrers Verlaß. Das Essen war einfach, aber ausgezeichnet und das Bier vom Besten. Maitland gelang es, während des Essens das Gespräch auf andere Dinge zu lenken als auf die Morde, und insgeheim resümierte er, daß sein wenig hilfreiches Gespräch mit den Blunts ihn psychisch kaum so gefordert hatte wie der Besuch bei den sympathischen Swifts. Die Unterredung mit Henrietta Vaughan allerdings stand ihm noch bevor, und was er ihr sagen sollte, wußte er wirklich noch nicht.

Ihr nächstes Ziel war ein Bungalow in einer terrassenförmig angelegten, gepflegten Häuserreihe, mit sauberen Vorhängen und polierten Messing-Türklopfern. Die Tür öffnete eine mollige, mütterlich wirkende ältere Frau, was ihn für einen Augenblick aus der Fassung brachte, da er die Erfahrung gemacht hatte, wie trügerisch Äußerlichkeiten sein konnten. Doch als er vorsichtig nach Henrietta Vaughan fragte, hielt sie die Tür weit auf und bat ihn freundlich, einzutreten. »Ja, das arme Mädchen ist zu Hause«, erwiderte sie. »Sie geht ja kaum noch aus. Wissen Sie, sie wohnt bei mir zur Untermiete. Und seit dieses ganze Gerede angefangen hat, wagt sie sich nicht mehr auf die Straße. Dabei würden ihr ein bißchen Sonne und frische Luft guttun. Ich sage ihr, daß Sie hier sind. Sie können im Wohnzimmer mit ihr sprechen.«

»Einen Augenblick bitte. Ich würde zuerst gern mit Ihnen reden.«

Henrietta Vaughans Vermieterin hatte die Schwelle zum Wohnzimmer bereits erreicht, drehte sich jedoch augenblicklich um. »Sie scheinen mir schon in Ordnung zu sein, aber da die Kleine offenbar niemanden hat, der auf sie aufpaßt, sagen Sie mir lieber, worum es eigentlich geht.«

»Ja, natürlich«, erwiderte Maitland zögernd. Die Vermieterin führte ihn in ein kleines, sauberes Wohnzimmer, das mit Möbeln und Nippes vollgestopft war. »Sie haben mir Ihren Namen noch nicht genannt, Mrs....?«

»Oh... das ist lange her«, entgegnete sie und bezog sich damit offenbar auf ihre Ehe. »Hier nennen mich alle Minnie. Das genügt vollkommen.« Damit setzte sie sich und bedeutete ihm energisch, ihr gegenüber auf einem viktorianischen, außerordentlich unbequemen Stuhl Platz zu nehmen, bei dem die Holzteile an den falschen Stellen angebracht waren, wie er gleich feststellen sollte. »Also?« fragte sie.

Die Erklärung fiel ihm noch schwerer als bei den Swifts, doch schließlich glaubte er auch trotz Minnies durchdringend prüfendem Blick, die richtigen Worte gefunden zu haben. »Sie wollen doch nicht versuchen, zu beweisen, daß Henrietta Vaughan diese Kinder umgebracht hat?« fragte sie, als er geendet hatte. »Ich weiß, was die Leute reden, aber das ist Unsinn.«

»Ich will nichts anderes beweisen als die Wahrheit«, entgegnete Antony. »Ich glaube, daß sich die Polizei in bezug auf meinen Mandanten Oliver Linwood irrt. Außerdem habe ich für merkwürdige Zufälle nicht viel übrig.«

»Sie meinen also, daß es nicht sehr wahrscheinlich ist, daß zwei Kindermörder hier in der Gegend ihr Unwesen treiben?«

»Ganz genau. Trotzdem weiß ich natürlich, daß es nicht gerade unmöglich ist. Deshalb gehe ich beiden Hypothesen nach. Auf keinen Fall möchte ich Miss Vaughan noch mehr zusetzen, als das sicher die Polizei schon getan hat, aber ich dachte, persönlich mit ihr zu sprechen, könnte mir Aufschluß darüber geben...«

»Ob Sie weitersuchen müssen«, vollendete sie den Satz für ihn. »Das sollten Sie tun, soviel kann ich Ihnen sagen. Aber ich vertraue Ihnen. Also entscheiden Sie selbst.« Sie wollte schon aufstehen, doch Antony hielt sie mit einer Geste zurück.

»Sie könnten mir helfen..., wenn Sie wollen. Erzählen Sie mir ein bißchen was über Miss Vaughan.«

»Sie ist ein liebes Mädchen«, erwiderte Minnie beinahe trotzig. »Aber meines Erachtens war's ein Fehler, daß sie sich mit diesem Kerl eingelassen hat.«

»Darauf kommen wir noch. Was können Sie mir sonst über sie sagen?«

»Wie Sie möchten. Henrietta ist zweiundzwanzig, und ich war mit ihren Eltern befreundet, was bedeutet, daß ich sie ungefähr seit ihrer Geburt kenne. Ihr Vater starb bei einem Autounfall und die Mutter zwei Jahre später an Krebs. Das ist jetzt vier Jahre her, und seitdem wohnt sie bei mir. Und sie hat hier alles auf Heller und Pfennig bezahlt... bis sie wegen der Schwangerschaft nicht mehr arbeiten konnte. Aber wenn ich daran denke, daß dieser nette Eddie sie heiraten wollte...«

»Jetzt bringen Sie mich etwas durcheinander, Minnie«, fiel Antony ihr ins Wort. »Ist dieser Eddie der Vater des totgeborenen Kindes?«

»Nein, nein! Die beiden waren nur zwei Jahre lang fest befreundet, und alles schien in bester Ordnung zu sein, bis dieser Kerl aufgetaucht ist und ihr den Kopf verdreht hat.«

»Und wer ist dieser... dieser andere?«

»Ein Akademiker. Das hat ihr natürlich imponiert. Aber ich habe gleich nicht viel von ihm gehalten. Er ist in Mr. Byrons Kanzlei angestellt... das ist alles.«

»Bei dem Anwalt Byron?«

»Ganz richtig. Mr. Byron ist in Chedcombe gut bekannt. Ein guter Mann mit ausgezeichnetem Ruf. Und ich wäre persönlich zu ihm gegangen, nachdem Henrietta mir gestanden hatte, daß sie ein Kind erwartet, aber sie hat mich inständig gebeten, es nicht zu tun. Zu diesem Zeitpunkt hatte er nämlich schon mit ihr Schluß gemacht, und sie hatte eben ihren Stolz. Aber Eddie wollte sie noch immer heiraten und hätte sogar das Kind wie sein eigenes angenommen. Er ist ein lieber Junge..., und er mag sie wirklich. Aber zuerst hat sie sich viel zu sehr geschämt – darüber wäre sie bestimmt weggekommen, wenn nicht plötzlich das Gerede angefangen hätte. Sie wissen ja, wie das in einer Kleinstadt so ist...«

»Ja, und wie ich das weiß«, erwiderte Maitland mit Nachdruck.

»...und für ein Mädchen in ihrer Situation gäbe es nur den Ausweg, wegzuziehen. Aber er hat hier seine Stellung, und sie wollte ihm keine Schwierigkeiten machen.«

»Erzählen Sie mir von dem Baby, und wie sie mit der ganzen Sache fertig geworden ist.«

»Henrietta hat in St. Luke's entbunden... das tun die meisten hier, weil es ganz in unserer Nähe ist, und die Entbindungsstation hat einen guten Ruf. Aber das arme Kind hat drei Tage in den Wehen gelegen, und dann mußten sie ihr sagen, daß das Kind kein Lebenszeichen von sich gibt. Ich bin natürlich dort gewesen, und sie haben mich auch zu ihr gelassen, aber sie hat nicht mal geweint, sondern nur meine Hand genommen und das Gesicht weggedreht, um mir zu sagen, daß sie nicht darüber sprechen wollte. Und seitdem hat sie keine einzige Träne darüber vergossen.«

»Wie war sie denn, als sie nach Hause gekommen ist?«

»Jedenfalls nicht völlig durchgedreht, wie die Leute behaupten«, entgegnete sie energisch. »Der Schock hätte sie aus dem seelischen Gleichgewicht gebracht, sagen sie! Henrietta war wie betäubt, Mr. Maitland – wie jemand, der einen bösen Traum gehabt hat. Das war alles. Sie konnte an ihre Arbeitsstelle im Supermarkt, wo sie als Kassiererin gearbeitet hat, nicht zurückkehren.«

»Im Einkaufszentrum hier in der Nähe?« fragte Antony hastig.

»Ja, in dem, wo das Swift-Baby verschwunden ist«, erklärte Minnie grimmig. »Das macht natürlich alles noch schlimmer. Aber machen Sie sich bitte keine falschen Vorstellungen. Jetzt hilft sie mir. Sie kauft ein und so weiter. Sie ist mir schon immer gern zur Hand gegangen. Und das Wetter war so schön... und den Park hat sie von jeher gemocht, also ist sie oft dort gewesen. Es kommt mir manchmal so vor, als hätte sich alles gegen Henrietta verschworen, denn als das Gerede angefangen hat, sah es wirklich so aus, als wäre sie schuldig.«

»Wie sind diese Gerüchte überhaupt entstanden?«

»Daran ist diese Marilyn von nebenan schuld... eine feine Freundin ist das. Sie hat den Unsinn über Henriettas angebliche geistige Verwirrtheit aufgebracht, und ich weiß, daß Sie mit unserem Streifenpolizisten geredet hat. Die Polizisten sind damals zuerst bei ihr gewesen, bevor sie Henrietta zum ersten Mal verhört haben.«

»Wann ist das gewesen? Vor oder nach dem zweiten Kindermord?«

»Danach. Allerdings erst eine Woche später. Ich erinnere mich noch genau, daß es ein Samstag gewesen ist.«

»Also Anfang Juli. Und Sie konnten Henrietta in beiden Fällen kein Alibi geben?«

»Nein. Und trotzdem konnten sie ihr nichts beweisen.«

»Ist sie seither so menschenscheu?«

»Nein, das kam erst, als sie beim Einkaufen erfahren hat, was die Leute über sie reden.«

Maitland hatte bereits das Kuvert mit seinen Notizen gezückt. »An welchem Tag ist das gewesen?« erkundigte er sich.

»Sie macht ihre Wochenendbesorgungen immer freitags. Und dabei war's.«

»Also nach dem Mord an Mark Linwood. Das ist schade«, bemerkte Maitland, dessen stets in großem Maße vorhandenes Mitgefühl sich bereits zu regen begann. »Sagen Sie mir eines, Minnie. Könnte Henrietta am 8. Juli mit dem Bus nach Madingley gefahren, von dort nach Linwood House gelaufen und wieder zurückgekommen sein, ohne daß Sie das bemerkt hätten?«

Minnie schien offenbar zu spüren, wem seine Sympathien galten, denn sie antwortete bereitwillig: »Ja, das wäre durchaus möglich gewesen, Mr. Maitland. Ich bin an jenem Vormittag nämlich bei meiner Schwester gewesen, die auf der anderen Seite der Stadt lebt, und erst abends wieder hier gewesen.«

»Hm, ich verstehe.« Der Briefumschlag verschwand wieder in Maitlands Jackettasche. »Jetzt würde ich gern mit Miss Vaughan sprechen…, wenn ich darf«, fügte er hinzu, obwohl ihm bereits bewußt war, daß er es eigentlich nicht mit seinem Gewissen vereinbaren konnte, Henrietta Vaughan auch noch mit Oliver Linwoods Problemen zu belästigen. In der kurzen Zeit, während Minnie Henrietta holte, überlegte er fieberhaft, wie er mit ihr über die Morde sprechen konnte, ohne ihr noch mehr zuzusetzen.

Schließlich betrat ein großgewachsenes Mädchen mit blonden Haaren und beinahe erschreckender Blässe zögernd das Zimmer. »Minnie hat mir gesagt, weshalb Sie hier sind«, begann sie. »Ich weiß aus eigener Erfahrung, wie dem Mann, dem Sie helfen wollen – wie jedem zumute sein muß, der sich gegen falsche Anschuldigungen wehren muß…, aber ich weiß auch, was es bedeutet, ein Kind zu verlieren, und ich hätte das nie einer anderen Frau antun können.«

Maitland war sofort aufgestanden und nahm jetzt ihre Hand. »Miss Vaughan«, sagte er. »Ich bin aus Pflichtgefühl gegenüber meinem Mandanten hergekommen, und es tut mir aufrichtig leid, wenn ich damit schmerzliche Erinnerungen bei Ihnen wecke. Trotzdem bin ich froh, daß ich hier bin.«

»Warum?« fragte sie mit geradezu kindlicher Naivität. Doch Maitland war bereits sicher, daß das junge Mädchen, das ihm gegenüberstand, geistig völlig normal war. Sie machte einen sanftmütigen, keineswegs eifersüchtigen oder rachsüchtigen Eindruck auf ihn.

»Weil... nun, wollen Sie mir vertrauen und erzählen, was die Polizei zu Ihnen gesagt hat?«

»Sie haben mich über Madingley ausgefragt«, erwiderte Henrietta. »Und dafür interessieren Sie sich, stimmt's?«

»Ja. Aber vorerst konzentrieren wir uns lieber auf Sie.«

»Sie wollten genau wissen, wo ich gewesen bin, als man das Swift- und das Blunt-Baby entführt und dann tot aufgefunden hat. Ich habe nie ein totes Baby gesehen – meines haben sie mir nämlich nicht gezeigt –, aber die Polizei hat mir das nicht geglaubt.«

»Und konnten Sie ihnen sagen, wo Sie gewesen sind?«

»Ich glaube, ich war beide Male im Park, aber... es klingt wahrscheinlich dumm, nur, in letzter Zeit sieht für mich einfach alles gleich aus. Deshalb kann ich es nicht beschwören.«

»Wer hat Sie denn vernommen?«

»Dieser Camden«, warf Minnie aus dem Hintergrund ein. »Chefinspektor ist er wohl.«

»Aber er hatte vermutlich noch einen Kollegen dabei, oder?« wollte Antony wissen.

»Ja, sie waren zu zweit, aber der Name des anderen ist nie gefallen.«

»Wie oft waren sie da?«

»Nur zweimal... allerdings wollten sie wiederkommen. Glauben Sie, die Polizei hat genug Material, um Anklage zu erheben?« fragte Minnie ängstlich.

»Ich habe das dumpfe Gefühl, daß sie es zumindest versuchen werden«, erwiderte Antony. Er sah dabei Henrietta aufmerksam an, doch sie verzog keine Miene. »Henrietta, hören Sie! Falls sie wiederkommen, wenn sie wiederkommen, dann versprechen Sie mir, ja nicht in Minnies Abwesenheit mit ihnen zu reden.«

»Minnie würde das gar nicht zulassen«, versicherte Henrietta ihm.

»Sicher, aber immerhin könnte sie gerade nicht zu Hause sein. Also, versprechen Sie mir...«

»Ja, natürlich«, antwortete sie bereitwillig.

»Ich bin noch nicht fertig. Selbst wenn Minnie bei Ihnen ist, sollten Sie keine Fragen mehr beantworten, keine Aussage mehr machen, nichts. Kennt einer von Ihnen einen Anwalt?« Die Frage war ihm unwillkürlich herausgerutscht, und ihm wurde erst bewußt, wie unpassend sie war, als Henrietta rot wurde. Fred Byron zu empfehlen hatte keinen Sinn. Das war augenfällig.

»Sollten Sie einen Rechtsbeistand brauchen, dann rufen Sie am besten die Kanzlei Williams & Traherne an, und verlangen Sie Lisa Traherne. Ich kenne Lisa und bereite sie vor.«

»Dann rechnen Sie also damit, daß ich verhaftet werde«, folgerte Henrietta und musterte ihn ernst.

»Ich glaube ... nun, ich meine, wir müssen auf alles gefaßt sein. Als ich Sie gebeten habe, mir zu vertrauen, Henrietta, sollte das nicht unbedingt heißen, daß ich etwas für Sie tun kann, aber ich will es auf alle Fälle versuchen.«

»Danke«, murmelte Henrietta. Dann wandte sie sich Minnie zu. »Es war also doch richtig, Eddies Heiratsantrag abzulehnen. Er wäre nur in diese häßliche Geschichte mit hineingezogen worden.«

Maitland hob unwillkürlich die Hand und rüttelte Henrietta leicht an der Schulter. »Wenn Sie das so meinen, wie ich es verstanden habe, dann ist das Unsinn«, erklärte er unverblümt. »Falls Sie diesen jungen Mann lieben, sagen Sie es ihm. Nichts ist schlimmer, als von einem Menschen, den man gern hat, zurückgestoßen zu werden.«

»Sie haben recht. Ich liebe ihn. Das habe ich sogar schon lange vor der Sache mit dem Baby gewußt. Aber begreifen Sie nicht ...«

»Ich finde, daß Sie eine große Dummheit begehen. Ich habe Ihnen gesagt, daß Sie zwar sicher damit rechnen können, daß ich etwas für Sie tun werde, nicht aber, daß ich auch Erfolg damit habe. Also rufen Sie Eddie an. Minnie kann das für Sie erledigen ... und reden Sie noch heute abend mit ihm. Das tut euch beiden bestimmt gut.«

Diesmal kam Henriettas ›Danke‹ nur undeutlich hinter dem Taschentuch hervor. »Das war das erste Mal, daß ich sie weinen gesehen habe«, wunderte sich Minnie, als sie Maitland zur Tür begleitete und ihn erneut mit ihren durchdringenden Blicken musterte. »Sie meinen es gut. Deshalb danke auch ich Ihnen«, fügte sie hinzu und lächelte ihn an, bevor sie die Tür schloß.

3

Maitlands Absicht war es ursprünglich gewesen, anschließend Henriettas Nachbarin, Marilyn Parker, aufzusuchen, doch angesichts des Entschlusses, den er sowohl Miss Vaughan als auch Minnie gegenüber laut geäußert hatte, schien das nicht mehr wichtig. Wenn das passierte, womit er nach seinem Gespräch mit Camden rechnete, war Marilyn Parker eine potentielle Hauptzeugin der Anklage, und in diesem Fall gestaltete sich ein Kreuzverhör vor Gericht möglicherweise unkomplizierter, wenn man sich nicht kannte. In Antonys Unterbewußtsein begann jedoch eine Idee Form anzunehmen, und da er noch etwas Zeit hatte, bis er bei Lisa und Dominic sein mußte, beschloß er, zu versuchen, Dera Mohamad zu erreichen. Da er die junge Frau mochte, freute er sich bereits darauf, Neuigkeiten mit ihr auszutauschen.

Er besprach sich mit seinem geduldigen Taxichauffeur und erfuhr, daß das Krankenhaus St. Luke's ganz in der Nähe lag. Im Schwesternheim wurde ihm gesagt, daß Schwester Mohamad Dienst auf der Entbindungsstation hatte. Und angesichts ihrer mittlerweile verantwortungsvollen Stellung erschien es ihm der Mühe Wert, mit ihr zu sprechen. Stationsschwester, dachte er unbewußt sarkastisch. Um diese Zeit an einem Samstagnachmittag machte sie sicher keine Visite. Und tatsächlich war auf der Entbindungsstation alles ruhig. Es standen offenbar keine Geburten unmittelbar bevor, und bei den Geburten, die bereits stattgefunden hatten, hatte es wohl keine Komplikationen gegeben. Dera, die in ihrer Schwesterntracht sehr adrett aussah, empfing ihn freudig.

»Wie schön, Sie wiederzusehen, Mr. Maitland«, begrüßte sie ihn. »Kommen Sie doch hier rein. Da können wir uns ungestört unterhalten. Falls ich gebraucht werde, sagen es mir die Schwestern schon.« Sie führte ihn in einen kleinen Raum, von dem ihm später nur noch in Erinnerung geblieben war, daß dort die Farbe weiß dominant war. Dera setzte sich hinter einen Schreibtisch, schob einen Stapel mit Krankengeschichten beiseite und fragte: »Also, was kann ich für Sie tun?«

»Das übliche, Dera. Ich möchte einige Informationen von Ihnen. Aber das hat Zeit. Erzählen sie mir erst mal, wie es Ihnen inzwischen ergangen ist. Als wir uns das letzte Mal gesehen haben, dachte ich, Sie würden bei der Arbeitsstelle bleiben, die Sie hatten.«

»Das dachte ich auch, aber es ändert sich manches.«

»Spielen Sie damit auf die Vorgänge in der Privatklinik an, die dem Restawhile Hotel angeschlossen war?«

»Teilweise. Ich hatte Ihnen damals gesagt, daß ich lieber in kleineren Kliniken arbeite, und das St. Luke's ist nicht übermäßig groß. Die Tätigkeit auf einer Entbindungsstation ist etwas sehr Schönes. Außerdem...«

»Außerdem was, Dera?« hakte er nach, als sie verstummte.

»Ich werde in zwei oder drei Monaten heiraten.«

»Schwester Mohamad, das ist die beste Nachricht, die ich seit langem gehört habe«, erwiderte Antony aufrichtig bewegt. »Ich wünsche Ihnen viel Glück. Ihr zukünftiger Mann ist ein Glückspilz.«

»Nett, daß Sie das sagen.« Dera klang ernst, doch ihre Freude war kaum zu übersehen. »Pauls früherer Arbeitgeber unterstützt ihn, damit er Medizin studieren kann. Ich bleibe hier, bis er fertig ist, und dann haben wir ein Heim und eigene Kinder.«

»Eine großartige Zukunft. Erzählen Sie mir von Paul.«

»Paul ist einer von uns – ich glaube, das ist gut so –, aber er ist schon länger in England als meine Familie. Außerdem ist er Christ, und ich lerne viel... einiges ist doch schwierig für mich. Trotzdem bin ich überzeugt, daß wir es schaffen. Mr. Maitland, Sie sind doch aus einem bestimmten Grund hergekommen. Ich will Sie nicht unnötig aufhalten.«

»Wir sind alte Freunde, Dera. Sie wissen genau, daß mich gute Nachrichten von Ihnen immer freuen.«

»Ja, natürlich. Aber deshalb sind Sie nicht gekommen.«

Maitland lächelte. »Sie haben wie immer recht. Ich habe wie üblich ein paar Fragen auf dem Herzen, und es ist in diesem Fall möglich, daß Sie mir helfen können.«

»Geht es um die toten Babys?« mutmaßte sie sofort. »Eine schreckliche Geschichte... Ich kann mir nichts Schlimmeres vorstellen«, fügte sie hinzu, und Antony fühlte sich an ihren Bruder erinnert, der hatte sterben müssen, und an den jungen Mann, der ins Gefängnis gekommen war, und den sie – Maitland wußte allerdings nicht, wie ernst es ihr damit gewesen war – hatte heiraten wollen. Das allerdings war viele Jahre her, und Dera war trotz ihrer grazilen Gestalt und zarten Schönheit ein starker Charakter.

»Ja, genau darum geht es«, antwortete Maitland. »Ich weiß, daß zum Beispiel Mrs. Swift hier entbunden hat.«

»Ja, und sie war auf meiner Station... eine reizende Lady. Und der Junge war so ein gesundes Kind. Er hat uns nur Freude gemacht. Als wir erfuhren, was passiert war, konnten wir's nicht fassen. Sobald ich dienstfrei hatte, bin ich natürlich zu Mrs. Swift gegangen, um zu sehen, ob ich helfen konnte.«

»Sie waren privat bei den Swifts?« fragte Maitland eifrig.

»Ja, natürlich.« Für Dera schien das eine Selbstverständlichkeit gewesen zu sein. »Mrs. Swift und ich, wir haben uns gut verstanden, und ich dachte, wenn Sie in einer solch schweren Zeit mal mit jemandem reden kann...«

Die Sache entwickelte sich besser, als Maitland zu hoffen gewagt hatte. »Und konnten Sie etwas für Mrs. Swift tun?«

»Eigentlich schon. Sie hat mir erzählt, was passiert ist, und sich offenbar schwere Vorwürfe gemacht. Aber da war sie die einzige.« Von den anonymen Briefen, die Mrs. Swift erhalten hatte, wußte Dera offenbar nichts. »Ihr Mann – wir kannten uns natürlich aus dem Krankenhaus – er war sehr verständnisvoll. Ich bin noch zweimal bei den Swifts gewesen.«

»Und Mrs. Swift hat Ihnen alles ganz genau erzählt?«

»Ja, ich glaube, das hat sie erleichtert. Und warum interessieren Sie sich für diese Dinge, Mr. Maitland?«

»Nun, weil noch ein drittes Baby fünf Kilometer von hier entfernt, in Madingley, ermordet worden ist. Und man beschuldigt einen Mann, den ich für unschuldig halte. Allerdings hat er ein Motiv. Die anderen beiden Fälle könnten vielleicht dazu dienen, bei den Geschworenen Zweifel aufkommen zu lassen.«

»Oh... ich verstehe. Wenn es da jemanden gibt, der geistig verwirrt ist... Wer sonst sollte so etwas tun? Da sind Gerüchte, wissen Sie...«

»Ich weiß. Davon habe ich gehört. Und ich bin bei dem Mädchen gewesen, Dera. Meiner Ansicht nach ist sie zu so etwas genauso wenig imstande wie Sie und ich.«

Dera musterte ihn nachdenklich. »In diesem Fall muß ich Ihnen wohl glauben. Trotzdem begreife ich noch immer nicht...«

»Die Polizei ist der Meinung, daß die Morde... also die in Chedcombe und der in Madingley nichts miteinander zu tun haben. Vielleicht stimmt das. Trotzdem möchte ich dem Mädchen gern helfen, das praktisch durch die öffentliche Meinung schon vorverurteilt worden ist.«

»Gut, dann sage ich Ihnen, was ich weiß, aber ich kann mir nicht vorstellen, daß das hilfreich für Sie ist. Mrs. Swift hat den kleinen Louis im Kinderwagen zum Supermarkt gefahren und ihn nur ein paar Minuten vor der Tür allein gelassen. Niemand kann ihr das zum Vorwurf machen. Das tun heute alle. Aber dann war der Kinderwagen eben verschwunden, und die Polizei hat offenbar gleich angenommen, daß eine Frau dahintersteckt, weil das am wenigsten auffällt. Und später im Park... der leere Kinderwagen... und dann das tote Baby...«

»Mr. und Mrs. Swift haben mit mir darüber gesprochen. Trotzdem gab es einen Punkt... Ich wollte eben nicht weiter in sie dringen. Wie ist der Kleine getötet worden?«

»Er ist wohl zweifelsfrei erstickt worden.« Sie hielt inne und sah ihn an. »Sie denken jetzt bestimmt, Mr. Maitland, daß man in dieser Beziehung bei Kleinkindern nicht ganz sicher sein kann, oder?«

»Die Expertin sind in diesem Fall Sie, Dera. Allerdings gibt es doch auch den sogenannten plötzlichen Kindstod.«

»Ja, natürlich. Und wenn man den Jungen tot in seinem Kinderwagen oder seiner Wiege gefunden hätte, wäre man bestimmt von einer natürlichen Todesart ausgegangen. Aber wie Sie wissen, hat man eine Autopsie vorgenommen, und dabei – das habe ich den Swifts selbstverständlich nicht erzählt – hat man winzige Verletzungen sowohl in den oberen als auch in den unteren Luftwegen entdeckt. Doch selbst damit hätte man in erster Linie an einen natürlichen Tod gedacht, wären die Umstände nicht gewesen.«

Diesmal lächelte Antony bewundernd. Ihre medizinischen Kenntnisse schienen sich vertieft zu haben. »Sie wissen ja gut Bescheid, Dera«, lobte er. »Die Polizei hat also sofort entschieden, daß es sich um Entführung und Mord handeln muß?«

»Ja. Und als nur drei Tage später dasselbe mit Mrs. Blunts Baby passierte, konnte es doch praktisch keine Zweifel mehr geben, oder?«

»Dera, Sie haben offensichtlich jemanden über den Autopsiebericht reden gehört.«

»Weil ich daraus zitiere? Ja, natürlich sind mir Einzelheiten zu Ohren gekommen. Sagen Sie, Mr. Maitland, ist das Baby in Madingley auch ein Junge gewesen?«

»Ja.«

»Und er starb auf dieselbe Art und Weise?«

»Hm... entführt wurde er nicht, aber er wurde ohne Zweifel auch erstickt, denn jemand hatte das Kopfkissen auf sein Gesicht gepreßt.«

»Dann liegt der Fall also etwas anders.«

»Ja, und auch die Umstände sind nicht ganz die gleichen. Der Kinderwagen stand in einer ruhigen Gartenecke, wo niemand ihn sehen konnte.«

»Mr. Maitland, kann ich Ihnen denn sonst noch weiterhelfen?«

»Wer weiß, Dera. Die Mutter aus Madingley hat zu Hause entbunden, aber Mrs. Ernest Blunt... ist Sie vielleicht hier auf Ihrer Station gewesen?«

Diesmal huschte über Deras normalerweise ernstes Gesicht ein flüchtiges Lächeln. »Sie lag nicht auf meiner Station, sondern privat, und man hatte mich gebeten, mich um sie zu kümmern. Das war mir gar nicht recht, denn die Dame war nur schwer zufriedenzustellen. Außerdem hatte ich das Gefühl, daß ihr das Kind ziemlich gleichgültig war.«

»Wie sind Sie darauf gekommen, Dera?«

»Die Blunts haben noch drei ältere Kinder. Der jüngste geht schon ins Internat. Sie hat mir selbst gesagt, daß das vierte eigentlich ein ›Ausrutscher‹ war. Ich dachte, ihre Einstellung würde sich nach der Geburt ändern, aber diese Gleichgültigkeit, das hat mir fast weh getan!«

»Haben Sie Mrs. Blunt nach dem Mord ebenfalls besucht?«

»Nur einmal, Mr. Maitland. Und ich erzähle Ihnen das nur, weil ich Ihnen wirklich helfen möchte. Mrs. Blunt hat behauptet, daß sie das alles furchtbar getroffen habe und daß sie sehr leide, aber ich glaube, es hat sie völlig kalt gelassen.«

»Hm, ich verstehe.« Antony dachte einen Augenblick nach. »Und das Mädchen, dessen Kind tot zur Welt gekommen ist, Dera... sie ist doch auch hier gewesen, oder?«

»Sie meinen die, über die so viel geredet wird?« Als Antony nickte, fuhr sie fort: »Ich halte das ganze Gerede für Unsinn. Vielleicht kommt das, weil sie mir so schrecklich leid tut. Wenn man so leiden muß... und dann ist alles umsonst gewesen!«

»Sind Sie dabei gewesen, als man es ihr gesagt hat?«

»Ja, der Arzt hat mich gebeten, ihn zu begleiten, weil ich mich mit Henrietta gut verstanden habe. Sie hat nicht geweint... das ist wohl nicht ihre Art.«

»Ja, das paßt zu ihr. Ich habe sie ja auch kennengelernt.«

»Und haben Sie einen positiven Eindruck von ihr? Damit haben Sie auch recht. Nur weil sie kein hysterisches Theater macht, denken die Leute... ach, ich weiß auch nicht, was die denken.«

»Sind Sie bei Henrietta zu Hause gewesen?«

»Ja, aber sie ist nicht oft zu Hause. Minnie... haben Sie Minnie kennengelernt?«

»Ja, eine bewundernswerte Frau.«

»Richtig... und so lieb. Sie hat mir erzählt, daß Henrietta viel spazierengeht oder im Park sitzt. Wenn ich sie zu Hause angetroffen habe, dann war sie froh, Gesellschaft zu haben, aber geredet hat sie nie viel. Nachdem diese Gerüchte aufgekommen waren, habe ich sie allerdings nicht mehr gesprochen. Sie verläßt ihr Zimmer kaum noch.«

»Glauben Sie, daß sie durch die unglückliche Erfahrung aus dem seelischen Gleichgewicht geraten ist?«

»Natürlich nicht, Mr. Maitland. Das können Sie sich doch denken.«

»Dann stimmen wir ja mal wieder überein. Dera, würden Sie das, was Sie gerade über Henrietta gesagt haben, nötigenfalls auch vor Gericht wiederholen?«

»Paul würde sagen, das sei meine Pflicht.«

Antony entschied sich, das als Zusage zu nehmen. »Dann bedanke ich mich bei Paul!« erklärte er erleichtert. »Haben noch andere Mütter in Ihrer Obhut ihre Babys verloren?«

»Nein, seit einiger Zeit geht wieder alles gut.«

»Es gibt also niemanden, der zu dem fähig wäre, was man Henrietta vorwirft?«

»Nein, niemanden.«

Antony stand auf. »Ich muß jetzt gehen. Vielen Dank für alles, Dera.«

»Ich wollte über Mrs. Blunt nichts Unfreundliches sagen... Konnte ich Ihnen denn helfen?«

»Das weiß ich ehrlich gesagt selbst noch nicht, Dera. Allerdings habe ich jetzt ein klareres Bild von den Geschehnissen.« Antony reichte ihr die Hand. »Nochmals vielen Dank. Ich überlasse Sie jetzt endlich wieder Ihren Pflichten. Aber vergessen Sie nicht, mir Ihren Hochzeitstermin mitzuteilen. Ich möchte nämlich dabeisein, wenn ich kann.«

4

Anschließend bat Maitland seinen liebenswürdigen Taxichauffeur, ihn nach Madingley und zum Haus der Trahernes zu fahren. Er hatte allerdings das Gefühl, daß Lisa mit diesem Luxus nicht einverstanden sein würde, doch er war sicher, daß sie ihre Vorbehalte vergaß, sobald sie erfuhr, was er erfahren hatte.

Da er sich nicht mehr die Zeit genommen hatte, Marilyn Parker zu befragen – er hatte das Gefühl, dem billigen Klatsch, der ihn von dieser Seite vermutlich erwartete, nicht mehr standhalten zu können – traf er früher in Madingley ein als erwartet. Als er das Taxi bezahlt und die Telefonnummer des Fahrers für alle Fälle notiert hatte, hatte Lisa bereits die Haustür geöffnet. Maitland trat ein, und in diesem Augenblick kam Dominic die Treppe herunter. Er sah geradezu unanständig frisch und sauber aus, das Haar noch naß. Lisa verkniff sich offenbar Vorwürfe und sagte nur: »Wenn Sie angerufen hätten, hätte ich Sie doch abgeholt!« Dominic allerdings warf einen prüfenden Blick auf den Besucher und erklärte dann ganz pragmatisch: »Ich glaube, jetzt ist erst mal ein Drink fällig.«

Es folgte eine kurze Diskussion darüber, ob man im Haus bleiben oder in den Garten gehen solle, doch schließlich ließ man sich vor der geöffneten Terrassentür nieder. Lisa brannte offensichtlich ungeduldig darauf, Antonys Neuigkeiten zu erfahren, war jedoch höflich genug, ihm Zeit zu lassen, sich etwas zu entspannen. Kaum hatte Antony den ersten Schluck aus seinem Glas getrunken, merkte er, wie todmüde er war, und hätte das folgende Gespräch am liebsten so lange hinausgezögert, bis er wirklich mehr wußte. Trotzdem war er sich darüber im klaren, daß Lisa nicht nur ein Recht darauf hatte, mehr zu erfahren, sondern daß es auch unerläßlich war, daß sie über gewisse Dinge Bescheid wußte. So brach Antony endlich selbst mit der Bemerkung das Schweigen: »Das war nicht gerade ein produktiver Tag heute.«

»Hatten Sie denn mehr erwartet?« fragte Lisa.

»Eigentlich nicht. Wenigstens nicht in diesem Stadium. Aber ich werde der Reihe nach erzählen.« Damit berichtete er von den Geschehnissen des Tages, wobei er mit seinem Besuch bei Camden begann und mit dem Gespräch mit Dera Mohamad endete. Bei jener letzten Begegnung neigte er zur Langatmigkeit, da sie der einzige Lichtblick des Tages gewesen war. »Dera ist eine reizende junge

Frau und eine ausgezeichnete Krankenschwester«, versicherte Maitland Lisa. »Also falls Sie im St. Luke's entbinden möchten...«

»Da es die beste Entbindungsstation haben soll, werde ich das sicher tun.«

»...dann sind Sie dort bestens aufgehoben«, fuhr Antony fort. »Ich kenne Dera seit Jahren.«

Lisa allerdings stand offenbar nicht der Sinn nach Platitüden, und sie war nicht bereit, sich auf diese Weise ablenken zu lassen. »Schön und gut, aber Henrietta Vaughan scheint für Sie als Täterin wohl nicht in Frage zu kommen. Wieso sind Sie sich Ihrer Sache denn so sicher?«

Diese Frage kam für Maitland nicht unerwartet. Er hatte selbst eingehend darüber nachgedacht. »Onkel Nick würde das als reine Spekulation bezeichnen«, erwiderte er widerwillig. »Und auf gewisse Weise hätte er damit wohl recht, obwohl ich es eher Instinkt nennen würde.« Antony hielt inne und sah nachdenklich von einem zum anderen, bevor er fortfuhr: »Ich weiß nur, daß ich fest davon überzeugt bin, daß Henrietta mit keinem der drei Kindermorde irgend etwas zu tun hat.«

»Was mehr ist, als sie über Oliver zu sagen bereit sind?« konterte Lisa herausfordernd.

»Vielleicht... das weiß ich nicht. Aber was seine Unschuld betrifft, würde ich sogar mein Geld auf ihn setzen.«

Dominic stand auf und füllte die Gläser nach. »Warum?« erkundigte er sich, als Lisa schwieg.

»Das hat vermutlich zwei Gründe. Danke, Dominic, das viele Reden macht durstig. Erstens kann ich mir nicht vorstellen, daß er zu einer solchen Tat fähig wäre, besonders nicht, da es sich um ein Kind handelt, und vor allem nicht aus niedrigen, pekuniären Motiven. Zweitens... wir haben bereits über Zufälle gesprochen. Trotzdem erscheint es mir höchst unwahrscheinlich, daß in dieser ländlichen Gegend zwei Kindesmörder herumlaufen. Chefinspektor Camden wollte mir nicht glauben, aber...«

»Ach der!« warf Lisa ein. »Sie meinen also, daß es unwahrscheinlich ist, daß Oliver dafür verantwortlich ist?«

»Ja, und ich weiß, daß wir zumindest in diesem Punkt übereinstimmen. Es hat nicht viel Sinn, die Angelegenheit totzureden, Lisa, aber es gibt ein paar Dinge, auf die Sie vorbereitet sein sollten. Die erste Sache ist die, daß ich das unangenehme Gefühl habe, daß Camden in bezug auf Henrietta Vaughan aufs ganze gehen wird.«

»Sie meinen, daß er sie verhaften will?«

»Ja. Er hat da eine Bemerkung gemacht, die befürchten läßt, daß er mehr Beweise hat, als wir ahnen.«

»Soll das heißen, Henrietta Vaughan könnte in einem Punkt gelogen haben?«

»Nein, das will ich damit nicht sagen. Sie konnte nur ziemlich vage Angaben darüber machen, wo sie sich zum Zeitpunkt der beiden Entführungen aufgehalten hat, aber sie glaubt, im Park gewesen zu sein, was ja nicht gerade gut klingt. Allerdings habe ich über Ihren Kopf hinweg gehandelt, und ihr geraten, sich mit Ihnen in Verbindung zu setzen, falls die Polizei sie erneut verhört.«

»Aber ich bin Olivers Anwältin.«

»Und Sie haben Angst, daß ein Interessenkonflikt entstehen könnte? Wenn das der Fall sein sollte, dann müssen Sie Ihr Mandat selbstverständlich niederlegen, aber der einzige Weg, den Fall zu lösen, ist, den wirklich Schuldigen zu finden, was dann, wie ich hoffe, sowohl Oliver als auch Henrietta Vaughan entlasten würde.«

»Ich verstehe«, murmelte Lisa ziemlich kleinlaut, und Antony spürte, daß sie von denselben Zweifeln geplagt wurde, mit denen Vera zu Beginn ihrer Bekanntschaft gekämpft hatte.

»Sie fühlen sich jetzt, als hielten Sie eine Zeitbombe in der Hand, stimmt's?« fragte er mitfühlend.

»Nicht ganz«, erwiderte sie zögernd, doch dann verzog sich ihr Mund zu einem Lächeln. »Eigentlich weiß ich nicht, wie ich die Geister, die ich rief, wieder loswerden soll.«

»Sie können mich jederzeit aus der Pflicht entlassen.«

»Das will ich auf keinen Fall«, entgegnete sie hastig.

»Obwohl ich Ihnen noch ein ungeliebtes Mandat aufgezwungen habe?«

»Nein, weil...«

»Sagen Sie jetzt bitte nicht, Sie wüßten, daß ich es gut meine.«

»Ich hatte nicht die Absicht. Aber ich glaube, daß Sie wohl einen triftigen Grund dafür haben, Henrietta zu helfen. Man könnte fast den Eindruck haben, Sie... Sie fühlten sich irgendwie für sie verantwortlich.«

Antony sah Lisa verblüfft an. »Wissen Sie, Camden kann mich nicht ausstehen«, bemerkte er schließlich.

»Und Sie nehmen an, daß ihn Ihr Gespräch mit ihm veranlassen könnte, gegen Henrietta Vaughan vorzugehen? Das wird er nicht tun... es sei denn, er hat stichhaltigere Beweise, als wir vermuten.«

»Vielleicht haben Sie recht.«

»Ich habe recht«, verbesserte sie ihn. »Und vergessen Sie nicht, daß Sie vor Ihrem Gespräch mit Camden Henrietta Vaughan nicht mal gekannt, also auch keine Meinung über sie haben konnten.«

»Ja, das habe ich nicht bedacht«, gab Antony kleinlaut zu. »Aber jetzt mal davon abgesehen, würden Sie mit ihr sprechen?«

»Selbstverständlich tue ich das.« Ihr Blick schweifte von ihrem Mann zu Maitland. »Dominic und ich haben Sie gebeten, uns in bezug auf Oliver zu vertrauen«, erklärte sie. »Ich sehe daher keinen Grund, weshalb wir, was das Mädchen betrifft, den Spieß nicht umkehren sollten.«

»Sehr großzügig von Ihnen.«

»Und... was jetzt?«

»Drei Babys sind tot... und wenn wir von Olivers Unschuld ausgehen, dann müssen wir auch annehmen, daß die drei Morde zusammenhängen. Da für mich Henrietta Vaughan als Tatverdächtige ausscheidet, müssen wir einen anderen Schuldigen suchen... und das bedeutet, daß wir zuerst feststellen sollten, ob es irgendeinen psychisch Kranken in dieser Gegend gibt, der dafür in Frage käme. Ich habe zwar bereits Dera ausgehorcht, ob vielleicht noch andere junge Mütter auf ihrer Station ihr Kind bei der Geburt verloren haben und deshalb unnatürlich deprimiert waren, aber sie konnte mir nicht weiterhelfen.«

»›Unnatürlich deprimiert‹ ist wohl nicht der richtige Ausdruck«, bemerkte Lisa. »So was ist doch schrecklich.«

»Natürlich, tut mir leid. Ich meinte damit nur, daß die Person vielleicht einen psychisch gestörten Eindruck gemacht haben könnte. Aber es muß ja nicht unbedingt jemand sein, dem so etwas zugestoßen ist. Jeder psychiatrische Fall... Ich frage mich offengestanden, ob uns Ihr Freund Martin Weatherby da nicht weiterhelfen kann. Möglicherweise weiß er ja, ob jemand erst vor kurzem aus einer Anstalt entlassen worden ist.«

»Ich kann mir nicht vorstellen, daß Meldungen dieser Art im ›Chedcombe Herald‹ zu lesen sind, aber vielleicht weiß Martin ja etwas. Meines Erachtens sollten wir uns lieber an die Fürsorge wenden. Dort müßte doch bekannt sein, wessen Kinder in Obhut genommen wurden, weil sie mißhandelt worden sind. Das ist doch auch eine Möglichkeit.«

»Sie haben recht. Die Idee könnte von Vera stammen. Ihre Logik ist immer bestechend. Darf ich Ihnen das überlassen, Lisa?«

»Selbstverständlich. Ich frage trotzdem auch Martin... für alle Fälle. Sonst noch was?«

»Meinen Sie, es gibt eine Möglichkeit, herauszufinden, ob irgend jemand die Swifts oder die Blunts gehaßt haben könnte? Schließlich versuchen wir das im Fall des Linwood-Babys auch herauszubekommen.«

»Natürlich, aber um Oliver zu schützen. Wenn all diese Morde zusammenhängen... wollen Sie damit vielleicht andeuten, daß zwei dieser Verbrechen nur verübt wurden, um das wahre Motiv für den dritten Mord zu kaschieren, um den Leuten zu suggerieren, ein Verrückter oder eine Verrückte triebe sein beziehungsweise ihr Unwesen?«

»Es wäre immerhin eine Möglichkeit.«

»So kaltblütig kann doch niemand sein!«

Antony mußte unwillkürlich lächeln. »Falls Sie in Zukunft die strafrechtlichen Fälle in Ihrer Kanzlei übernehmen wollen, dann werden Sie selbst in einer Stadt wie Chedcombe bald feststellen, daß es Menschen gibt, die noch viel kaltblütiger sein können«, klärte er sie auf. »Aber jetzt reden wir von anderen Dingen. Ohne genauere Informationen drehen wir uns nur im Kreis. Was haben Sie denn heute gemacht, Dominic?«

Der übrige Abend verlief ruhig und friedlich. Nur Dominic zeigte sich offen überrascht, als er feststellte, wie gut sein Gast über alles, was die Landwirtschaft betraf, Bescheid wußte. Antony wurde in ein kleines Zimmer geführt, das normalerweise offenbar als Büro genutzt wurde, damit er mit seiner Frau ungestört telefonieren konnte. Wie erwartet, erreichte er Jenny bei Sir Nicholas und Vera, wo sie zu Abend aß. Antony allerdings war kurz angebunden und sehr einsilbig, als sie ihm erzählte, daß sein Onkel einen Rechenschaftsbericht verlangte. Er hatte das dumpfe Gefühl, daß es danach ein Donnerwetter geben würde, und dafür war es am folgenden Abend noch früh genug.

Sonntag, den 20. Juli

1

Gegen halb zwölf Uhr mittags des darauffolgenden Tages gingen Maitland und Lisa die Straße zum ›Saracen's Head‹ hinunter, wo sie von Ruth Jenkins, der Frau des Wirts durch eine Seitentür eingelassen wurden. »Wir helfen natürlich gern«, versicherte sie ihnen und führte sie in ein gemütliches Wohnzimmer auf der Rückseite des Hauses. »Nur kann ich mir wirklich nicht denken, wie«, fügte sie hinzu.

Ruth und Tom Jenkins gehörten zu jenen Ehepaaren, die sich im Lauf der Jahre immer ähnlicher geworden waren, so daß man sie durchaus auch für Geschwister anstatt für Ehepartner hätte halten können. Beide hatten kurzes, lockiges graues Haar und runde, freundliche Gesichter, wobei Tom, wie Lisa Antony versichert hatte, durchaus in der Lage war, Ordnung in seiner Kneipe zu schaffen, falls es nötig wurde, was selten genug vorkam. »Wir können es ja wenigstens versuchen«, entgegnete Antony, ließ sich auf einen Stuhl sinken und nahm dankbar das Glas Bier, das man ihm anbot. »Ich habe mir Freitagabend angehört, was die Leute hier so reden, und die meisten scheinen Oliver Linwood für unschuldig zu halten. Stimmen Sie mir da zu?«

Ruth und Tom wechselten einen Blick, was allerdings nicht bedeutete, daß sie mit einer Antwort zögerten, wie Antony bald feststellen sollte. Schließlich ergriff Tom zuerst das Wort: »Hundertprozentig«, erklärte er. »Oliver ist bestimmt ein komischer Kauz ... irgendwie einmalig auf seine Art. Und für einen Londoner muß er fast exotisch wirken, aber wir haben uns an ihn gewöhnt.«

»Ungewöhnliche Leute sind durchaus nichts Besonderes für mich«, murmelte Maitland.

»Nein, natürlich nicht.« Doch Tom schien so in das versunken, was er zu sagen hatte, daß er Maitland vermutlich nicht einmal richtig zugehört hatte. »Die Quintessenz von allem ist jedenfalls, daß Oliver keiner Fliege etwas zuleide tun könnte.« Antony hatte gewußt, daß dies kommen würde. »Und ehrlich gesagt ist er auf seinen kleinen Vetter sogar noch stolz gewesen, stimmt's nicht, Ruth?«

»Sicher war er's. Er hat oft genug gesagt, er hoffe, daß Sandra einen Jungen bekäme, damit er seine Freiheit behalten könne. Denn nur dann wäre wieder ein Linwood im großen alten Haus, und er brauchte sich keine Sorgen mehr zu machen.«

»Dann wußten Sie von den Erbbestimmungen?«

»Ja, aber ich glaube, das trifft auf die anderen im Dorf nicht zu. Jedenfalls haben wir nie ein Wort darüber gesprochen.«

»Erst nach dem Mord an dem Jungen?«

»Oliver ist sofort zu uns gekommen, um uns Bescheid zu sagen... Die Polizei hat ihn dann auch hier bei uns verhaftet«, antwortete Ruth. »Aber es wäre ihm nicht im Traum eingefallen – und das schwöre ich beim Leben meiner Mutter, Mr. Maitland –, daß jemand ihn dafür verantwortlich machen würde. Ich glaube, er hatte sich zu diesem Zeitpunkt nicht mal klargemacht, welche Veränderungen unter diesen Umständen auf ihn zukommen würden... Es war ja für uns alle wie ein Schock. Wir hatten weder die Zeit noch die Nerven, ihn wegen seiner neuen verantwortungsvollen Rolle zu necken.«

»Hat er denn nie ans Heiraten gedacht?«

»Er hat immer behauptet, das sei ein viel zu großer Aufwand für nichts«, warf Tom ein. »Ich schätze, wir haben ihn so gut wie die anderen hier im Ort gekannt – mit Ausnahme von Lisa und Dominic natürlich –, auch wenn er gelegentlich bei uns gegessen hat. Natürlich hat es hin und wieder Frauen gegeben, derentwegen wir ihn ein wenig aufgezogen haben, und der Himmel weiß, was er in Chedcombe getrieben hat. Jedenfalls dürfen Sie nicht glauben, daß er in dieser Beziehung nicht normal ist.«

»Er hat es sich eigentlich nur nicht leisten können, zu heiraten«, sagte Ruth. »Und vielleicht war seine Gleichgültigkeit dem Thema gegenüber nur gespielt, um das Gesicht zu wahren. Aber wenn er aus diesem Schlamassel heil rauskommt, dann wird einiges anders sein, ob er das nun mag oder nicht... und er mag es bestimmt nicht.«

»Haben Sie in Ihrer Gastwirtschaft je etwas gehört, das die Vermutung zugelassen hätte, jemand hier sei nicht gut auf Mr. oder Mrs. Walter Linwood zu sprechen?«

»Nein, nie. Die beiden haben immer Abstand zum Dorf gehalten. Nur dein Freund Mr. Weatherby, Lisa, verkehrte mit ihnen«, antwortete Ruth. »Oliver hat nie ein böses Wort gegen die beiden gesagt, aber selbst wenn jemand sie gehaßt hätte – wer wäre so gemein, sich an einem Kind zu rächen?«

»Irgend jemand hat es jedenfalls getan.«

»Bestimmt ist es dieses arme Mädchen aus Chedcombe gewesen«, vermutete Ruth. »Sie muß einem ja leid tun. Wahrscheinlich ist sie ganz aus dem Häuschen vor Trauer und Schmerz. Kein normaler Mensch würde doch... Glauben Sie mir, Mr. Maitland, es kann nur so gewesen sein.«

»Die Geschichte ist ziemlich schnell bis Madingley vorgedrungen, was?« seufzte Antony, der offenbar vergaß, daß darüber schon am Freitagabend ausführlich gesprochen worden war.

»Das klingt, als wären Sie anderer Meinung.«

»Ja und nein«, erwiderte Antony undurchsichtig. Und obwohl sie sich noch eine Weile unterhielten, konnte man selbst beim besten Willen nicht behaupten, daß irgendeine Bemerkung fiel, die der Sache genützt hätte.

2

Lisa hatte für zwei Uhr nachmittags einen Termin mit Dr. Clifford Elliott vereinbart, so daß sie gleich nach dem Mittagessen mit dem Auto losfuhren. Während der Fahrt erzählte Lisa Maitland das wenige, was sie über den Mann wußte, den sie sprechen wollten, und selbst das war mehr oder weniger dasselbe, was Antony bereits von Martin Weatherby erfahren hatte. Elliott war bereits seit etlichen Jahren Witwer, hatte nach dem Tod seiner Frau seine Praxis aufgegeben, um Direktor des Krankenhauses St. Luke's zu werden. »Ich habe eigentlich nur Gutes von ihm gehört«, schloß Lisa. »Und ich glaube, Dad kennt ihn. Wie eng er mit den Linwoods befreundet war, weiß ich allerdings nicht.«

»Wollen Sie mir schonend beibringen, daß dieser Besuch wieder ein Schlag ins Wasser wird?«

»Ich fürchte, ja. Es sei denn, Martin hat recht, und er war wirklich ein guter Freund der Linwoods.« Lisa war an diesem Nachmittag ungewöhnlich einsilbig, und Antony vermutete, daß sie von dem Gespräch mit Ruth und Tom Jenkins zuviel erwartet hatte.

»Macht nichts. Selbst wenn wir umsonst hinfahren, schlimmer kann's nicht werden«, tröstete Maitland sie.

Sie fuhren eine kurze Strecke in Richtung Chedcombe über die Schnellstraße von Chedcombe zur Northdean Road hinweg an einem weiteren Dorf vorbei und dann durch die Toreinfahrt eines offenbar größeren Besitzes. Die Auffahrt war lang, führte durch einen gepflegten Park, und als sie die letzte Kurve umrundet hatten, lag vor ihnen der Prototyp eines Landhauses aus der Zeit der Könige Georg V. und VI. Da steckt Geld dahinter, schoß es Maitland unwillkürlich durch den Kopf, und dieser Eindruck bestätigte sich, als sie von einem Hausmädchen in weißem Häubchen und weißer Schürze in ein elegantes, geschmackvolles Wohnzimmer geführt wurden. Maitland war alles andere als ein Kenner von Antiquitäten, doch es hätte ihn nicht überrascht, zu erfahren, daß alles in diesem Raum, ob Möbelstück oder Dekorationsstück, stilecht und auserlesen war, während der Teppich…

Dr. Elliott hatte sich aus seinem Sessel erhoben, als sie eintraten, und die Stelle in dem Buch, das er gerade gelesen hatte, sorgfältig mit einem Lesezeichen markiert und es auf den Beistelltisch gelegt. Elliott gehörte zu dem Typ von Männern, deren Alter schwer zu schätzen war und die sich von fünfundzwanzig bis sechzig kaum veränderten. Er war groß, muskulös und hatte eine Hakennase, während seine Gesichtszüge sonst eher als klassisch zu bezeichnen waren. Er war leger gekleidet, und Antony fiel beiläufig auf, daß neben seinem Buch ein paar Gartenhandschuhe lagen. Vielleicht war der Garten Elliotts Hobby, dem er allerdings erst nach dem Besuchstermin frönen wollte.

»Meine liebe Mrs. Traherne«, begrüßte Dr. Elliott Lisa und kam auf sie zu. »Es ist mir ein großes Vergnügen… und ich mußte lange darauf warten. Leider kenne ich Ihren Vater nur flüchtig, aber er hat immer viel von Ihnen gesprochen.«

»Ich freue mich auch«, erwiderte Lisa ebenso freundlich. »Hoffentlich bemühen wir Sie nicht unnötig. Darf ich Ihnen Mr. Maitland vorstellen? Er wird Oliver Linwood im Prozeß verteidigen.«

Durchdringende grüne Augen wandten sich in Antonys Richtung. »Sie sind also *der* ›berühmte Anwalt aus London‹«, bemerkte Elliott mit einem Lächeln. »Verzeihen Sie mir diese Bezeichnung, aber sie amüsiert mich, seit ich zum ersten Mal von Ihnen gehört habe. Damals haben sie die kleine Gifford verteidigt. Ich freue mich jedenfalls, Sie endlich kennenzulernen. Allerdings fürchte ich, daß Ihre Aufgabe diesmal wesentlich schwieriger ist.«

Antony ließ sich nicht anmerken, was er von der Anspielung, der Fall Gifford sei leicht gewesen, hielt. »Wie Mrs. Traherne hoffe auch ich, daß wir Sie nicht unnötig aufhalten müssen«, entgegnete er laut.

»Wie Sie ganz richtig erfaßt haben, brauchen wir jede Hilfe, die wir kriegen können.«

»Dann setzen wir uns doch.« Er wartete, bis die Gäste seiner Aufforderung nachgekommen waren, bevor er wieder in seinem Sessel Platz nahm. »Vielleicht sollte ich Ihnen gleich zu Anfang sagen, daß ich in dieser Sache eine völlig andere Ansicht vertrete als die Polizei. Leider interessiert das keinen und kann daher auch Ihnen nicht weiterhelfen.«

»Für mich, der ich hier ja praktisch fremd bin, ist das durchaus interessant.« Nachdem Lisa die beiden Männer einander vorgestellt hatte, machte sie keine Anstalten, das Gespräch in Gang zu bringen. Aber dafür, also für die ›Schmutzarbeit‹, hatte sie ja auch Antony engagiert. »Sie kennen also Oliver Linwood?«

»Eigentlich nur vom Hörensagen, obwohl ich ihm natürlich ein paarmal begegnet bin. Nach den Verbrechen in Chedcombe gab es fur mich überhaupt keinen Zweifel, wer für den Mord verantwortlich war. Nicht, daß man dem Mädchen einen Vorwurf machen könnte, denn offenbar war sie nicht bei klarem Bewußtsein, als sie diese schrecklichen Dinge getan hat.«

»Sie sprechen vermutlich von Henrietta Vaughan, oder?«

»Von wem sonst?«

»Darf ich fragen, ob Sie Henrietta Vaughan persönlich kennen oder ob sie nur nach den Gerüchten urteilen, Doktor?«

»Ich kenne sie lediglich als Patientin von St. Luke's, die ihr Baby verloren hat und die dem psychischen Druck dieses Erlebnisses nicht standgehalten hat. Sie war außerdem eine ledige Mutter, die sich in ihrem Unglück an niemanden hatte wenden können. Vielleicht hätten wir voraussehen müssen, was passieren würde, aber auf so etwas Schreckliches wäre doch wirklich niemand gekommen.«

»Ich habe mir gestern übrigens erlaubt, mit Schwester Mohamad von der Entbindungsstation Ihres Krankenhauses zu sprechen, Doktor. Und Schwester Mohamad war entschieden der Ansicht, daß Miß Vaughan unter den gegebenen Umständen durchaus normal reagiert hat. Jedenfalls wollte sie eine geistige Störung völlig ausschließen. Schließlich ist es nicht leicht für eine Frau, ihr Kind zu verlieren... und ganz besonders nicht für eine ledige Mutter.«

»Schwester Mohamad ist eine ausgezeichnete Krankenschwester, aber soviel ich weiß, hat sie keinerlei Erfahrung in der Psychiatrie.«

Maitland stimmte dem durch ein leichtes Kopfnicken zu. »Wann haben Sie zuerst von den Gerüchten bezüglich Henrietta Vaughan gehört, Doktor?«

»Von der Totgeburt... auf dem üblichen Weg. Bitte verstehen sie... diese Dinge gehen mich nichts mehr unmittelbar an, aber ich habe es mir zur Gewohnheit gemacht, immer genau über die Vorgänge im Krankenhaus informiert zu sein. Und da es ein reichlich ungewöhnlicher Vorfall war, habe ich natürlich sofort davon erfahren. Kindersterblichkeit ist bei uns heutzutage eigentlich kein Problem mehr.«

»Ja, das habe ich gehört«, erwiderte Maitland vage. »Aber mir kommt es auf die Gerüchte an... wann haben Sie davon erfahren?«

»Kurz nach dem zweiten Mord. Eine Mrs. Parker, die Nachbarin des Mädchens, ist zu mir gekommen. Sie sagte mir, sie mache sich wegen Miß Vaughan Sorgen, die sie als Freundin bezeichnete, und wollte wissen, was sie tun könne.«

»Verzeihen Sie, Doktor... was meinen Sie damit, sie habe sich Sorgen gemacht? Sorgen darüber, Henrietta Vaughan könne die Morde begangen haben?«

»Genau das meine ich. Sie wollte meinen Rat. Ich habe sie natürlich zur Polizei geschickt. Falls an der Sache nichts dran war, hätte die Polizei das herausfinden müssen, anderenfalls mußte dem Mädchen unbedingt das Handwerk gelegt werden.«

»Hat diese Mrs. Parker ihnen erzählt, in welcher Weise sich Miß Vaughan benommen hat?«

»Wenn ich mich recht erinnere, behauptete sie, Miß Vaughan sei völlig geistesabwesend, rede ständig davon, wie ungerecht das Schicksal sei, und benehme sich unnormal.«

»Sie sind also der Meinung, daß alle drei Morde von derselben Person begangen wurden?«

»Selbstverständlich. Und zwar von Henrietta Vaughan.«

»Die Polizei ist da anderer Ansicht.«

»Das wurde mir klar, als ich von Olivers Verhaftung erfuhr. Was ich Ihnen gesagt habe, ist eben leider nur meine Meinung, die vor Gericht keinerlei Wert hätte.«

»Nein, nicht den geringsten Wert«, bekräftigte Antony. »Angesichts der Haltung der Polizei bleibt mir allerdings nichts anderes übrig, als noch andere plausible Motive für den Mord an dem Linwood-Baby zu finden als das Motiv, das man meinem Mandanten nachsagt.«

»Ja, ich verstehe. Falls man das Motiv für einen Mord überhaupt plausibel nennen kann. Nur, wie kann ich Ihnen da helfen?«

»Man hat Sie mir als einen der wenigen engen Freunde des Ehepaares Linwood genannt.«

»Das ist richtig. Es ist mir wirklich unbegreiflich, wie ein auch nur halbwegs normaler Mensch dem Kind so netter Leute etwas so Schlimmes antun konnte... besonders nach dem traurigen Tod des Vaters...«

»Trotzdem wäre ich Ihnen dankbar, wenn Sie mir ein paar Informationen geben könnten, Doktor. Erzählen Sie mir vor allem etwas über Ihre Freunde.«

»Vielleicht sollte ich damit anfangen, daß ich bereits Walters Vater und seinen Onkel Dr. Andrew Linwood gekannt habe, obwohl beide etliche Jahre älter waren als ich... während ich nur ein bißchen älter bin als Walter und Sandra. Nach dem tragischen Tod der Eltern hat Walter eigentlich sehr jung die Verwaltung des Familienbesitzes übernommen. Ich glaube, er ist damals erst einundzwanzig gewesen... er war jedoch ein sehr ernsthafter junger Mann und offensichtlich wie geschaffen für die Aufgabe, die ihm bevorstand. Wann genau er geheiratet hat, ist mir entfallen. Allerdings kann es erst zwei Jahre her sein, denn zu diesem Zeitpunkt habe ich Sandra kennengelernt. Ich habe genügend Kriminalromane gelesen, um mir denken zu können, daß Sie keinen Kontakt zu ihr aufnehmen durften, aber Mrs. Traherne hat Ihnen sicher einiges erzählt. Jedenfalls ist sie eine ungewöhnlich schöne Frau, und Walter hat sie ebenso geliebt wie sie ihn. Ein perfektes Paar, könnte man sagen.«

»Sie haben sich vermutlich häufig gesehen?«

»Natürlich.«

»Hm... dann würde es mich doch interessieren, ob Walter Linwoods Tod für Sie ebenso überraschend gekommen ist, wie offenbar für alle anderen... wohl mit Ausnahme seines Hausarztes.«

Dr. Elliott starrte Antony einen Augenblick ausdruckslos an. »Ich begreife nicht ganz, was das mit Ihrem Fall zu tun haben soll«, entgegnete er, und zum ersten Mal klang seine Stimme reservierter. »Seit dem Tod seines Onkels – Dr. Andrew Linwood, der Vater Ihres Mandanten – war klar, daß Herzschwäche in der Familie erblich war, und Walter hat mir ein paarmal erzählt, was sein Hausarzt dazu meinte. Da sich solche Dinge meist erst mit zunehmendem Alter richtig entwickeln, kam sein Tod für mich völlig unerwartet und hat mich natürlich tief getroffen. Ich habe lange gebraucht, bis ich vernünftig darüber nachdenken konnte.«

»Er ist sehr schnell gestorben, oder?«

»Ja, sehr schnell. Tatsächlich... aber ich weiß wirklich nicht, was das mit dem Mord an dem Baby zu tun hat, Mr. Maitland.«

»Nur insoweit, als Oliver Linwood ohne Walters Tod kein Motiv gehabt hätte.«

»Sie nehmen also an, daß die Staatsanwaltschaft behaupten wird, das Verbrechen sei nach Walters Tod sorgfältig geplant und vorbereitet worden?«

»Ja, dessen bin ich ganz sicher, obwohl selbstverständlich alles davon abhing, ob Sandra Linwood einen Sohn zur Welt bringen würde.«

»Und es gibt keine Möglichkeit, diese Behauptung zu widerlegen?«

»Leider nein. Trotzdem ist sie der Grund für mein Interesse und gleichzeitig die Erklärung dafür, daß meine Fragen in eine vielleicht unerwartete Richtung zielen.«

»Gut, dann sage ich Ihnen, was mir gerade eingefallen ist. Noch am Abend vor Walters Tod war ich bei den Linwoods eingeladen, und da ging es ihm offenbar blendend. Walters Hausarzt, Dr. Robert Garfield, ist ebenfalls als Gast und keineswegs in seiner Eigenschaft als Mediziner anwesend gewesen... zusammen mit zwei weiteren Freunden, Charles und Jean Colborne. Wir haben einen sehr angenehmen Abend in Linwood Hall verbracht, und Walter ist besonders guter Laune gewesen. Es war für mich unfaßbar, als Sandra mich am nächsten Morgen völlig verzweifelt anrief und sagte, Walter sei tot.«

»So kurz vor der Geburt ihres Kindes muß sein Tod ja besonders schlimm für sie gewesen sein.«

»Ja. Ich bin sofort zu ihr gefahren und habe mich auch mit Robert Garfield unterhalten, nachdem ich mich um Sandra gekümmert hatte. Ich war der Meinung, daß sie so kurz vor der Entbindung lieber schon ins Krankenhaus gehen sollte, doch obwohl Robert Garfield genau wie ich die Gefahr einer Frühgeburt sah, war er der Ansicht, daß selbst die kurze Fahrt mit dem Krankenwagen in die Klinik vorzeitig die Geburt einleiten könne. Wir haben Sandra deshalb eine Krankenschwester besorgt, und der kleine Mark ist dann ohne Komplikationen zu Hause zur Welt gekommen. Und als wir dachten, das Schlimmste sei überstanden...« Er verstummte und schüttelte traurig den Kopf.

»Da Sie ein so enger Freund der Familie sind, tröstet es Sie vielleicht, zu wissen, daß Oliver Linwood nie die Absicht hatte, Mrs. Linwood aus ihrem Heim zu vertreiben.«

Elliott sah abrupt auf. »Wenn er freigesprochen wird, was ich sehr hoffe, wird ihr nichts anderes übrigbleiben, als Linwood House zu verlassen.«

»Wie das Urteil auch ausfällt, die Rechtslage bleibt kompliziert«, erwiderte Maitland. »Meine Kenntnisse auf dem Gebiet des Erbrechts und besonders des Fideikommiß sind nur mangelhaft, aber ich könnte mir vorstellen, daß es Oliver im Fall eines Freispruchs überlassen ist, in welcher Form er für die Witwe seines Vetters sorgen will.«

»Sandra hat Freunde. Sie braucht seine Hilfe nicht.«

»Glauben sie nicht, sie würde dies einer Situation vorziehen, in der sie ohne einen Penny und ohne ein Zuhause dastünde?«

Dr. Elliott machte plötzlich einen etwas verblüfften Eindruck. »Ich hatte keine Ahnung...« begann er und hielt dann inne. »Was passiert eigentlich, wenn Oliver verurteilt wird?«

»Das müßte das Gericht entscheiden. Ich schätze, daß man den Erbfall dann so regeln würde, als sei das Baby Mark Linwood ohne Testament gestorben... das klingt vielleicht komisch, denn wer hat in diesem Alter schon ein Testament? Aber ich sehe nur diese Möglichkeit, die Angelegenheit zu regeln.«

»Mit welchem Ergebnis?«

»Ich nehme an, man wird die Erbschaftssteuer zweimal einfordern, aber das Erbe der Mutter zusprechen.«

»Und was ist mit dem Fideikommiß?«

»Der wäre damit aufgelöst. Mrs. Sandra Linwood wäre die Erbin und in Zukunft an keinerlei Erbbedingungen mehr gebunden.«

»Dann... als ihr Freund... also das ist wirklich schwierig«, sagte Dr. Elliott und sah lächelnd von einem zum anderen.

»Sie meinen, es sei schwierig für Sie zu entscheiden, was sie ihr in diesem Fall wünschen sollten?« fragte Antony. Als Elliott nicht antwortete, fuhr er fort: »Sie hatten vorhin noch andere Freunde der Linwoods genannt.«

»Ja, und darauf habe ich auch angespielt, als ich angedeutet habe, daß Sandra in dieser Situation nicht allein ist. Die Linwoods haben nur wenige enge Freunde in ihrem großen Bekanntenkreis, aber auf die können sie sich verlassen.«

»Außerdem«, begann Antony vorsichtig und mied Lisas Blick, »ist Mrs. Sandra eine junge und, wie mir gesagt wurde, sehr attraktive Frau. Da ist die Wahrscheinlichkeit natürlich groß, daß sie wieder heiraten wird.«

»Für Spekulationen dieser Art ist es noch viel zu früh«, entgegnete Dr. Elliott steif. »Ihr Mann ist schließlich erst seit ein paar Wochen unter der Erde.«

»Ja, natürlich. Ich wollte nicht herzlos erscheinen, aber in Anbetracht Ihrer Sorge um Sandra Linwoods Zukunft war diese Überlegung nur die logische Konsequenz. Wer also waren, von Ihnen einmal abgesehen, die engen Freunde der Linwoods?«

»Zuerst einmal Robert Garfield und seine Frau. Er ist sowohl Freund als auch Hausarzt. Die Garfields leben in Madingley. Ich nehme also an, daß Sie sie kennen, Mrs. Traherne.«

»Ja, sogar recht gut«, antwortete Lisa. »Obwohl wir bisher Dr. Garfield glücklicherweise kaum in Anspruch nehmen mußten.«

»Ist Mrs. Garfield bei jenem Abendessen vor Walter Linwoods Tod auch anwesend gewesen?«

»Nein, die Ärmste leidet unter Migräne, und an jenem Abend hatte sie wieder einen Anfall.«

»Sie erwähnten noch ein Ehepaar Colborne.«

»Ja, Charles und Jean. Er ist ein erfolgreicher Geschäftsmann in Northdean... und sie leben in einem Vorort... also ungefähr fünfundzwanzig Kilometer von Madingley entfernt. Offenbar sitzt er auch noch bei einigen Firmen in London im Aufsichtsrat, so daß seine Interessen wohl ziemlich weitgestreut sind. Übrigens bin ich gelegentlich auch Martin Weatherby in Linwood House begegnet. Er ist der Herausgeber des ›Chedcombe Herald‹. Ein sympathischer Mann, leider mit gewissem Hang zum Kneipenpublikum. Ich glaube, er verbringt seine Abende hauptsächlich im ›Saracen's Head‹.«

Lisa machte den Mund auf, um etwas zu sagen, hielt sich dann jedoch zurück, als sie Maitlands warnenden Blick auffing. »Ich habe Mr. Weatherby bereits kennengelernt«, bemerkte er neutral. »Wie zum Beispiel auch ein gewisses Ehepaar Blunt, die ihrer Aussage nach ebenfalls mit den Linwoods bekannt gewesen sind.«

»Tut mir leid, aber ich kenne sie nicht. Allerdings ist es durchaus möglich, daß ich sie bei den Linwoods getroffen und ihren Namen nicht registriert habe. Trotzdem, Mr. Maitland... mir ist noch immer nicht klar, was Sie mit diesen Fragen eigentlich bezwecken.«

»Der schwerwiegendste Punkt der Anklage gegen Oliver Linwood ist das Motiv, Dr. Elliott – und lassen Sie sich von niemandem einreden, das zähle nicht –, auch wenn es vom juristischen Standpunkt nicht zulässig sein mag. Wie gesagt, falls es jemanden gibt, der einen Groll gegen Walter oder besonders gegen Sandra Linwood hegte, hätte ich damit wenigstens einen Anhaltspunkt.«

»Aber wir haben von ihren Freunden gesprochen.«

»Haß setzt gewisse intime Kenntnisse über den oder die betreffenden Menschen voraus. Allerdings hoffe ich natürlich, daß jemand, der die Linwoods gut gekannt hat, mir ein Motiv für das Geschehene liefern kann.«

»Also ich bezweifle stark, daß Sie damit etwas erreichen. Manchmal kam es mir so vor, als habe Martin Weatherby, sagen wir, eine Schwäche für Sandra. Wenn Sie also im Fall von Walters Tod ermitteln würden..., aber das war ganz harmlos. Weatherby ist ein anständiger, absolut vertrauenswürdiger Mann. Sind Sie denn eigentlich ganz sicher, daß Henrietta Vaughan an jenem Tag nicht in Madingley gewesen ist, Mr. Maitland?«

»Ganz sicher.«

»Damit allerdings wären wir wieder bei Oliver Linwood, oder? Ausgerechnet bei dem Mann, dem sie beide helfen wollen.«

»Er ist es nicht gewesen!« konterte Lisa empört. »Sie haben doch selbst gesagt...«

»Ja, und das ist noch immer meine Meinung. Ich respektiere Mr. Maitlands Urteil wie Sie, meine Liebe. Aber er kennt die Linwoods nicht so gut wie ich. Wenn wir davon ausgehen, daß die zwei Morde in Chedcombe mit dem von Madingley nichts zu tun hatten, und Henrietta Vaughan in bezug auf Mark Linwoods Tod für unschuldig halten, landen wir automatisch wieder bei Oliver. Ich sehe keine Alternative, und ich kann Ihnen beiden nur raten, das zu akzeptieren, was auf der Hand liegt. Es ist die einzige Möglichkeit, Oliver zu helfen.«

»Sie meinen, wir sollten akzeptieren, daß irgendein Psychopath alle drei Morde verübt hat?« hakte Antony nach.

»Ja, und wie Sie auch immer über diese Vaughan denken mögen, ich fürchte, Sie müssen feststellen, daß die Theorie, daß sie die Schuldige ist, rein psychologisch auf festen Beinen steht.«

Es war nicht zu übersehen, daß Lisa sich an diesem Punkt festbeißen wollte, und wenn es den ganzen Tag dauern würde, Elliott vom Gegenteil zu überzeugen. Maitland sagte daher besänftigend: »Dann müssen wir uns eben damit abfinden, verschiedener Meinung zu sein.« Und es gelang ihm, Lisa aus dem Haus zu bringen, bevor zuviel Porzellan zerschlagen war. »Wir dürfen Dr. Elliott nicht weiter verärgern«, mahnte er sie, als sie ins Auto stiegen. »Ich bin froh, daß Sie mein Urteil über Henrietta unterstützen, aber schließlich ist der Doktor auf Olivers Seite, und ich fürchte, wir haben mit diesem Geplänkel nur erreicht, daß er bei intensiverem Nachdenken seine Haltung ihm gegenüber ändert.«

»Sie meinen, was Sie damit erreicht haben«, verbesserte Lisa ihn kühl. »Und Sie waren mit Ihrer Bemerkung darüber, daß Sandra wieder heiraten könne, ja wohl auch nicht gerade taktvoll. Schließlich kannte Dr. Elliott Walter wesentlich länger als Sandra.«

»Also das tut mir leid«, erwiderte Antony keineswegs zerknirscht. »Was ist mit Martin Weatherby? Glauben Sie, daß er sich um Sandra bemühen wird?«

»Nein, das glaube ich nicht!« entgegnete Lisa schnippisch. »Aber selbst wenn es Dutzende von Männern gäbe, die sie heiraten wollen, weshalb sollten sie ihr Kind umbringen? Damit würden sie doch nur erreichen, daß sie ihr Vermögen an Oliver verliert.«

»Da haben Sie selbstverständlich recht. Das ergibt keinen Sinn. Glauben Sie, es lohnt sich, mit den Colbornes zu sprechen, oder wollen Sie mich direkt zum Bahnhof nach Northdean bringen?«

»Für Ihren Zug wäre es dann noch viel zu früh«, erklärte Lisa bereits wieder in versöhnlicherem Ton. »Nein, wir bleiben bei unserem ursprünglichen Plan. Allerdings habe ich mittlerweile kaum noch Hoffnung, daß es uns weiterbringt. Wenn Sie nur nicht so entschieden gegen Henrietta Vaughan als Täterin wären!«

»Sobald Sie sie persönlich kennenlernen, werden Sie mich verstehen«, versicherte Maitland ihr. »Also gut, kündigen wir uns an, und dann auf nach Northdean und zu den Colbornes. Danach sind Sie mich für eine Weile los. Wann glauben Sie übrigens, daß Olivers Sache verhandelt wird?«

»Im Frühherbst«, antwortete Lisa und bremste ab, um auf die Straße nach Northdean einzubiegen. »Ich wünschte nur, die Sommerferien wären nicht so lang«, seufzte sie. »Der Gedanke, daß Oliver die ganze Zeit über im Gefängnis sitzen muß, ist schrecklich.«

»Ja, keine angenehme Vorstellung«, stimmte Antony zu und verschwieg dabei, daß er kaum Hoffnung hatte, daß sich dieser Zustand für Oliver nach der Verhandlung ändern würde.

3

Während sie nach Northdean fuhren, war Lisa offenbar bemüht, ihre Gereiztheit von vorhin vergessen zu machen, und erklärte Antony, daß das Haus von Robert und Marion Garfield auf der gegenüberliegenden Seite der Church Lane in Madingley lag, wo sich ja Olivers Häuschen befand. »Natürlich hat man sofort Dr. Garfield gerufen, als Sandras Baby tot aufgefunden worden ist«, berichtete sie. »Die Autopsie hat allerdings ein Pathologe aus Northdean durchgeführt. Einzelheiten finden Sie dann in der Akte, die ich für Sie zusammengestellt habe.«

Maitland wandte den Kopf und sah sie lächelnd an. »Ja, leider«, seufzte er. »Und vor Gericht werden wir uns all diese unerfreulichen Dinge lang und breit anhören müssen. Dabei bin ich der festen Überzeugung, daß die Geschworenen auch mit der schlichten Aussage zufrieden wären, daß das Kind den Erstickungstod gestorben ist. Aber natürlich wollen auch wir nicht, daß sie irgend etwas für selbstverständlich nehmen.«

»Glauben Sie wirklich, daß bei diesem Besuch bei den Colbornes etwas herauskommt?«

Wahrheitsgemäß hätte Antony diese Frage mit ›Nein‹ beantworten müssen, doch statt dessen murmelte er die banale Floskel: »Das kann man erst sagen, wenn man's versucht hat.« Die restliche Fahrt bis an den Stadtrand von Northdean verlief schweigend. Charles und Jean Colborne wohnten in einer nagelneuen Siedlung, die einen sehr vornehmen Eindruck machte.

Die Dame, die ihnen öffnete und sich als Jean Colborne vorstellte, war klein und hatte zierliche Hände und Füße, jedoch einen Körper mit fülligeren Rundungen, als vorteilhaft für sie war. Ihr Haar war rötlich und das Gesicht normalerweise wohl recht hübsch, wurde augenblicklich jedoch von ihrer düsteren Miene etwas entstellt. »Ich weiß wirklich nicht, was Charles veranlaßt hat, Sie herzubitten«, begann sie, kaum daß Lisa Antony und sich vorgestellt hatte. »Das mit Sandras Baby hat mir natürlich leid getan ... besonders so kurz nach

Walters Tod«, fuhr sie in einem Ton fort, der mehr als deutlich machte, daß die Sache sie im Grunde völlig kalt ließ. »Aber ich dachte, das habe sich längst erledigt. Dieser schreckliche Vetter von Walter...«

Maitland, der längst begriffen hatte, daß dies exakt die Bemerkung war, die Lisa ihrerseits zu taktlosen Bemerkungen verführte, antwortete daher hastig und so bestimmt wie möglich: »Vor dem Gesetz ist unser Mandant so lange unschuldig, bis man ihm das Gegenteil bewiesen hat. Und ich bin sicher, daß weder Sie noch Ihr Mann uns hindern wollen, unser Möglichstes für ihn zu tun.«

Jean Colborne trat daraufhin einen Schritt zurück, um sie einzulassen und ihre abwehrende Haltung schmolz etwas. »Für Sie ist das wohl ein Job wie jeder andere«, bemerkte sie. »Aber mir würde das wirklich nicht gefallen... immer mit Verbrechern zu tun zu haben!«

»Wenn Sie sich mal die Zeit nehmen würden, sich mit Mrs. Traherne zu unterhalten, erfahren Sie bestimmt, daß sie sich hauptsächlich mit so harmlosen Dingen wie Kaufverträgen, Testamenten und anderen notwendigen Übeln beschäftigt.« Antony sah Lisa dabei nicht an, hoffte jedoch inständig, daß sie ihm nicht widersprechen würde. »Was mich betrifft, so ist es, wie Sie schon gesagt haben, eben mein Job, aber es ist auch meine Pflicht, ihn nach bestem Wissen und Gewissen zu erfüllen.«

Jean Colborne musterte ihn einen Augenblick, und ihre Miene wurde geradezu wohlwollend. »Sie sind mir kein Unbekannter, Mr. Maitland«, erwiderte sie mit einem Lächeln. »Auch meinem Mann nicht. Und hoffentlich sind Sie nicht allzu enttäuscht, wenn ich Ihnen sage, daß er diesem Gespräch nicht aus irgendeinem abstrakten Sinn für Gerechtigkeit, sondern aus Neugier zugestimmt hat.«

Auch wenn keine der beiden Damen es wußte, das war genau die Bemerkung, mit der man sich Maitland unwiderruflich zum Feind machen konnte. Doch angesichts von Lisas gereiztem Temperament zwang sich Maitland zur Beherrschung und antwortete gerade noch höflich: »Wie dem auch sein mag, wir werden Sie nicht lange in Anspruch nehmen. Ich möchte vor allem meinen Zug nach London nicht verpassen.«

Jean Colborne machte ohne ein weiteres Wort auf dem Absatz kehrt und ging in ein elegant eingerichtetes Wohnzimmer voraus. Die Sessel schienen zwar bequem zu sein, doch war es im Zimmer so unnatürlich ordentlich, daß Antony viel darum gegeben hätte, wenn wenigstens eine der Sonntagszeitungen zerfleddert neben dem Mann gelegen hätte, der sich aus einem der Sessel erhob, als sie eintraten. Charles Colborne war das genaue Gegenteil seiner Frau: groß, schlank, gutaussehend, mit dunklem Haar, das jedoch an manchen Stellen bereits licht wurde und ihn daher älter erscheinen ließ. Jean, die versuchte, sie einander vorzustellen, wurde mit einer kurzen Handbewegung zum Schweigen gebracht: »Schon gut, meine Liebe, ich habe dich im Flur gehört. Bitte setzen Sie sich doch, Mrs. Traherne... und Sie natürlich auch, Mr. Maitland. Ich freue mich sehr, Ihre Bekanntschaft zu machen.« Colborne hatte dabei den Blick fest auf Lisa gerichtet, und Antony schoß es sträflicherweise unwillkürlich durch den Kopf, daß sie es hier mit einem echten, altmodischen Schürzenjäger zu tun hatten.

Lisa verstand den Hinweis, und als Maitland weiterhin schwieg, begann sie hastig den Grund ihres Besuchs zu erklären. »Wie Sie sehen, versuchen wir noch jemanden zu finden, der wie Oliver Linwood ein Motiv gehabt haben könnte, diese schreckliche Tat zu begehen. Und da man uns gesagt hat, daß Sie und Ihre Frau die Linwoods gut gekannt haben, hoffen wir natürlich, daß Sie uns vielleicht einen Tip geben können.«

»Da müssen wir Sie leider enttäuschen«, warf Jean Colborne ein. Sie hatte sich bisher im Hintergrund gehalten, kam jetzt jedoch ins Zimmer und trat zu ihnen, so daß Maitland, der am liebsten stehen geblieben wäre, ihrem Bespiel folgen und sich setzen mußte. »Wir kannten Walter seit einer Ewigkeit, aber er war eigentlich kein besonders geselliger Mensch... dafür war er viel zu sehr mit seiner Arbeit beschäftigt. Wir hatten beide gehofft – nicht wahr, Charles? –, daß sich das durch die Ehe mit Sandra ändern würde. Aber Sandra ist kein Mensch, der sich leicht Freunde macht. Natürlich hatten sie einen riesigen Bekanntenkreis, sie stammte schließlich auch aus der Gegend, obwohl erst Walter uns miteinander bekannt gemacht hat. Trotzdem waren wir wohl das, was man noch am ehesten mit engen Freunden bezeichnen könnte.«

»Sie scheinen uns richtig verstanden zu haben, Mrs. Colborne«, erwiderte Antony. »Denn falls jemand die beiden so gehaßt hat, dann muß er sie auch gut gekannt haben.«

»Jemand, der Sandra gut gekannt haben muß, möchte ich sagen«, verbesserte Jean ihn. »Schließlich war Walter schon einen Monat tot, als es passierte.«

»Ich jedenfalls bin der Ansicht, daß es sich nicht lohnt, nach anderen Verdächtigen zu suchen«, mischte Charles Colborne sich ein. »Walter hat Oliver für sehr verschroben gehalten. Aber wenn überhaupt, sollten Sie sich in Chedcombe umhören. Wir haben von den Morden dort gelesen. Wahrscheinlich treibt irgendein Verrückter sein Unwesen.«

»Selbstverständlich ziehen wir bei unseren Nachforschungen auch das in Betracht. Aber wie Mrs. Traherne schon erklärt hat, wollen wir nichts unversucht lassen.«

»Nur können wir Ihnen leider nicht helfen. Und ich versichere Ihnen, Mr. Maitland, wenn ich Zweifel an Olivers Schuld hätte, würde ich alles für ihn tun. Allein der Gedanke an Sandra, die Mann und Kind so kurz hintereinander verloren hat...«

»Sandra kann gut für sich selbst sorgen«, fiel Jean ihm so scharf ins Wort, daß sich alle nach ihr umdrehten. »Also, ich wollte sagen... natürlich tut sie mir leid«, fuhr sie fort, als sei ihr plötzlich klargeworden, wie ihre Bemerkung aufgefaßt werden konnte. »Trotzdem glaube ich kaum, daß sie ewig um Walter trauern wird. Und was den kleinen Mark betrifft – nun, sie hatte kaum Zeit, sich an das Muttersein zu gewöhnen... vor allem, wenn man bedenkt, wie viele Leute es gab, die sich um das Kind gekümmert haben.«

»Jean, Liebes, du urteilst vorschnell«, wandte Charles sich an seine Frau. »Die beiden waren ein glückliches Paar, und obwohl ich hoffe, daß es eines Tages einen anderen Mann für sie geben wird...«

»Das wird sie schon schaffen, keine Angst!« fuhr Jean ihren Mann beinahe gehässig an.

»Hast du mal bedacht, in welcher Lage sie sich jetzt befindet?« fuhr Charles Colborne ungerührt fort. »Wenn Oliver freigesprochen wird, dann geht das gesamte Erbe auf ihn über... mit Ausnahme vermute ich von Walters privaten Ersparnissen. Das stimmt doch, oder?« fragte er Maitland.

»Ja, natürlich.«

»Aber Oliver...«, hob Lisa an, doch Antony unterbrach sie sofort.

»Falls Oliver Linwood verurteilt wird, dann ist die Lage ungeheuer kompliziert.« Antony hatte nicht die Absicht, wertvolle Informationen auszuplaudern, aber das war ihm als einziges eingefallen, um Lisa zum Schweigen zu bringen. »Selbstverständlich können Mrs. Traherne und ich unter den gegebenen Umständen nicht mit

Sandra Linwood sprechen...« Antony glaubte zu hören, wie Jean Colborne leise so etwas vor sich hinsagte wie: »Da haben Sie nicht viel versäumt!«, war sich seiner Sache jedoch nicht sicher und fuhr fort: »... aber nach allem, was ich über Walter Linwood gehört habe, scheint er ein sehr sympathischer Mensch gewesen zu sein.«

»Er war überhaupt kein Stadtmensch«, bemerkte Charles.

»Ich bin auch auf dem Land groß geworden«, bekannte Maitland, der allerdings verschwieg, daß dieser Lebensabschnitt mit dreizehn für ihn bereits geendet hatte, »... und meine Frau und ich verbringen die Sommerferien jedes Jahr auf dem Hof eines Freundes in Yorkshire.« Lisa warf ihm einen prüfenden Blick zu, machte jedoch keine Anstalten, seinen Redefluß zu unterbrechen, der, wie sie wohl richtig vermutete, einen bestimmten Zweck verfolgte.

»In diesem Fall hätten Sie sich bestimmt gut mit ihm verstanden«, bemerkte Charles Colborne. »Schade, daß niemand Ihnen den Besitz zeigen kann. Obwohl... um die Wahrheit zu sagen«, fügte er vertraulich hinzu, »... das Leben war für Sandra manchmal fast zu ruhig. Sie hätte ein bißchen mehr... etwas Aufregenderes als diese reichlich langweiligen Abendessen verdient, zu denen sie meistens eingeladen haben.«

»Wie zum Beispiel das, an dem sie am Vorabend von Walters Tod teilgenommen haben«, warf Maitland ein, obwohl ihn die Antwort kaum interessierte.

»Ja, das war wirklich langweilig«, bekräftigte Jean. Und als sie sich ihrem Mann zuwandte, wurde ihr Ton ausgesprochen giftig: »Ich hatte allerdings nicht den Eindruck, daß du dich nicht amüsiert hast. Da war Sandra, die aussah, als würde sie jeden Augenblick niederkommen, aber ihr Männer habt alle an ihren Lippen gehangen, als sei jedes Wort von ihr Balsam für eure Seelen.«

»Bei den beiden Ärzten, die, wie ich gehört habe, ebenfalls anwesend waren, dürfte das wohl rein berufliches Interesse gewesen sein«, bemerkte Maitland besänftigend.

»Möglich. Aber du bist kein Arzt!« griff Jean ihren Mann erneut an.

»Nein, das bin ich nicht, Jean. Im nachhinein«, fuhr er offenbar aufs Geratewohl fort, um die Feindseligkeiten seiner Frau zu übertünchen, »habe ich oft überlegt, wie seltsam es war, daß an jenem Abend ausgerechnet zwei Mediziner zu Gast waren, von denen keiner auch nur im geringsten vorausgesehen hat, was dann passiert ist.

Wobei Cliff Elliott natürlich kein praktizierender Arzt mehr, sondern in der Krankenhausverwaltung tätig ist. Aber Walter war sozusagen in Bestform. Er hat fast ausschließlich über das bevorstehende freudige Ereignis geredet. Vermutlich fand meine Frau es deshalb so langweilig. Normalerweise amüsiert sie sich recht gut.«

»Es bleibt mir kaum was anderes übrig, oder? Aber lassen wir das«, lenkte sie ein, weil sie offenbar merkte, daß sie zu weit gegangen war. »Der Gedanke ist tröstlich, daß Walter seinen letzten Abend noch genossen hat. Der Besitz bedeutete ihm viel, und er hoffte natürlich, daß das Baby ein Junge werden würde.«

»Ja, ich kann verstehen, daß seine Freunde froh darüber sind, daß er seinen letzten Abend genossen hat.« Maitland stand auf. »Ich fürchte, Sie haben recht behalten, Mrs. Colborne. Wir haben Ihre Zeit umsonst in Anspruch genommen. Trotzdem sind wir natürlich dankbar, daß Sie uns helfen wollten.«

Charles begleitete sie zur Tür. Er machte einen nachdenklichen Eindruck, und als sie schon auf der Treppe standen, sagte er unvermittelt: »Als Hilfe konnte man das wohl kaum bezeichnen. Aber Sie werden sehen, daß die Polizei, was Oliver betrifft, recht hat.«

»So eine Hexe«, schimpfte Lisa, als sie abfuhren. »Und geholfen hat es uns wirklich nicht im geringsten.«

»Trotzdem habe ich etwas, worüber ich auf der Rückfahrt nach London nachdenken kann«, entgegnete Maitland.

Lisa bremste ab, als sie das Ende der Auffahrt erreichten. »Erinnern Sie sich noch, in welche Richtung wir abbiegen müssen, um auf die Hauptstraße zu kommen?« fragte sie. »Ich weiß nur noch, daß wir von dort aus nach links zum Bahnhof müssen.«

»Hier nach links und dann die erste rechts«, wies Maitland sie an. »Ich habe keinen Faden in diesem entzückenden Vorort abgerollt, sondern nur einen recht guten Ortssinn.«

»Ich hoffe nur, daß Sie recht haben«, seufzte Lisa und befolgte artig seine Anweisungen. »Aber was haben Sie damit gemeint, dieser Besuch gäbe Ihnen zu denken… ist da etwas, was ich Oliver sagen kann?«

»Etwas Positives, meinen Sie? Da wäre ich vorsichtig«, wehrte Maitland ab. »Aber ich fange allmählich an, gewisse… gewisse Möglichkeiten zu sehen. Ziehen Sie die Erkundigungen ein, um die ich Sie gebeten habe, und rufen Sie mich dann in der Kanzlei oder zu Hause an, falls Sie etwas Interessantes in Erfahrung bringen.«

»Schön und gut...«, begann Lisa, doch Maitland ließ sich zu keinen weiteren Aussagen hinreißen. Antony fürchtete beinahe, sie durch seine Schroffheit verletzt zu haben, war jedoch ein wenig beruhigt, als sie darauf bestand, zu warten, bis sein Zug kam, und ihm dann impulsiv einen Kuß auf die Wange gab, bevor er einstieg.

4

Der Zug war ziemlich gut besetzt und hatte nur zwei Minuten Verspätung. Auf diese Weise kam Antony so rechtzeitig zum Kempenfeldt Square zurück, daß er vor dem Essen noch einen Drink nehmen konnte. Er war nicht überrascht, als er erfuhr, daß der übliche sonntägliche Teebesuch seines Onkels und seiner Tante sich bis in den Abend erstrecken würde. Tatsächlich wäre er über ein anderes Arrangement äußerst verwundert gewesen. Roger und Meg Farrell, die normalerweise sonntags bei ihnen zu Abend aßen, waren in ihr Landhaus nach Grunning's Hole gefahren, so daß sie nur zu viert waren.

Es war von Anfang an nicht zu übersehen, daß nicht nur Sir Nicholas, ein notorisch ungeduldiger Mensch, sondern auch Vera geradezu darauf brannte, Neuigkeiten zu erfahren. Zu seiner Überraschung hatten sie diesmal sogar in Jenny eine Verbündete, die bereits nach der ersten Begrüßung und einer kurzen Entspannungspause bat: »Und jetzt erzähl uns, was du erlebt hast, Antony. Du hast offensichtlich Nachforschungen angestellt. Also nehme ich an, daß dein Mandant unschuldig sein muß...«

»Unschuldig sein könnte«, verbesserte Antony sie.

»Das, was du mir am Telefon gesagt hast, hat Onkel Nick und Vera nur noch mehr verwirrt.«

Maitland lachte laut auf. »In diesem Fall bleibt mir wohl nichts anderes übrig, als wieder alles ins rechte Licht zu rücken«, sagte er. »Außerdem – und das behagt dir bestimmt nicht, Onkel Nick – habe ich jetzt in Chedcombe vermutlich noch eine Mandantin. Das heißt, sie ist natürlich vorrangig Lisas Schützling, was allerdings bedeutet, daß ich sie im Ernstfall strafrechtlich vertreten muß.«

Sir Nicholas musterte ihn mißtrauisch. »Ich muß gestehen, das gefällt mir nicht besonders«, erklärte er. »Dir, meine Liebe?« fragte er seine Frau.

»Ich behalte mir ein endgültiges Urteil vor«, gab Vera zurück. »Jetzt will ich Antonys Geschichte erst mal von Anfang an hören. Aber zuerst, wie geht es Lisa?«

»Ausgezeichnet... bis auf diese Geschichte mit Oliver Linwood, von dessen Unschuld sie fest überzeugt ist. Ihr Baby soll im Januar kommen.«

»Und da gibt es keine Komplikationen?«

»Nicht die geringsten. Sie sieht jedenfalls blendend aus.« Es war ganz untypisch für Vera, soviel Fürsorge zu zeigen, doch Antony hätte schon der Haltung von Sir Nicholas entnehmen müssen, wie sehr Vera Lisas Wohlbefinden am Herzen lag.

»Dominic Traherne«, fuhr Vera mit leicht fragendem Unterton fort. »Scheint ja ein netter junger Mann zu sein. Leider kenne ich ihn kaum.«

»Er ist sogar sehr nett«, bestätigte Antony. »Wegen der beiden brauchst du dir wirklich keine Sorgen zu machen, Vera. Sie bedrückt lediglich das Schicksal ihres Freundes Oliver Linwood, und merkwürdigerweise haben sie in diesem Punkt das ganze Dorf auf ihrer Seite. Da redet niemand davon, daß dort, wo es Rauch gibt, auch Feuer sein müsse, obwohl ich ein oder zwei Leute getroffen habe, die von Linwoods Schuld überzeugt sind. Aber ich fange lieber von vorn an.«

»Das würde ich begrüßen«, warf Sir Nicholas in einem Ton ein, der deutlich machte, daß Antony ihn lange genug auf die Folter gespannt hatte. »Das wenige, was wir von Jenny...«

»Ich habe nie behauptet, gut erklären zu können, Onkel Nick«, wehrte Jenny sich. »Ich dachte einfach nur... Was ist dieser Oliver Linwood für ein Mensch?«

»Darauf komme ich noch«, versprach Antony, dem der nichts Gutes verheißende Blick seines Onkels nicht entgangen war. »Also fangen wir von vorn an.« Antony hatte die Zeit auf der Rückfahrt genutzt, um sich seinen Bericht genau zurechtzulegen, was sich jetzt als äußerst vorteilhaft erwies. Sir Nicholas, der bei solchen Gelegenheiten oft sehr kritisch sein konnte, hörte schweigend zu. Allerdings war sich Antony durchaus bewußt, daß er gewisse Punkte nur grimmig zur Kenntnis nahm, und ahnte, daß diese früher oder später in der Diskussion gegen ihn verwendet werden würden. »Tja, und dann hat Lisa mich zum Zug nach Northdean gebracht«, schloß Antony.

Sir Nicholas setzte sich betont steif auf dem Stuhl auf und griff nach seinem Glas, was nur bedeuten konnte, daß er schwere Geschütze auffahren würde. »Aus deinen Erzählungen schließe ich, daß diese Henrietta Vaughan die andere Mandantin ist, die du uns in Aussicht gestellt hast. Darf ich dich in diesem Zusammenhang vielleicht darauf hinweisen, daß Ihre Angelegenheiten uns überhaupt nichts angehen?«

»Ich bin bei ihr gewesen, weil ich die Idee hatte, daß wir mit ihrer Hilfe vor Gericht die Beweisführung der Anklage zumindest in Zweifel hätten ziehen können«, erwiderte Maitland beinahe entschuldigend.

»Was Originelleres fällt dir wohl nicht ein, was?« entgegnete Sir Nicholas geringschätzig. »Im übrigen kommt es mir so vor, als seien deine Zweifel bezüglich der Schuld deines Mandanten längst noch nicht vollständig ausgeräumt, während du fest an die Unschuld dieser Henrietta Vaughan glaubst. Vielleicht darf ich dich darauf aufmerksam machen, daß du dich damit lediglich auf Spekulationen stützt, aber gleichzeitig die Wankelmütigkeit aufgibst, die du in solchen Dingen normalerweise an den Tag legst.«

Antony dachte einen Augenblick nach. »Ich habe gedacht...«

»Denken ist bei dir Glückssache«, unterbrach der Onkel ihn schneidend.

»Du wolltest doch wissen, was ich in Chedcombe unternommen habe, oder? Und das gehörte eben dazu. Ich glaube Henrietta nun mal, und ich bin inzwischen zu dem Schluß gekommen, daß ich auch Oliver glaube.«

»Für diese Einstellung wirst du uns sicher auch Gründe nennen können, nehme ich an«, bemerkte Sir Nicholas sarkastisch. »Im Augenblick interessieren mich allerdings mehr die möglichen Komplikationen. Hast du, oder hat die Anwältin, die dir das Mandat erteilt hat, das Problem eines Interessenkonflikts bedacht, wenn ihr auch die Verteidigung dieses Mädchens übernehmt?«

»Selbstverständlich, Onkel Nick. Sowohl Lisa als auch ich wissen genau, daß wir dem einen oder anderen nur helfen können, wenn wir den echten Täter finden.«

»Dann ist das für dich ein und derselbe Fall?«

»Ja, für dich nicht? Madingley ist nur fünf Kilometer von Chedcombe entfernt, und obwohl es sich um eine ländliche Gegend handelt, arbeiten doch viele, die auf dem Land leben, in der Stadt. Und die Annahme, es könne in einem solchen kleinräumigen Bezirk zwei Mörder geben – auch noch zwei Mörder, die ihre Verbrechen nach derselben Methode verüben...«

»Das letzte, was ich in dieser Richtung von dir gehört habe, Antony, war, daß du für Zufälle dieser Art nichts übrig hast.«

»Nein, Onkel Nick. Natürlich weiß ich, daß es sie gibt, aber in dieser Angelegenheit wären auch einfach zu viele Zufälle... wenn es die anderen Umstände nicht gäbe.«

»Wie zum Beispiel die Unschuld dieser Vaughan«, sagte Sir Nicholas mißbilligend.

»Ja, die eingeschlossen.« Antonys Laune hatte sich zunehmend gebessert. Die Diskussionen mit seinem Onkel verfehlten nie ihre Wirkung. Trotzdem stand er auf und ging unruhig im Zimmer auf und ab. Als er jedoch den Blick seines Onkels auffing, blieb er vor dem Kamin stehen. »Lisa versucht inzwischen herauszufinden, ob irgendein ehemaliger Anstaltsinsasse für die Verbrechen in Frage kommt«, fuhr er noch immer auf seinen Onkel konzentriert fort. »Vielleicht können uns die Fürsorge oder die Nervenheilanstalt des Bezirks weiterhelfen.«

»Glaubst du wirklich, daß du von denen einen Tip bekommst?«

Normalerweise hätte es Maitland großen Spaß gemacht, seinen Onkel mit der Anspielung noch weiter zu reizen, daß er mit seiner letzten Bemerkung doch etwas in die Umgangssprache abgeglitten sei. Als er jedoch Veras ernste konzentrierte Miene sah, wußte er, daß jetzt nicht der Augenblick für solche Haarspaltereien war. »Nein, das glaube ich nicht«, erwiderte er daher. »Ich bin viel eher der Meinung, daß der Zweck aller Verbrechen der Mord an dem Linwood-Baby war«, fügte er bedächtig hinzu. »Und solange Oliver aus dem Verkehr gezogen ist, wird es auch keine Kindermorde mehr geben.« Er wandte sich leicht zur Seite und sah Vera an. »Lisa hat dir vermutlich gesagt, daß sie Angst davor hat, der Mörder könne sein Unwesen auch dann noch treiben, wenn ihr Kind geboren ist. Ich glaube offengestanden, daß sie sich in dieser Beziehung keine Sorgen zu machen braucht. Den Kindern des Bezirks droht keine Gefahr mehr.«

»Du hast uns doch gerade erzählt, Oliver sei unschuldig.«

»Ja, aber ich will mit euch offener reden als mit Lisa und Dominic. Wir haben nicht die geringste Hoffnung, einen Freispruch zu erreichen, solange wir keinen anderen Mörder präsentieren können. Natürlich möchte ich Oliver rauspauken, denn ich glaube an seine Unschuld. Von ihrem Standpunkt aus allerdings haben die Mütter der Gegend nichts für ihre Kinder zu befürchten.«

»Du hast doch gesagt...«

»Ich habe gesagt, daß meiner Meinung nach der Zweck der beiden ersten Verbrechen der Mord am Linwood-Baby gewesen ist«, wiederholte Maitland.

»Damit kommen wir doch offenbar wieder auf Oliver. Und ich muß gestehen«, fügte Vera hinzu, »daß er ein Sonderling zu sein scheint.«

»Das ist er auch, aber ein sympathischer.«

Sir Nicholas hatte seine Frau schweigend beobachtet. Jetzt wandte er sich erneut an seinen Neffen: »Wieder mal eines deiner denkwürdigen Urteile«, stellte er fest. »Ich möchte nur noch wissen, wie du zu dieser Einsicht gekommen bist.«

»Aufgrund der Reihenfolge der Ereignisse«, antwortete Antony. »Wenn du die Daten schriftlich vor dir siehst... wie hier...« Er fischte einen Briefumschlag aus der Jackettasche, der nach all den Tagen ziemlich mitgenommen aussah. Sir Nicholas betrachtete ihn ausgesprochen bekümmert.

»Ich finde, es ist das beste, du liest uns vor, was dort draufsteht, mein Junge«, wehrte er ab. »Daß wir jetzt auch noch deine chaotischen Notizen entziffern sollen, ist wirklich ein bißchen viel verlangt...«

Antony grinste. »Also gut. Walter Linwood ist am Morgen des 9. Juni an einem Herzinfarkt gestorben.«

»Was bedeutet, daß von diesem Zeitpunkt an das Geschlecht seines ungeborenen Kindes bedeutsam war.«

»Ja, aber vergessen wir das erst mal.«

»Unter den gegebenen Umständen dürfte es schwerfallen, ausgerechnet das zu vergessen.«

»Für Mord gibt es mehr als nur ein Motiv, Onkel Nick. Es muß nicht immer Habgier sein.«

»Vollkommen richtig«, stimmte Sir Nicholas ihm mit einem betont mißbilligenden Blick zu.

»Also halten wir fest: 9. Juni«, wiederholte Maitland. »Und Walter Linwood starb wohlgemerkt völlig unerwartet«, fügte er ergänzend hinzu und beobachtete amüsiert, daß Vera ein Notizbuch aus der Handtasche genommen hatte und ernst zu schreiben begann.

»Als nächstes wurde Henrietta Vaughan auf der Frauenstation des Krankenhauses St. Luke's, wo, wir ihr euch erinnert, Dera Mohamad inzwischen Stationsschwester ist, von einem toten Kind entbunden. Ich habe euch ja von meinen Gesprächen mit den beiden erzählt. Dera behauptet, das Mädchen habe ihrem ruhigen, etwas nervösen Typ ensprechend unglücklich reagiert... sonst nichts. Jedenfalls war es eben wieder einmal eine menschliche Tragödie, von der nur das Mädchen und deren Wirtin betroffen waren, die seit dem Tod von Henriettas Eltern praktisch Mutterstelle bei ihr vertreten hatte... und natürlich Dera nicht zu vergessen, die sogar ein paarmal bei Henrietta zu Hause gewesen ist, um sich zu vergewissern, daß es ihr einigermaßen gut geht.«

»Bedeutet das, daß Dera befürchtet hat, der Vorfall könne schlimmere Auswirkungen auf Henriettas Psyche haben?«

»Nein, Onkel Nick. Dera hat die Ansicht vertreten, daß Henriettas Reaktion im Rahmen des Normalen lag. Als nächstes wurde am 20. Juni das Swift-Baby entführt und ermordet, und bereits kurz darauf, am 23. Juni, geschah dasselbe mit dem Blunt-Baby. Beide Fälle gleichen sich, nur der Tatort ist verschieden. Einmal wurde der Kinderwagen vor einem Supermarkt, das andere Mal aus dem Park entführt. Am 25. Juni wurde Sandra Linwoods Baby geboren, am 8. Juli wurde es umgebracht.«

Sir Nicholas streckte die Hand aus, und seine Frau gab ihm das Stück Papier mit ihren Notizen. Er studierte diese einen Moment aufmerksam. »Du hast uns gesagt, daß die Morde deiner Ansicht nach zusammenhängen«, begann er. »Ich kann daraus nur schließen, daß nach Walter Linwoods Tod es für irgend jemanden ganz wichtig geworden ist, daß ein Sohn, sollte er geboren werden, nicht lange lebte. Und du meinst, die beiden ersten Kinder sind ermordet worden, um die Polizei zu der Annahme zu verleiten, daß eine geistesgestörte Person für alle drei Verbrechen verantwortlich ist?«

»Ja, Onkel Nick, und es war einfach nur Pech, daß Oliver zufällig in Linwood House war, als Sandras Baby starb.«

»Du mußt uns aber schon erklären, wer sonst noch ein Motiv haben könnte.«

»Darauf kommen wir gleich.«

Sir Nicholas studierte noch immer die Aufstellung der Daten. »Gehört es denn zu deiner Theorie, daß Oliver für all die Verbrechen verantwortlich gemacht werden sollte?« erkundigte er sich.

»Nein, ganz im Gegenteil. Gerüchteweise war ja bereits bekannt geworden, Henrietta sei vor Trauer über den Verlust ihres Kindes und aufgrund der Tatsache, daß der Vater sie verlassen hatte, wahnsinnig geworden. Aber darüber wird Henrietta meiner Ansicht nach hinwegkommen. Es gibt da offenbar einen jungen Mann, der nur darauf wartet, sie zu heiraten.«

»Wie romantisch!« schnaubte Sir Nicholas verächtlich. »Aber es gehört wohl kaum zur Sache. Es muß dir doch eigentlich klarsein, daß alles, was du uns bisher erzählt hast, deinen Mandanten eher *be*lastet statt *ent*lastet.«

»Ja, das weiß ich. Und du gräbst jetzt sicher gleich die Theorie aus, daß er erst durch die Verbrechen in Chedcombe auf die Idee gekommen sei, seinen kleinen Vetter umzubringen. Die Polizei vertritt diese Ansicht. Ich fürchte nur...« Antony fuhr erst nach kurzer Pause beinahe trotzig fort: »Ich habe wie gesagt mit Chefinspektor Camden gesprochen und den Eindruck gewonnen, daß er Beweise gegen Henrietta zu haben glaubt und sie bald verhaften lassen wird. Was mir daran allerdings überhaupt nicht gefällt, ist das ungute Gefühl, daß ich unter Umständen alles noch schlimmer gemacht habe, weil ich angedeutet habe, er lasse sich möglicherweise durch allzu viele Zufälle zu unbedachten Handlungen hinreißen.«

Sir Nicholas musterte seinen Neffen eine Weile schweigend. »Diese Unterredung mit Camden«, begann er schließlich. »War die überhaupt notwendig?«

»Ich habe gehofft, von ihm gewisse Informationen zu erhalten, die ich brauchte.«

»Du kennst den Mann doch. Ich habe den Eindruck, daß er nichts so sehr haßt, als wenn jemand versucht, sich in seine Angelegenheiten zu mischen.«

»Genauso ist es. Und was noch schlimmer ist... er kennt diesen Godalming, der mittlerweile stellvertretender Chef beim Yard ist. Du erinnerst dich vielleicht... Godalming stammt aus der Gegend von Chedcombe und war eine Weile Polizeipräsident von Westhampton.«

»Du hast wirklich eine Begabung dafür, dir Freunde zu machen«, bemerkte Sir Nicholas sarkastisch.

»Jetzt bist du unfair, Onkel Nick«, warf Jenny ein. »Du weißt sehr gut...«

»Ja, meine Liebe. Ich meinte auch nur bei der Polizei. Was konnte

Inspektor Camden dir denn sagen, Antony, abgesehen von den wenigen Informationen, die du ihm auch noch aus der Nase ziehen mußtest?«

Maitland hielt seinem Blick stand. »Er hat mich aufgefordert, mich bei meiner Verteidigung an herkömmliche Gepflogenheiten zu halten.«

»Dafür dürfte es jetzt wohl ein bißchen spät sein«, bemerkte Sir Nicholas humorlos.

»Aber, Onkel Nick, bevor ich überhaupt nach Chedcombe gefahren bin, hast du gesagt...«

Sir Nicholas lächelte. Wieder einmal schien sich seine Laune schlagartig geändert zu haben. »Ich bin natürlich froh, daß du die Pflichten gegenüber deinen Klienten so ernst nimmst«, begann er schließlich. »Aber das kann man doch auch, ohne sich so unbeliebt zu machen, oder?«

»Das möchte ich bezweifeln. Nein wirklich, Onkel Nick...«

»Was mir echte Sorgen macht«, fuhr Sir Nicholas fort, und diesmal schien sein ernster Ton kein Unheil für Antony zu verheißen. »...ist dein Vorpreschen im Fall dieser Henrietta Vaughan. Wenn du dich getäuscht hast...«

»Ausgeschlossen, Onkel Nick«, fiel Antony ihm ins Wort. »In dieser Beziehung bin ich absolut sicher.«

»Hast du das auch Lisa gesagt?« wollte Vera wissen.

»Selbstverständlich.«

»Hast du ihr auch gesagt, daß sie keine Angst vor Kindermördern mehr zu haben braucht?«

»Also... nein, das nicht. Das habe ich mir erst auf der Rückfahrt überlegt. Aber sobald wir telefonieren, soll sie es erfahren.«

»Ich verlasse mich darauf«, sagte Vera mit Nachdruck.

»Keine Sorge, Vera, ich werde mein Bestes tun, sie zu beruhigen.«

»Damit wäre es an der Zeit, daß du uns erklärst, wer deiner Ansicht nach als Täter in Frage kommt, wenn es dein Mandant nicht gewesen ist«, forderte Sir Nicholas Antony auf. »Jenny schenkt uns inzwischen noch einen Sherry ein... das Essen kann doch nicht verderben, oder meine Liebe?«

»Nein, Onkel Nick. Es kann nur besser werden.« Damit stand Jenny auf, um die Karaffe zu holen. »Außerdem will ich nichts versäumen.«

»Na, dann kann ich wohl kaum kneifen.« Antony hielt Jenny sein

Glas hin und stellte es anschließend auf den Kaminsims. »Das Problem ist leider, daß es zahllose Möglichkeiten gibt, die allerdings leicht zu widerlegen sind«, begann er grüblerisch.

»Trotzdem wären wir dir dankbar, wenn du uns an deinem Wissen teilhaben lassen würdest«, entgegnete Sir Nicholas.

»Nur unter der Bedingung, daß du mir nicht schon in diesem Stadium vorwirfst, daß ich mich nur auf Spekulationen verlasse«, forderte Maitland. »Ich tue nämlich nichts anderes, als meine Gedanken laut auszusprechen.«

»Wie so oft«, bemerkte Sir Nicholas resigniert und seufzte übertrieben. »Trotzdem...« Er vollzog eine Geste, die Antony nur als Aufforderung verstehen konnte, fortzufahren.

»Ich glaube, für Leute mit gesundem Menschenverstand sollte ganz oben auf der Liste der Verdächtigen der Name der Frau stehen, mit der wir zuletzt gesprochen haben und die Lisa zutreffend als Hexe bezeichnet hat.«

»Ich nehme an, du willst mit dieser Formulierung andeuten, daß sie für dich am wenigsten verdächtig ist«, warf Sir Nicholas nicht ohne Ironie ein. »Was den gesunden Menschenverstand betrifft...,
aber fahr ruhig fort, mein Junge.«

»Ich spreche jetzt von Jean Colborne. Sie und ihr Mann scheinen zu den wenigen engen Freunden zu zählen, die die Linwoods gehabt haben, und Charles Colborne ist offenbar ein Verehrer von Sandra. Allerdings habe ich keine Kenntnisse darüber, ob der Ärger seiner Frau in diesem Punkt gerechtfertigt ist. Jedenfalls war sie gar nicht gut auf Sandra zu sprechen, und ich kann mir nicht vorstellen, daß Sandra diese Antipathie entgangen ist. Walter war allerdings schon vor seiner Ehe lange Jahre mit den Colbornes befreundet und hat deshalb wohl darüber hinweggesehen. Walter war übrigens ein ziemlich häuslicher, genügsamer Mann, während Sandra... leider sehe ich sie erst vor Gericht, und ich habe daher keine Ahnung, was sie vom Leben erwartet. Vielleicht hat sie Walter wirklich geliebt, vielleicht hat ihr auch nur sein Vermögen imponiert. In beiden Fällen ist es plausibel, daß sie aus Rücksicht auf Walter Jean akzeptiert hat. Eine andere Möglichkeit schließe ich aus einer Bemerkung von Charles Colborne, der behauptet hat, Sandra habe das Leben, das Walter bevorzugte, langweilig gefunden. Sie könnte also über jede Gesellschaft und jede Abwechslung froh gewesen sein, auch wenn ihr die Leute nicht besonders gefielen.«

»Das sind doch wohl nichts als Mutmaßungen, oder?«

»Ja, natürlich…, aber ich habe dich gleich gewarnt. Colborne hat angedeutet, Sandra habe ein interessanteres Leben verdient als das, was Walter ihr bieten konnte, hat jedoch mit keinem Wort etwas davon gesagt, daß es deshalb zu Ehezwistigkeiten gekommen sei.«

»Ich verstehe. Du willst also andeuten, daß Charles Colbornes echte oder eingebildete Verehrung von Sandra Linwood seine Frau bis zum Wahnsinn und den Morden an den drei Kindern getrieben haben könnte.«

»Es wäre eine Möglichkeit, ja. Falls Rache das Motiv gewesen ist und die Absicht, Oliver zum Sündenbock zu stempeln, nie bestanden hat, dann wäre dadurch Sandra mit einem Schlag Kind, Zuhause und Einkommen genommen worden.«

»Und die ersten beiden Kindermorde sind nur zur Tarnung begangen worden, um den Verdacht auf einen geistesgestörten Täter zu lenken?«

»Ja, das vermute ich. Wer immer auch der echte Mörder gewesen sein mag.«

»Bei deiner Theorie bezüglich Mrs. Charles Colborne hast du, wenn ich mich richtig entsinne, vom gesunden Menschenverstand gesprochen. Ich wage deshalb offen gestanden kaum daran zu denken, was du uns noch alles vorsetzen willst«, seufzte Sir Nicholas und trank zur Stärkung einen Schluck Sherry.

»Wenn ich lieber aufhören soll…«, schlug Maitland vor.

»Sei nicht albern, Antony«, mahnte Jenny. »Du weißt genau, daß Onkel Nick es nicht so meint. Außerdem sind Vera und ich ja auch noch da.«

»Dann kommen wir jetzt am besten zu den anderen beiden Ehepaaren, die ihre Kinder verloren haben«, fuhr Antony mit wachsamem Blick auf seinen Onkel fort. »Jenny, Liebes, du kannst mir sicher nachfühlen, daß abgesehen von meinem Gespräch mit Henrietta Vaughan dieser Teil der Geschichte der schwierigste für mich gewesen ist.«

»Trotzdem interessiert es mich, welche Schlüsse du aus diesen Begegnungen gezogen hast«, entgegnete Jenny. »Ich stimme nämlich mit Vera darin überein, daß du alles tun solltest, um Lisa ihre Angst zu nehmen, und das wird dir auch gelingen, wenn sie dir vertraut.«

»Sie hat mir einen Abschiedskuß gegeben«, gestand Maitland lächelnd.

»Das ist ein gutes Zeichen«, stellte Jenny fest und erwiderte sein Lächeln. »Aber du hast von jeher behauptet, daß der Klatsch in Chedcombe stets wilde Blüten treibt. Ich kann mir also kaum vorstellen, daß es eine Mutter in dieser Stadt gibt, die nicht außer sich ist vor Angst um ihr Kind.«

»Ja, aber die meisten halten Henrietta für die Täterin. Sollte ich also recht behalten, und Camden entschließt sich tatsächlich zu einer Verhaftung, kehrt wieder Ruhe in die Stadt ein. Und auch Lisa Traherne ist dann beruhigt... wenn auch natürlich aus einem ganz anderen Grund.«

»Ich verstehe. Trotzdem möchte ich jetzt hören, wie es dir weiter ergangen ist.«

»John und Louise Swift sind junge Eheleute, die offenbar über ihren kleinen Sohn glücklich gewesen sind. Die beiden sind stark und mutig«, fuhr Antony zu Jenny gewandt fort und verkniff sich den Zusatz ›wie du‹. »Sie richten den Blick auf die Zukunft. Das andere Paar, Ernest und Caroline Blunt, ist ganz anders. Ich habe erst später erfahren, daß sie bereits drei Kinder haben, die im Internat sind, und Mrs. Blunt hat Dera Mohamad anvertraut, daß das letzte Baby eigentlich ein Versehen gewesen ist. Da ich längst den Eindruck gewonnen hatte, daß der Tod ihres Nachkömmlings die Blunts kaum erschüttern konnte, hat das meine Vermutung nur bestätigt.«

»Aber Antony, es war doch ihr Kind!« protestierte Jenny entsetzt.

Während Antony Jenny in diesem Augenblick ansah, erinnerte er sich wieder an jenen Tag, an dem er sie nach ihrer Fehlgeburt in der Klinik besucht hatte. Ihre Hand hatte leblos in seiner Hand gelegen, und sie hatte mit schwacher Stimme (nicht vorwurfsvoll, obwohl er, der Mann, der er nun einmal war, seither von einem gewissen Schuldgefühl geplagt wurde) gesagt: »Ich dachte, du bist tot.« Jetzt wandte sich Antony an Jenny und hatte für einen Augenblick vergessen, daß sie nicht allein waren: »Jenny, Liebes, ich möchte dir nicht weh tun.«

»Es ist lange her«, entgegnete Jenny, als habe sie seine Gedanken erraten. »Fahr nur fort, Antony. Tut mir leid, daß ich dich unterbrochen habe. Aber glaubst du wirklich...«

»Wir sprechen nur über Möglichkeiten«, versicherte er ihr. »Und es gibt wie gesagt zu allem Einwände. Nein, ich glaube nicht, daß Carrie Blunt etwas damit zu tun hat, und falls sie versucht haben sollte, die Spur zu verwischen, hätte sie mit dem Swift-Baby aufgehört und sich nicht mehr die Mühe gemacht, auch noch nach Madingley zu fahren. Allerdings kannten sie die Linwoods... nicht so gut, wie sie glauben machen wollen, aber immerhin...«

»Womit wir den gesunden Menschenverstand endgültig ad absurdum geführt hätten, Jenny«, urteilte Sir Nicholas. »Falls dieser bei der ganzen Geschichte überhaupt je eine Rolle gespielt hat, heißt das.«

»Ich habe dich gewarnt«, erinnerte Maitland seinen Onkel und vergewisserte sich mit einem flüchtigen Blick auf seine Frau, daß diese wieder lächeln konnte. Jenny saß schweigend neben Vera, hatte die Hände im Schoß gefaltet, und als Antony sich erneut seinem Onkel zuwandte, wurde ihm plötzlich bewußt, daß Vera wesentlich ruhiger geworden war, seit er sie davon hatte überzeugen können, daß Lisas Ängste zu zerstreuen sein würden. »Die Linwoods hatten offensichtlich nur wenige engere Freunde«, fuhr er fort, »aber im Dorf herrscht die Meinung, daß Sandra nicht ewig die trauernde Witwe bleiben wird. Jean Colborne jedenfalls ärgerte sich über Sandras Wirkung auf Männer wie Charles Colborne und die übrigen männlichen Gäste der Dinnerparty am Vorabend von Walter Linwoods Tod. Ich habe Mrs. Colborne allerdings darauf hingewiesen, daß zwei der Anwesenden Ärzte waren und deshalb ein rein berufliches Interesse an Sandra und ihrem Zustand gehabt haben könnten. Davon allerdings wollte Jean Colborne nichts wissen.«

»Wer waren diese männlichen Gäste?« hakte Sir Nicholas nach, dem es gelang, seiner Stimme einen aufrichtig interessierten Ton zu verleihen, und Antony verspürte plötzlich eine tiefe Dankbarkeit darüber, daß seine Familie, Onkel Nick und Vera gleichermaßen um Jenny ebenso besorgt waren wie er.

»Sandras Arzt aus dem Dorf, dessen Frau mit Migräne zu Hause geblieben war. Natürlich Charles Colborne und ein gewisser Dr. Clifford Elliott, der seine Praxis als Allgemein-Arzt aufgegeben hatte, um Direktor des Krankenhauses St. Luke's zu werden. Obwohl er bei diesem Anlaß nicht geladen war, nenne ich jetzt noch Martin Weatherby, den Herausgeber der Regionalzeitung, denn auch er wohnt in Madingley und ist ein enger Freund von Lisa und Dominic... wie auch der Linwoods, wie ich einer Bemerkung von Charles Colborne entnommen habe.«

»Jetzt kann ich dir wirklich nicht mehr folgen«, warf Sir Nicholas ein. »Du gehst also davon aus, daß jeder dieser Männer in Sandra Linwood verliebt sein könnte... Natürlich weiß ich, welche bizarren Formen Eifersucht annehmen kann, aber aus diesem Grund das Kind der betreffenden Frau zu töten, wäre wohl geradezu abartig zu nennen. Außerdem bleibt die Tatsache bestehen, daß selbst nach Walter Linwoods plötzlichem Tod die verheirateten Männer unter den Verdächtigen...«

»Ich spiele wie gesagt nur mit Möglichkeiten«, wiederholte Antony. »Dr. Garfields Frau kenne ich nicht, aber ich könnte mir durchaus vorstellen, daß Charles Colborne seine bessere Hälfte nur allzu gern los wäre. Allerdings geht es mir längst nicht mehr nur um die Morde an den Kindern«, fügte Antony betont bedächtig hinzu. »Ich habe nämlich immer mehr den Verdacht, daß auch Walter Linwood keines natürlichen Todes gestorben ist.«

Im Zimmer herrschte atemloses Schweigen, bis Sir Nicholas sagte: »Mein lieber Junge, hast du dafür irgendwelche ernstzunehmenden Anhaltspunkte?« Und diesmal verhieß der sanfte Ton seiner Stimme entschieden nichts Gutes.

»Jedenfalls keine, die ich beweisen könnte. Es ist schon vorgekommen, ein Mann mit bekannter Herzschwäche, ein Medikament, das die Symptome eines Infarktes vortäuscht, ein Totenschein, der nach bestem Wissen und Gewissen ausgefüllt wurde...«

»Da er völlig unerwartet gestorben ist, müßte es doch eine Gerichtsverhandlung zur Feststellung der Todesursache gegeben haben.«

»Nein, das glaube ich nicht. Lisa hätte es mir bestimmt gesagt, und es wäre sicher auch an jenem Abend in der Dorfkneipe zur Sprache gekommen. Walter Linwood war offenbar in Behandlung bei Dr. Garfield, und der war wohl völlig arglos.«

»Es sei denn, *er* ist unser Mörder«, warf Vera ein.

»Wenn er es aus Liebe zu Sandra getan haben sollte, stünde Mrs. Garfield seinem Glück noch im Weg«, wies Antony sie darauf hin.

»Dasselbe gilt für unseren anderen verdächtigen Ehemann... was bedeutet, daß wir über kurz oder lang mit einem weiteren ›natürlichen Todesfall‹ rechnen müssen«, erklärte Sir Nicholas sarkastisch, obwohl er nicht mehr ganz verbergen konnte, daß sein Interesse allmählich geweckt war. »Du hast vier Herren erwähnt, die es auf Mrs. Linwood abgesehen haben könnten. Drei davon waren bei jenem

Abendessen anwesend. Sollte Gift verabreicht worden sein? Wie hast du dir das eigentlich vorgestellt?«

»Ich hatte noch keine Zeit, meine Kenntnisse aufzufrischen, aber ich habe mich mal mit Digitalis beschäftigt. Bei einem herzkranken Menschen jedenfalls könnte man eine Digitalisvergiftung durchaus für einen natürlichen Herztod halten. Allerdings habe ich mich mit diesem Aspekt des Falles noch gar nicht befaßt. Es ist ja auch möglich, daß der vierte Mann im Bunde Walter während des Tages besucht und ihm unbeobachtet das Gift verabreicht hat. Natürlich möchte ich mich nicht auf die Digitalis-Theorie versteifen, aber sie hat doch gewisse Vorzüge.«

»Nehmen wir also mal an, daß diese wilden Spekulationen wenigstens einen gewissen Wahrheitsgehalt haben, dann halte ich es doch für wahrscheinlicher, daß der Täter unter jenen drei Herren zu suchen ist, die bei der abendlichen Dinnerparty anwesend waren«, warf Sir Nicholas ein. »Und da zwei davon Mediziner sind, die sowohl über die Kenntnisse als auch über die Möglichkeit verfügen, die nötige Substanz zu besorgen...«

»Das muß nicht sein, Onkel Nick«, wehrte Antony ab. »Digitalis läßt sich genausogut aus der Fingerhut-Pflanze gewinnen. Insofern dürfen wir wohl keinen der Herren ausschließen.«

»Gut, akzeptiert.« Sir Nicholas mochte es nicht besonders, wenn er unterbrochen wurde. »Gehen wir noch einen Schritt weiter. Wir haben vier Männer, zwei Junggesellen...«

»Witwer, Onkel Nick«, verbesserte Maitland ihn erneut.

»Zwei alleinstehende Männer also«, korrigierte Sir Nicholas sich. »Und zwei verheiratete Männer, deren Frauen, wie du angedeutet hast, nicht unsterblich sind. Falls also einer dieser Herren den Wunsch haben sollte, Walter Linwoods Witwe zu ehelichen, kannst du mir dann erklären, weshalb derjenige alles daran setzen sollte, seine Zukünftige völlig mittellos zu machen?«

»Vielleicht mag er keine Kinder«, mutmaßte Antony. Diskussionen mit seinem Onkel hatten neben der stimulierenden Wirkung auf den Intellekt noch den unseligen Nebeneffekt, ihn zu sträflicher Unbekümmertheit zu verleiten. Sir Nicholas jedenfalls schnaubte verächtlich, und sein Neffe fügte hastig hinzu: »Natürlich gibt das keinen Sinn, da hast du recht. Trotzdem habe ich das ungute Gefühl...«

»Vielleicht ist der Herzinfarkt wirklich ein Mord gewesen, aber das Motiv stimmt nicht«, warf Vera ein. »Was spricht eigentlich gegen Sandra als Täterin? Möglicherweise hat sie Walter nicht aus Liebe geheiratet oder später entdeckt, daß sie ihn nicht liebt. An den Fall mit dem Fingerhutgift erinnere ich mich auch noch. Und sie kann es ebensogut gewesen sein wie alle anderen. Wäre es nicht logisch, einen Abend zu wählen, an dem sie Gäste hatten... für den Fall, daß jemand Verdacht schöpft?«

»Leider hat diese Theorie eben auch einen Haken«, seufzte Maitland. »Nach allem, was ich von der Dame gehört habe, ist sie den angenehmen Dingen des Lebens durchaus zugetan, und das Dorf ist der einhelligen Ansicht, daß sie deshalb auch Walter Linwood geheiratet hat. Selbst wenn sie also zum Mord am eigenen Kind fähig gewesen wäre, ist es doch wohl unwahrscheinlich, daß sie sich damit absichtlich um ihre finanziellen Mittel hat bringen wollen.«

»Damit wären wir wieder bei Oliver«, konstatierte Vera. »Ich weiß, die Vorstellung, daß es zwei Täter gibt, gefällt dir nicht, Antony. Aber immerhin hätte er derjenige sein können, der die beiden Morde in Chedcombe begangen hat, um seine Spur zu verwischen.«

»Die Theorie von zwei Mördern leuchtet mir wirklich nicht ein«, beharrte Maitland eigensinnig.

Vera rutschte unruhig auf ihrem Stuhl hin und her. »Wenn du mich fragst, dann kann ich dir nur raten, die Theorie bezüglich Walter Linwood zu vergessen und dich auf die tatsächlich passierten Morde zu konzentrieren.«

»Da hast du natürlich vollkommen recht«, gab Maitland kleinlaut zu. Er drehte sich um, nahm sein Glas vom Kaminsims und prostete damit jedem einzelnen der kleinen Runde zu. »Wenn es keine Fragen mehr gibt, dann würde ich jetzt gern essen. Ich habe Hunger.«

Sir Nicholas musterte ihn mißtrauisch. Jenny stand auf und ging zur Tür. In diesem Moment sagte Vera in ihrer barschen Art: »Ich glaube, das war alles. Du brauchst Lisa übrigens nicht anzurufen, um ihr die beruhigende Nachricht mitzuteilen. Ich kann das mindestens ebenso überzeugend wie du.«

5

Schon bei Antonys Rückkehr war allen Beteiligten klar gewesen, daß er müde sein und seine Schulter, wie so oft nach anstrengenden Tagen, mehr als üblich schmerzen mußte. Sir Nicholas und Vera waren daher stillschweigend überein gekommen, sich früh zurückzuziehen. »Willst du wirklich jetzt schon schlafen gehen, Jenny?« erkundigte sich Maitland, als er, nachdem er die beiden zur Tür gebracht hatte, ins Wohnzimmer zurückkehrte.

»Nur, wenn du es willst«, erwiderte Jenny.

»Ich dachte nur... du bist viel mit ihnen zusammen gewesen, nicht wahr? Vielleicht kannst du mir einiges erklären. Irgend etwas scheint sich hier während meiner Abwesenheit geändert zu haben.«

Jenny, die Gläser auf ein Tablett gestellt hatte, drehte sich um, setzte sich wieder auf die Couch und klopfte mit der flachen Hand auf den Platz neben sich, antwortete jedoch nicht direkt auf Antonys Frage. »Wie meinst du das?« fragte sie statt dessen.

»Die beiden wollten doch, daß ich nach Chedcombe fahre, weil sich Lisa und auch Dominic wegen ihres Freundes Oliver Linwood große Sorgen machen«, begann Maitland leise und nachdenklich. »Damit hatten sie mehr als recht – und das nicht ohne Grund. Der Köder – wenn ich das so bezeichnen darf – war für mich ein Unschuldiger, der drauf und dran war, für ein Verbrechen verurteilt zu werden, das er nicht begangen hatte.«

»Sie kennen dich eben sehr gut, weißt du«, bemerkte Jenny.

»Ja, Liebes. Mittlerweile sieht es allerdings so aus, als wolle Vera den Fall unbedingt geklärt haben – ohne Rücksicht auf Personen – und vor allem noch vor Lisas Niederkunft, damit meine junge Kollegin keine Angst um ihr Baby haben muß. Du hast ja erlebt, wie sie auf meine diesbezüglichen Ausführungen reagiert hat. Natürlich möchte sie genausowenig wie ich, daß Oliver für etwas bezahlt, das er nicht zu verantworten hat. Trotzdem begreife ich nicht ganz, weshalb das eine plötzlich wichtiger sein soll als das andere.«

Jenny sagte daraufhin so lange nichts, daß er fürchtete, überhaupt keine Antwort zu bekommen. Schließlich griff sie nach seiner Hand, als könne sie dadurch Kraft schöpfen. »Das kann ich dir schon erklären, Antony«, begann sie. »Vera hat mir erlaubt, dich einzuweihen... das heißt, sie findet es nur fair, daß du Bescheid weißt. Außerdem macht es für sie einiges leichter.«

»Liebes, wovon redest du eigentlich?« fragte Maitland verwirrt.

»Tja, weißt du, Antony... Lisa Traherne ist Veras Tochter.«

»Wie bitte?«

»Lisa Traherne ist Veras Tochter«, wiederholte Jenny geduldig.

»Das habe ich sehr wohl verstanden, ich begreife das alles nur nicht ganz. Weiß es Onkel Nick?« erkundigte er sich besorgt.

»Selbstverständlich. Du kennst Vera. Sie ist grundehrlich und hätte ihn nie geheiratet, ohne es ihm zu sagen.«

»Du meinst also, er hat es erfahren, als er ihr einen Antrag gemacht hat?«

»Wenn du damit sagen willst, daß es dann für ihn ein bißchen spät gewesen wäre, einen Rückzieher zu machen, ohne lächerlich zu wirken, hast du zwar recht... aber dann schätzt du Vera völlig falsch ein«, entgegnete Jenny, die wie immer seine Gedanken erraten hatte. »Jede Frau ahnt, wann ein Mann ihr einen Antrag machen wird. Von mir möchte ich das zumindest behaupten. Vera hat es ihm an jenem Vormittag gesagt, an dem sie zusammen das Konzert in der griechisch-orthodoxen Kirche besucht haben.«

»Wie passend«, bemerkte Antony trocken. »Aber... ausgerechnet Vera!«

»Auch Vera ist mal jung gewesen«, sagte Jenny in beinahe zurechtweisendem Ton. »Allerdings war sie wohl kein ausgesprochen junges Mädchen mehr, als Lisa geboren wurde. Und eigentlich hatte sie keine Veranlassung, uns alles zu erzählen, aber sie findet, daß sie dir das schuldig ist, weil du dich so bemühst, zu helfen.«

Maitland hatte sich inzwischen vom ersten Schock erholt. »Wenigstens eines erklärt das«, murmelte er. »Ich hatte immer das Gefühl, Lisa irgendwoher zu kennen. Weiß sie eigentlich Bescheid?«

»Nein, natürlich nicht. Vermutlich ist es das beste, ich erzähle dir alles der Reihe nach«, seufzte Jenny.

»Das habe ich befürchtet«, bemerkte Antony lächelnd.

»Bitte, wenn es dich nicht interessiert...« entgegnete Jenny, lenkte jedoch sofort ein, als sie seinen Blick auffing. »Du weißt doch, daß Vera einen Bruder hatte, der vor Dünkirchen gefallen ist.«

»Ja, das hast *du* mir gesagt«, präzisierte Antony.

»Das spielt jetzt keine Rolle. Dieser Bruder hatte einen guten Freund, der Briefkontakt mit Vera hatte. Sehen konnten sich die beiden nicht, denn Fronturlaub bekam man damals nicht, so daß er erst nach Kriegsende wieder in Chedcombe auftauchte. Wie ich Vera verstanden hatte, hatte er seinem Freund versprochen, der Schwester eine persönliche Nachricht zu überbringen... na, jedenfalls ergab eines das andere. Sie trennten sich freundschaftlich, und als Vera merkte, daß sie schwanger war, hat sie das für sich behalten. Von einer Heirat war zwischen ihnen nie die Rede gewesen, außerdem scheint er etliche Jahre jünger gewesen zu sein. Sie hat ihr Kind heimlich und an einem anderen Ort zur Welt gebracht und es zur Adoption freigegeben. Und wie es der glückliche Zufall wollte, adoptierten ein Anwalt aus Chedcombe und seine Frau, die Vera auch noch gut kannte, Lisa. Ich schätze, das ist einer jener verblüffenden Zufälle, die du nicht magst. Vera hat Lisa also nie aus den Augen verloren, konnte sich sogar mit den Jahren mit ihr anfreunden. Weiß Lisa eigentlich, daß die Williams' nicht ihre richtigen Eltern sind?«

»Ja, aber ich glaube, darüber hat sie sich nie Gedanken gemacht. Sie ist inzwischen sogar als Partner in die Kanzlei von Ralph Williams eingetreten.«

»Und sie war nie neugierig darauf, zu erfahren...«

»Wer ihre leibliche Mutter ist? Soweit ich das beurteilen kann, überhaupt nicht. Und ich kann mir nicht vorstellen, daß das gut wäre. Aber Vera ist eine wunderbare Frau. Sie würde nie etwas tun, um die glückliche Beziehung zwischen Lisa und ihren Adoptiveltern zu stören. Allerdings verstehe ich, daß sie um das Wohl ihres Enkelkindes besorgt ist.«

»In dieser Beziehung hast du sie doch beruhigen können«, sagte Jenny. »Du brauchst Lisa nicht mal anzurufen und ihr deine Theorie zu erklären. Das wollte Vera ja übernehmen.«

»Ich weiß... Liebes, ich fürchte, ich muß noch einmal nach Chedcombe, das heißt, wenn ich vor den Sommerferien überhaupt Zeit dazu habe.«

»Du hast einen Verdacht«, stellte Jenny beinahe vorwurfsvoll fest.

»Zumindest einen ersten Schimmer. Du verstehst sicher, Jenny – Liebes, daß ich darüber noch nicht sprechen möchte. Und wenn du einen Sündenbock suchst, dann halte dich an Onkel Nick«, fügte er lächelnd hinzu. »Die Diskussionen mit ihm sind stets stimulierend. Außerdem fahre ich nur, wenn das passiert, was ich befürchte, und Henrietta verhaftet wird«, schloß er beinahe kleinlaut.

»Ich begreife ja, daß du dir ihretwegen Sorgen machst, aber weshalb dieser Eifer? Bei Oliver Linwood...«

»Oliver Linwood würde es auch nicht zur Verzweiflung treiben, wenn er die zwei oder drei Monate bis zur Prozeßführung im Gefängnis bleiben muß.«

»Aber du magst ihn doch auch«, warf Jenny ein, bevor er fortfahren konnte.

»Natürlich, Liebes, und dir würde es nicht anders gehen. Aber ich muß zugeben, daß ich einen Menschen wie ihn noch nie gekannt habe. Und obwohl ich kaum glaube, daß er sich im Gefängnis wohl fühlt, ist er doch mit wenig zufrieden und findet sich sogar damit ab, keine Bewegungsfreiheit zu haben. Für Henrietta wäre das eine absolute Katastrophe.«

»Dann mußt du selbstverständlich fahren.«

»Ich gebe zu, daß ich die Sache lieber vor Gericht regeln würde«, fuhr er fort, als habe sie nichts gesagt. »Aber selbst wenn ich versuche, eine vorzeitige Entscheidung herbeizuführen, kann es dazu noch durchaus kommen.«

»Antony, was hast du vor?«

»Nichts, weshalb du dir Sorgen zu machen brauchst. Es bedarf nur einiger am richtigen Ort gestellter Fragen, um meinen Anfangsverdacht zu bestätigen.« Er lächelte erneut und zog sie an sich. »Und wenn ich mich überzeugen kann, dann gelingt es mir wahrscheinlich auch bei Camden«, fügte er hinzu.

»Dieser Camden scheint ein schrecklicher Sturkopf zu sein«, seufzte Jenny skeptisch.

»In dieser Beziehung stehen wir uns in nichts nach. Liebes, du hast wirklich keinen Grund zur Sorge. Versprich mir, daß du keine Dummheiten machst.«

»Natürlich«, erwiderte Jenny noch immer nicht ganz überzeugt und ersparte ihm die Erinnerung an all jene Gelegenheiten, als er praktisch im Brustton der Überzeugung dasselbe gesagt hatte wie in diesem Augenblick und es doch anders gekommen war.

MITTWOCH 23. Juli

Als Maitland am folgenden Mittwoch von einem Gerichtstermin zurückkam, fand er die Nachricht vor, daß Mrs. Traherne angerufen hatte. Als er zurückrief, erfuhr er vom Büroleiter der Kanzlei, daß Lisa bereits nach Hause gefahren war, jedoch auf dem Weg dorthin noch Einkäufe hatte erledigen wollen. Antony hatte sich bereits umfassend auf den folgenden Tag bei Gericht vorbereitet und beschloß, früher als sonst Schluß zu machen. Falls die Angelegenheit dringend war, würde Lisa sicher erneut anrufen. Wenn nicht, wollte er es noch einmal versuchen.

Da Meg und Roger noch immer in ihrem Landhaus in Grunning's Hole waren, sollten er und Jenny den Abend allein verbringen. Meg, die bei ihren Bewunderern unter dem Theaterpublikum besser unter dem Namen Margaret Hamilton bekannt war, gönnte sich diesmal eine längere Ruhepause als üblich, sehr zur Freude ihres Mannes; und obwohl sie ihr Bestes tat, Rogers Begeisterung für den Segelsport zu teilen, konnte all ihr schauspielerisches Talent die Tatsache vor Antony nicht verbergen, daß sie das Segeln bei schlechtem Wetter haßte. Die anhaltende Schönwetterperiode hatte sie zweifellos veranlaßt, ihren Mann zu überreden, seinem Job an der Börse länger als geplant fernzubleiben.

Am Vorabend hatten Sir Nicholas und Vera getreu den liebgewordenen Gewohnheiten des Hauses bei den Maitlands zu Abend gegessen. Nach Jennys Enthüllungen hatte Antony die leichte Befürchtung, daß zwischen Vera und ihm Verlegenheit aufkommen könne, er stellte jedoch erleichtert fest, daß alles wie früher war: Sir Nicholas wollte wissen, ob er sich weitere Gedanken über den Fall Linwood gemacht habe, und sparte nicht mit beißenden Kommentaren, als er von der Absicht seines Neffen erfuhr, vor den Sommerferien noch einmal nach Chedcombe zu fahren, falls sich seine Befürchtungen bestätigen sollten und Henrietta Vaughan verhaftet wurde. Offenbar hatten Antonys Beteuerungen, Lisas ganz persönliche Ängste seien unbegründet, etwas damit zu tun. Vera hatte sich um das Seelenheil ihrer Tochter, Sir Nicholas um seine Frau gesorgt. Die Dinge waren wieder im Lot, und das Normale wäre gewesen, den Dingen ihren Lauf zu lassen und auf den Prozeß zu warten. »Wenn du vernünftigerweise damit rechnen könntest, in diesem Stadium etwas zu erreichen, dann wäre ich sofort deiner Meinung«, erklärte Sir Nicholas vage. »Aber ich habe im Lauf der Jahre erkannt, daß Vernunft das letzte ist, was man von dir erwarten darf.«

Maitland mußte ihm insgeheim zustimmen, denn er war nie frei von Selbstzweifeln.

Lisas Einkäufe schienen nicht lange gedauert zu haben, denn Antony war kaum zehn Minuten zu Hause, als das Telefon klingelte und er ihre Stimme am anderen Ende der Leitung hörte. Sie klang erregt. »Es ist passiert, was Sie vorausgesagt haben«, begann sie ohne Umschweife. »Henrietta Vaughan ist verhaftet worden.«

»Wann?«

»Heute morgen. Ihre Freundin Minnie hat mich angerufen. Eine vernünftige Person. Ich bin sofort zu ihnen gefahren und habe Henrietta daran gehindert, irgendeine Aussage vor der Polizei zu machen. Was soll ich Ihrer Ansicht nach jetzt tun?«

Maitland hatte darüber bereits eingehend nachgedacht. »Die Verhandlung vor dem Amtsgericht übernehmen Sie«, antwortete er. »Keine Fragen stellen, keine Zeugen aufrufen, nur auf ›Nicht schuldig‹ plädieren. Wenigstens gehen Ihre Rechtsbelehrungen doch dahin...«, plötzlich kamen ihm Zweifel, »...daß sie unschuldig ist, oder?«

»Und ich dachte, Sie seien sich Ihrer Sache völlig sicher!« Ihre Stimme hatte plötzlich beinahe einen amüsierten Unterton.

»Das war ich... bin ich noch.«

»Freut mich zu hören, denn seit ich Henrietta auch persönlich kenne, stimme ich Ihnen zu. Jede Frau in ihrer Situation muß sich miserabel fühlen, aber sie macht auf mich einen vollkommen normalen Eindruck. In einem Punkt allerdings hatten sie unrecht. Sie war fast froh, daß sie endlich verhaftet wurde.«

»Aber sie ist ein so ängstliches, sensibles...«

»Genau, das ist das Problem. Sie hat sich in diesem Haus verschanzt, weil sie Angst davor hatte, sich auf der Straße blicken zu lassen, und ist jedesmal auf ihr Zimmer gerannt, wenn jemand kam. Ich bin später noch einmal dort gewesen und habe mit Minnie gesprochen. Sie hat mir erzählt, daß dieser junge Mann namens Eddie sie noch immer heiraten will, und sie ist sicher, daß Henrietta einwilligt, sobald alles geklärt ist. Dabei wollte sie ihn nicht einmal zu sich lassen.«

»Mein Reden hat also nichts gefruchtet«, seufzte Antony enttäuscht. »Bis zur Verhandlung am Amtsgericht ist dann alles klar, Lisa?«

»Ja, lassen Sie mich nur machen. Aber was dann? Übernehmen Sie die Verteidigung?«

»Wahrscheinlich. Ich habe mir die Sache mit den möglichen Interessenkonflikten überlegt und bin zu dem Schluß gekommen, daß es diese nicht geben wird. Ob Oliver schuldig gesprochen wird oder nicht, hat keinen Einfluß auf Henriettas Verteidigung.«

»Ja, ich verstehe«, antwortete Lisa zögernd. »Aber warum übernehmen sie ihre Verteidigung nicht sofort?«

»Wenn der Prozeß, den ich gerade führe, rechtzeitig beendet wird, dann komme ich morgen abend wieder nach Chedcombe. Und dann möchte ich mit Leuten reden können, die ich als Henriettas Anwalt nicht belästigen dürfte.«

»Sie meinen vermutlich diese Marilyn Parker, die den Ball überhaupt erst ins Rollen gebracht hat, was?«

»Ganz richtig.«

»Ich hatte schon mit dem Gedanken gespielt, die Dame aufzusuchen... natürlich vor Henriettas Verhaftung. Aber dann habe ich es wieder verworfen, weil ich mir nicht vorstellen konnte, daß sie uns nützen kann.«

»So ist es mir damals in Chedcombe auch ergangen, aber jetzt... ich habe da vielleicht eine Idee«, gestand Maitland beinahe entschuldigend. »Es ist allerdings zu früh, um darüber zu sprechen«, fügte er hastig hinzu. »Jedenfalls gibt es doch eine Chance, daß diese Marilyn Parker mir helfen kann.«

»Na, gut. Ich habe übrigens inzwischen mit den Ärzten in der psychiatrischen Abteilung des Krankenhauses gesprochen und war sogar in der Psychiatrischen Anstalt unseres Bezirks. In letzter Zeit scheint jedoch nirgends ein Patient mit Neigungen entlassen worden zu sein, die... nun die eventuell zu dem geführt haben könnten, was passiert ist.«

»Überhaupt niemand? Das ist ungewöhnlich.«

»Es gab offenbar vor einigen Monaten einen Fall, der nicht ohne Folgen geblieben ist. Eine Patientin, die ihren schon erwachsenen Sohn umgebracht hatte, war entlassen worden und hatte umgehend ihren Mann getötet. Seither sind natürlich alle besonders vorsichtig.«

»Hm. Und bei der Fürsorge?«

»Da konnte man mir auch nicht helfen. Natürlich gibt es auch bei uns die üblichen Fälle von Kindesmißhandlung, und einige Kinder waren auch in Heimen untergebracht worden. Doch alle betreffenden Eltern wohnen nicht mehr in der Gegend.«

»Aha.«

»Ich habe übrigens noch etwas getan«, sagte Lisa etwas ängstlich. »Ich habe mit Dr. Garfield gesprochen.«

»Tatsächlich? Braves Mädchen!«

»Eigentlich ist das Veras Idee gewesen. Wir hatten gestern telefoniert. Außerdem ist er unser Hausarzt, wenn wir ihn auch bis zu meiner Schwangerschaft kaum konsultiert haben. Jedenfalls habe ich eine meiner Vorsorgeuntersuchungen dazu benutzt, ihn ein bißchen über Walter Linwood auszuhorchen.«

»Und? Hat er mit Ihnen über Walters Tod gesprochen? Ich meine jetzt nicht als Mediziner, sondern als Gast, der an jenem Abend in Linwood House gewesen ist.«

»Ja, aber es war nicht gerade aufregend, was er zu erzählen hatte. Er hat nur bestätigt, was Sie schon von Dr. Elliott und dieser schrecklichen Mrs. Colborne erfahren haben. Walter muß sich sehr auf sein Kind gefreut und gehofft haben, daß es ein Junge würde, weil ihm der Besitz und der Name der Familie viel bedeutet haben. Allerdings war er der Ansicht, daß man es notfalls eben noch mal versuchen sollte. Der Ärmste! Ein Glück, daß er nie erfahren hat, was passiert ist. Obwohl er nichts dergleichen offen ausgesprochen hat, scheint Dr. Garfield den Verdacht zu haben, daß diese Vorfreude möglicherweise den Infarkt ausgelöst hat. Trotzdem verstehe ich noch immer nicht, weshalb Sie sich so für diesen Abend interessieren.«

»Das besprechen wir, wenn ich in Chedcombe bin«, vertröstete Antony sie. »Falls ich morgen von hier wegkomme, rufe ich Sie vom Bahnhof aus an oder lasse Ihnen von meinem Bürovorstand Bescheid geben.«

»Sie wohnen selbstverständlich bei uns.«

»Nein, Lisa... obwohl ich das gern täte. Unter den gegebenen Umständen könnte das nur Anlaß zu Mißverständnissen geben... vielleicht sogar als eine Art Eingeständnis meinerseits interpretiert werden, daß ich von vornherein die Absicht hatte, Henriettas Verteidigung zu übernehmen. Sie brauchen mich also nicht abzuholen. Ich wohne wieder im Hotel George und komme dann, sagen wir, gegen halb zehn Uhr am darauffolgenden Vormittag zu Ihnen in die Kanzlei.«

»Also gut. Dann sehen wir uns mit ein bißchen Glück am Freitag. Übrigens... eines habe ich bei meinem Gespräch mit Dr. Garfield doch herausbekommen«, fügte sie zögernd hinzu.

»Aha. Und was?«

»Er hat es nur angedeutet, denn natürlich konnten wir nicht offen über Olivers Fall sprechen, da Dr. Garfield als erster am Tatort gewesen ist und das tote Baby untersucht hat und damit als Zeuge für die Anklagebehörde aussagen wird. Trotzdem bin ich ziemlich sicher, daß er Oliver für unschuldig hält. Eigentlich kann das kaum überraschen, denn er kennt Oliver seit einer Ewigkeit und war mit seiner Mutter als der Witwe eines seiner Vorgänger gut bekannt. Ich dachte, es interessiert Sie, daß er sich bestimmt nicht negativ über Oliver äußern wird.«

»Das ist tröstlich.«

»Ich wünschte, Sie würden mir sagen...«

»In Chedcombe, Lisa«, entgegnete Antony energisch und legte auf.

»Was meinst du, Liebes? Ob ich verrückt bin?« fragte er und wandte sich langsam vom Telefon ab. »Bitte sag mir ehrlich deine Meinung. Allmählich habe ich Angst davor, meine Theorien noch einmal auseinandersetzen zu müssen, wenn ich nach Chedcombe komme.«

»Natürlich bist du's nicht«, versicherte Jenny. »Trotzdem«, fügte sie nachdenklich hinzu, »kann ich nicht recht begreifen, inwiefern dich die Annahme, einer dieser Herren oder irgendein Fremder, von dem wir noch keine Ahnung haben, wollte Walter Linwood wegen Sandra aus dem Weg schaffen, bei der Aufklärung des Mordes an dem Baby weiterbringen sollte. Ich finde, eine reiche Witwe, oder wenigstens eine, die bis zur Volljährigkeit ihres Sohnes das Verfügungsrecht über ein stattliches Vermögen besitzt, ist einer mittellosen Witwe doch vorzuziehen. Du hast zwar im Spaß gesagt, daß der Täter vielleicht keine Kinder mag, aber wenn man über genügend Geld verfügt, braucht man sich um seine Nachkommenschaft, auch im Kleinkindalter, kaum zu kümmern. Und danach...«

»Jenny, Liebes, jetzt wirst du wieder so schrecklich logisch«, seufzte Maitland. »Heute ist das einfach zuviel für mich.«

»Komm setz dich zu mir, trink deinen Sherry, und wir sprechen nicht mehr davon«, versprach Jenny. »Aber sag mir bitte nicht, du hättest nicht längst irgendeine weithergeholte Theorie, ich würde dir nämlich nicht glauben.«

FREITAG 25. Juli

1

Am Donnerstag lief alles glatt oder, besser gesagt, ganz nach Maitlands Wünschen. Antony beauftragte daher seinen Büroleiter Willett, Lisa anzurufen und ihr zu sagen, daß er noch am selben Abend in Chedcombe eintreffen würde. Nicht, daß er keine Zeit gefunden hätte, diesen Anruf selbst zu machen, doch er wollte auf diese Weise Fragen aus dem Weg gehen, die er lieber in einem persönlichen Gespräch beantwortete. Am Freitagmorgen frühstückte er gemütlich im Hotel und ging dann zur Kanzlei »Williams & Traherne, Anwälte und Notare«, wo er pünktlich um halb zehn Uhr eintraf. Lisa mußte ihn bereits gespannt erwartet haben, denn sie bat ihn Sekunden, nachdem er sich im Wartezimmer niedergelassen hatte, in ihr Büro.

»Ich habe mir die ganze Zeit den Kopf zerbrochen«, begann sie, als sie ihn in ihr Büro führte und die Tür schloß. »Warum hat Vera mir geraten, mit Dr. Garfield zu sprechen, und weshalb sind Sie so froh darüber gewesen, daß ich es getan habe?«

»Das ist eine lange Geschichte«, erwiderte Maitland. Das stimmte zwar nicht, denn in ein paar Worten wäre alles gesagt gewesen, aber er hatte Angst, daß die Erklärungen, die folgen mußten, zu kompliziert werden würden. »Bevor wir darüber reden, möchte ich gern wissen, was die Polizei jetzt veranlaßt hat, Henrietta zu verhaften.«

»Die Polizei hat zwei Zeugen, zwei Frauen, die sie an dem Tag, an dem das Swift-Baby entführt wurde, im Supermarkt gesehen haben wollen. Das Problem ist nur, daß sich Henrietta nicht mehr erinnern kann, ob sie dort gewesen ist. Zum Glück weiß das die Polizei natürlich nicht. Und dann ist da noch der Arzt, der sie von ihrem Baby entbunden und der ihr später mitgeteilt hat, daß es tot war. Ich habe keine Ahnung, was er unter diesen Umständen von Henrietta erwartet hat. Eigentlich soll er sehr mitfühlend gewesen sein… Es ist mir egal, wie lang Ihre Geschichte ist«, stieß Lisa unvermittelt hervor. »Erzählen Sie sie mir endlich.«

»Ich stelle mir seit ein paar Tagen die Frage, ob nicht auch Walter Linwood ermordet worden ist«, bekannte er ohne Umschweife.

»Aber es gab nie einen Zweifel... Dr. Garfield hat ihn regelmäßig untersucht, und obwohl er nie mit einem so plötzlichen Tod gerechnet hatte, mußte keine gerichtliche Feststellung der Todesursache veranlaßt werden. Das weiß ich nicht von Dr. Garfield, sondern von den Leuten im Dorf.«

»Hat Dr. Garfield zufällig gesagt, wann Walter den Herzanfall hatte?«

»In den frühen Morgenstunden nach diesem Abendessen, aber auch diese Information stammt nicht von Dr. Garfield. Das hat man sich im Dorf erzählt. Sandra hat es ihrer Haushälterin gesagt, und die hat sich Hilda anvertraut, und Hilda wiederum hat es mit jemand anderem... vermutlich mit ihrem Freund... besprochen, und danach wußte es dann das ganze Dorf. Sie wissen ja, wie gierig die Leute auf medizinische Details sind. Ich nehme daher an, daß es stimmt.«

»Nur der Zeitpunkt, an dem die Beschwerden begannen?«

»O nein! Die ganzen schrecklichen Einzelheiten. Sandra hat allem Anschein nach schlecht geschlafen, hat ihn stöhnen gehört, und als sie das Licht angeknipst hat, um ihn zu fragen, was er hat... klagte er über Schmerzen in der Brust. Als er sich aufsetzte, war ihm auch schwindelig. Sandra hat versucht, seinen Puls zu messen, aber der schien ganz normal zu sein. Jedenfalls hat sie sofort den Arzt angerufen, und als er kam, sagte er ihr, daß sich Walters Zustand bereits besorgniserregend verschlimmert hatte. Dr. Garfield ist dann in die Diele hinuntergelaufen, um einen Krankenwagen zu rufen, und als er ins Schlafzimmer zurückkam, war Walters Herzschlag schnell und unregelmäßig geworden. Er starb, noch bevor der Krankenwagen eintraf.«

»Es gibt einen Pflanzenextrakt, den man als Medikament bei Herzkrankheiten gibt, der jedoch, in einer Überdosis eingenommen, genau diese Symptome hervorrufen kann.« Antony hatte sich am Vorabend noch einmal mit der einschlägigen Literatur befaßt.

»Das beweist aber noch nicht, daß ein solches Mittel auch verabreicht wurde«, entgegnete Lisa. »Verstehen Sie nicht, wenn wir jetzt behaupten, daß Walter ermordet worden ist, dann fällt alles wie ein Bumerang auf Oliver zurück.«

»Genau das hat Onkel Nick auch gesagt, aber es muß nicht so sein.« Widerwillig begann er ihr, wie am Sonntag zuvor der Familie, seinen Standpunkt zu erklären, und stellte fest, daß Lisa wie erwartet sofort all jene Einwände vorbrachte, die auch Onkel Nick, Vera und Jenny gehabt hatten.

»Das hilft uns meines Erachtens überhaupt nicht weiter«, wiederholte sie, als das Thema erschöpft schien.

»Ich stimme Ihnen da durchaus zu. Trotzdem sollten wir es damit versuchen. Ich weiß, Sie haben gesagt, Henrietta sei ihrem Schicksal gegenüber reichlich gleichgültig, aber das sind wohl die Auswirkungen der selbstauferlegten Abgeschiedenheit, in der sie die vergangenen Wochen verbracht hat. Glauben Sie, daß ihr die drei bis vier Monate Gefängnis bis zur Verhandlung gefallen werden?«

»Nein, und ich wünsche auch Oliver nicht, daß er das durchmachen muß. Ich glaube nur nicht, daß ein Mord an Walter – falls es wirklich ein Verbrechen war – die Verteidigung im einen oder anderen Fall erleichtern würde.«

»Es sei denn... Ich fürchte, daß Sie recht haben könnten, Lisa, aber ich will es trotzdem versuchen.« Er hielt inne, als ihm plötzlich ein Gedanke kam. »Sie haben doch wohl nicht den Verdacht, daß ich versuche, Henrietta auf Olivers Kosten freizubekommen, oder?«

»Nein, natürlich nicht«, entgegnete Lisa empört. »Ich weiß inzwischen, daß Sie es hassen, wenn die Leute von Ihnen als dem ›bekannten Anwalt‹ reden, obwohl Sie das hier in der Gegend nun mal sind, aber ich habe genug über Sie gehört, um sicher sein zu können, daß Sie absolut vertrauenswürdig sind.«

»Das ist fast noch schlimmer«, seufzte Maitland traurig. »Sie können mir insofern vertrauen, als ich nie versuchen würde, Sie zu hintergehen... aber ob ich das erwünschte Ergebnis erziele – das steht auf einem anderen Blatt.«

»Mir genügt das«, erklärte Lisa. »Bei Marilyn Parker wollen Sie mich ja nicht dabei haben, aber kann ich denn nicht sonst was tun?«

»Im Augenblick nicht. Falls der Zeitpunkt allerdings kommen sollte, erneut mit Chefinspektor Camden zu sprechen, möchte ich Sie bitten, mich zu begleiten. Ein gemütliches Kaffeekränzchen wird das allerdings nicht. Wenn Sie sich also lieber raushalten wollen, kann ich das durchaus verstehen.«

»Ich komme natürlich mit. Falls Sie jedoch nur vorhaben, ihm dasselbe zu erzählen wir mir, weiß ich nicht, was das nützen soll.«

»Nein, nein ... da brauchen wir schon ein bißchen mehr Beweise. Würden Sie mich nach Madingley fahren, wenn ich nach meinem Besuch bei Marilyn Parker hierher zurückkomme? Wir könnten im Saracen's Head zu Mittag essen, und mit etwas Glück treffen wir Dr. Garfield ja zu Hause an.«

»Falls Sie ihm gegenüber andeuten wollen, daß er einen falschen Totenschein ausgestellt hat, wird er sich über Ihren Besuch kaum freuen«, bemerkte Lisa.

»Das ist vermutlich die Untertreibung des Jahres«, stellte Antony lächelnd fest. »Aber ich gehe davon aus, daß in diesem Fall jeder Arzt in demselben guten Glauben gehandelt hätte ... vorausgesetzt, mein Verdacht stimmt, und vielleicht kann ich ihm das ja verständlich machen.« Plötzlich fiel ihm etwas ein. »Walter Linwood ist doch nicht eingeäschert worden, oder?«

»Nein, das stand überhaupt nicht zur Debatte. Die Linwoods haben eine große Gruft auf dem Friedhof von Madingley. Und dort ist er auch bestattet worden.«

»Ausgezeichnet.«

»Inwiefern? Eine Exhumierung könnten wir aufgrund dieser dürftigen Verdachtsmomente doch sowieso nicht beantragen.«

»Wirklich nicht? Als ich Ihnen vorhin zum ersten Mal von meinem Verdacht erzählt habe, war ihre erste Reaktion die, daß im Fall einer Ermordung Walters sich die Lage Olivers noch verschlechtere. Heute morgen ist mir der Gedanke gekommen, daß Camden, wenn wir es nur richtig anfangen, selbst eine Exhumierung beantragen wird. Ich fürchte, wir müssen zu diesem Zweck zu unfeinen Tricks greifen und etwas schauspielern, aber da würden Sie doch mitmachen, oder?«

»Sicher ... auch wenn ich keinen Sinn darin sehe. Ich habe keine Ahnung, wie es bei Ihnen ist, Antony, aber mir kommt es so vor, als gingen wir sehenden Auges in unser Unglück.«

»Kopf hoch, Lisa. Wenn es denn sein muß, erleiden wir gemeinsam Schiffbruch.«

»Na gut.« Das klang nicht, als fände sie diese Aussicht besonders reizvoll. »Soll ich Sie zu Miß Parker fahren?«

»Nein, danke. Natürlich wäre es mir lieber, als ein Taxi zu nehmen, aber vorerst sollten wir wenigstens nach außen hin unsere Zusammenarbeit auf die Verteidigung von Oliver Linwood beschränken.«

»In Ordnung. Dann versuche ich noch einige Dinge aufzuarbeiten, bis Sie zurück sind. Sie wissen ja, daß Marilyn Parker neben Henrietta und Minnie wohnt.«

»Ja, ich habe mir die Adresse irgendwo notiert«, antwortete Antony und zog zufrieden eines seiner unvermeidlichen Briefkuverts aus der Tasche. »Würden Sie mir jetzt bitte ein Taxi bestellen?«

2

Mrs. Marilyn Parker – Maitland erfuhr nie den Vornamen oder den Beruf ihres Mannes, war jedoch froh, daß er an diesem Vormittag an seiner Arbeitsstelle war – erledigte ganz offenbar ihre Hausarbeit, als er bei ihr ankam. Er hörte das Summen des Staubsaugers und mußte zweimal den Türklopfer betätigen, bevor sie den Apparat abstellte. Als sie die Tür öffnete, traf Maitland ein erstaunter Blick, der beinahe abweisend wurde, als sie an ihm vorbei zu dem Taxi hinuntersah, das am Straßenrand wartete. Auch ihre ersten Worte waren alles andere als ermutigend. »Wer sind Sie, und was wollen Sie?« fragte sie.

»Mein Name ist Maitland...«, begann Antony, er wurde jedoch sofort unterbrochen.

»Ach, der sind Sie!« Und es folgte die unvermeidliche Floskel: »Ich habe schon von Ihnen gehört. Aber ich möchte lieber nicht mit Ihnen sprechen.«

»Vielleicht darf ich Ihnen erst mal mein Anliegen erklären«, begann Antony und machte einen Schritt vorwärts. Dabei bedauerte er plötzlich, nicht Roger an seiner Seite zu haben, der in diesen Dingen wesentlich geschickter war. Gemeinsam hatten sie sich schon bei den unangenehmsten Leuten Zutritt verschafft. »Ich bin der Anwalt von Oliver Linwood und habe Grund zur Annahme, daß Sie mir Informationen geben können, die die Verteidigung meines Mandanten erleichtern hilft.«

»Sie sind also nicht *ihr* Anwalt?« Ihr Kopf schnellte in Richtung des Nachbarhauses, so daß Maitland sofort daraus schloß, daß Henrietta Vaughan gemeint war.

»Nein.« Das wenigstens war die Wahrheit. »Aber natürlich besteht die Möglichkeit, daß ich die Geschworenen davon überzeugen kann, daß beide Fälle zusammenhängen.«

»Sie meinen, Sie wollen mit allen Tricks versuchen, sie dahin zu kriegen, im Zweifel für den Angeklagten zu entscheiden, was?« Maitland hätte das vielleicht nicht so drastisch ausgedrückt, doch im Grunde mußte er ihr recht geben. Es dauerte nur noch einen Augenblick, bis sie auffällig zögernd von der Tür zurücktrat. Ob das nun gespielt war, vermochte Antony nicht zu entscheiden. »Kommen Sie in Gottes Namen rein«, forderte sie ihn barsch auf.

Marilyn Parker war eine durchaus hübsche junge Frau, obwohl sie für Maitlands Geschmack, und vielleicht wegen seiner Sympathien für Henrietta Vaughan, etwas zu ordinär wirkte. Sie war sauber und für ihre häuslichen Pflichten angemessen gekleidet, und Ordnung und Sauberkeit herrschten auch in ihrer Umgebung vor, wie Maitland feststellte, als sie ihn ins Wohnzimmer führte, das in Größe und Form genau dem von Minnie glich, ansonsten jedoch unterschiedlicher nicht hätte sein können. Die Möbel waren neu, und mit Ausnahme einer Vase mit Blumen auf dem Ecktisch war der Raum völlig schmucklos. Der Staubsauger, so dachte Maitland insgeheim, konnte kaum ausschließlich für diesen sterilen Eindruck verantwortlich gemacht werden.

»Bitte entschuldigen Sie die Unordnung«, bemerkte Marilyn unnötigerweise und rückte die Stühle zurecht. »Ich habe es fürs Wochenende immer gern hübsch.«

Dazu gab es nicht viel zu sagen, doch Maitland brachte lobendes Gemurmel zustande. »Tut mir leid, daß ich Sie störe«, fügte er hinzu. »Ich halte Sie bestimmt nicht lange auf.«

»Das würde ich Ihnen auch nicht raten. Schließlich tickt draußen der Taxometer in ihrem Taxi«, erinnerte sie Maitland, der jedoch einen gewissen bewundernden Unterton in ihrer Stimme zu entdekken glaubte. »Wenn Sie schon mal da sind, dann setzen Sie sich ruhig. Also, was wollen Sie wissen?«

»Mich interessiert, in welcher Verfassung Miß Vaughan war, als sie nach der Entbindung aus dem Krankenhaus nach Hause gekommen ist. Soviel ich gehört habe, sind Sie mit ihr befreundet.«

»Wir kennen uns«, verbesserte Marilyn Parker ihn. »Wenn man so dicht zusammenwohnt, ist das kaum vermeidbar.« Sie hielt einen Augenblick inne und musterte ihn abschätzend. »Wissen Sie eigentlich, daß man sie verhaftet hat?« fragte sie dann.

»In der Morgenzeitung stand eine kurze Notiz darüber«, erwiderte Antony erneut wahrheitsgemäß und doch irreführend.

»Ich dachte, da Sie doch aus London kommen...«

»Ich bin seit gestern abend hier.« Marilyn Parker schien auf weitere Erklärungen zu warten, doch Maitland war entschlossen, so wenig wie möglich zu sagen. »Glauben Sie, Sie können mir helfen?«

»Was Henriettas Verfassung betrifft?« entgegnete sie nachdenklich. »Sobald sie zu Hause war, bin ich natürlich bei ihr gewesen, und Minnie hatte auch noch die Stirn, mir zu sagen, ich solle sie nicht aufregen. Man konnte glauben, Henrietta sei die erste Frau, die je ihr Kind verloren hat... Sie war ganz eindeutig völlig gebrochen. Vermutlich spielte dabei auch eine Rolle, daß das Kind keinen Vater hatte und sie einfach im Stich gelassen worden war. Keine tolle Situation für ein junges Mädchen, und wenn sie diesen Eddie heiratet, kann es wohl kaum eine weiße Hochzeit geben. Aber im Augenblick ist sie nicht in der Situation, überhaupt ans Heiraten zu denken, was?«

»Kaum.« Maitland verkniff sich rechtzeitig das ›leider‹, das ihm auf der Zunge lag. Jetzt kam der schwierigste Teil der Unterredung, und er wollte auf keinen Fall etwas Falsches sagen. »Ich habe gehört, daß Sie diejenige gewesen sind, die der Polizei den Hinweis gegeben hat, daß Henrietta Vaughans psychische Verfassung möglicherweise der Schlüssel zur Lösung der beiden Verbrechen sein könnte, die hier in der Nähe passiert sind«, formulierte er vorsichtig.

»Das war nur meine Bürgerpflicht«, erwiderte Marilyn würdevoll.

»Sicher war es das, wenn Sie einen Verdacht hatten. Nur wann ist Ihnen dieser Gedanke zum ersten Mal gekommen?«

»Natürlich nicht gleich. So was traut man doch niemandem zu, den man kennt, oder? Aber als ich dann diesen Brief gekriegt habe...«

»Welchen Brief?«

Marilyn Parker konnte es wie Sir Nicholas nicht ausstehen, unterbrochen zu werden, und wohl schon gar nicht in so barschem Ton. »Bitte lassen Sie mich ausreden, wenn's recht ist. Es war einfach ein Brief, mit Schreibmaschine geschrieben, ohne Unterschrift, und darin stand: ›Wenn Sie nichts gegen die Verrückte im Nebenhaus unternehmen, wer kann dann noch für die Sicherheit Ihres Kindes garantieren, wenn es erst auf der Welt ist?‹ Und weiter: ›Die Polizei sollte verständigt werden. Sprechen Sie mit Dr. Elliott am Krankenhaus St. Luke's, wenn Sie Zweifel haben.‹«

»Ich wußte nicht, daß Sie einem freudigen Ereignis entgegensehen, sonst hätte ich Ihnen selbstverständlich gratuliert«, bemerkte Antony mühsam höflich.

»Man sieht es eben noch nicht, oder? Es ist ja auch erst im Januar soweit.«

»Wollen Sie denn im St. Luke's entbinden?«

»Ja, natürlich. Es hat die beste Entbindungsstation weit und breit. Ich bin selbst dort geboren.«

»Muß man sich denn dort lange vorher anmelden?«

»Ja, das ist ratsam. Es finden dort auch Kurse für Schwangere und zukünftige Väter statt, und die besuchen wir.«

»Ich verstehe. Sie haben also diesen Brief bekommen und sich Gedanken gemacht.«

»Selbstverständlich. Schließlich war da nebenan Henrietta, die völlig verändert wirkte, und dann wurden die beiden Babys entführt und ermordet. Aber ich wollte nicht sofort zur Polizei gehen, deshalb habe ich getan, was der anonyme Briefschreiber vorschlug: Ich habe mit Dr. Elliott gesprochen.«

»Kannten Sie Dr. Elliott?«

»Als wir uns für den Kurs eintrugen, ist er dagewesen und hat ein paar einführende Worte gesagt. Außerdem weiß ich noch, daß meine Mutter, als ich noch ein kleines Mädchen war, mit mir zu der Kirche gegangen ist, in der er geheiratet hat, um das Brautpaar anzusehen. Es war eine pompöse Hochzeit... Sie ist schließlich eine reiche Erbin gewesen. Meine Mutter war damals sehr erschüttert, als die junge Frau gar nicht lange danach gestorben ist.«

»Waren Sie denn über den Vorschlag überrascht, sich an Dr. Elliott zu wenden?«

»Eigentlich nicht. Er hat ja damals abends so nett gesprochen, wissen Sie. Und ich dachte, daß vielleicht eine andere Kursteilnehmerin diesen Verdacht gegen Henrietta hatte, aber nicht in die Sache verwickelt werden wollte. Erst als ich ernsthaft darüber nachgedacht habe, ist mir klargeworden, daß ich das nicht einfach ignorieren durfte.«

»Und konnte Dr. Elliott Ihnen helfen?«

»Also... er war natürlich nicht begeistert, und hatte eine Menge über Leute zu sagen, die anonyme Briefe schreiben. An Henrietta konnte er sich gar nicht erinnern – schließlich kennt er nicht alle Patienten seiner Klinik –, aber er hat dann in ihrer Krankengeschichte nachgeschaut und mich gefragt, in welcher psychischen Verfassung sie meines Erachtens sei. Schließlich meinte er dann auch, daß ich zur Polizei gehen solle, was ich sofort getan habe. Und ich bin heute froh darüber. Sie werden sie sicher nicht ins Gefängnis, sondern in eine Anstalt schicken, in der sie behandelt wird. Trotzdem habe ich es mit der Angst zu tun bekommen, als das ganze Gerede anfing... Das war gleich, nachdem die Polizei sie zum ersten Mal hier verhört hat.«

»Und wann genau ist das gewesen?«

»Ich habe den Brief erhalten, mit dem Doktor geredet und anschließend an einem Freitag mit der Polizei... das weiß ich noch, weil ich hier meinen Wochenendputz liegen und stehen gelassen hatte. Es muß der 4. Juli gewesen sein. Die Polizei hat sich dann offenbar etwas Zeit gelassen, denn sie ist erst am folgenden Tag hier aufgekreuzt.«

»Und Sie haben jetzt keinen Zweifel mehr, was mit diesen beiden Babys passiert ist, Mrs. Parker?«

»Nein, überhaupt keinen mehr. Obwohl ich nicht glaube, daß sie nach Madingley gefahren ist und dieses dritte Kind umgebracht hat. In dem Zustand, in dem sie war, wäre der Aufwand für sie einfach zu groß gewesen. Ich begreife also nicht, wie meine Aussage diesem Linwood helfen kann.«

Maitland widersprach nicht. »Na, wir haben's jedenfalls versucht«, bemerkte er lächelnd. Marilyn Parker war ihm inzwischen etwas sympathischer geworden, obwohl er nicht verstehen konnte, weshalb sie, die Henrietta kannte, ihr so etwas überhaupt zutraute. »Ich will Sie jetzt nicht länger aufhalten, Mrs. Parker. Trotzdem vielen Dank, daß Sie sich für mich Zeit genommen haben.«

Damit ging er zum Taxi zurück. Diesmal war es ein anderer Taxichauffeur als in der letzten Woche, und er war weder so freundlich noch so willig wie sein Kollege. Allerdings war auch Maitland nicht in mitteilsamer Stimmung. Der anonyme Brief war sicher im Besitz der Polizei, doch was Camden betraf, hatte er ihn in die richtige Richtung gelenkt, und das war das, was zählte.

Lisa erwartete ihn bereits und ging mit ihm sofort zu ihrem Wagen. Sie schien jedoch seine Stimmung richtig zu deuten, denn sie belästigte ihn nicht mit Fragen, während sie nach Madingley hinausfuhren. Und selbst beim deftigen Mittagessen im »Saracen's Head« war sie ungewöhnlich schweigsam. Erst als sie sich später vor Dr. Garfields Haus trennten, gab sie ihre selbstauferlegte Zurückhaltung auf. »Ich fahre jetzt nicht in die Kanzlei zurück. Freitagnachmittag lohnt sich das nicht. Sie können also gleich zu uns kommen, wenn Sie hier fertig sind.«

»Und Sie fahren mich dann zu Chefinspektor Camden... vorausgesetzt natürlich, wir erreichen ihn, ja?«

Lisa lächelte ein wenig boshaft. »Wenn Sie das unter einem gemütlichen Freitagnachmittag verstehen, dann ist es mir natürlich ein Vergnügen«, erwiderte sie.

3

Wenn Maitland das nicht sowieso längst getan hätte, hätte er Mrs. Garfield sofort von seiner Liste der Verdächtigen gestrichen, sobald er ihr persönlich gegenüberstand. Sie war eine mollige, freundliche Dame, von jenem Typ, dem materielle Dinge nicht allzuviel bedeuten. »Sie haben Glück, Mr. Maitland«, erwiderte sie, nachdem Maitland sich vorgestellt hatte. »Bob ist draußen im Garten. Und es steht keine Geburt oder ein Todesfall unmittelbar bevor. Sie können sich also vermutlich ausgiebig mit ihm unterhalten.« Damit führte sie ihn durchs Haus in den Garten, der größer, als er erwartet hatte, und liebevoll gepflegt war, obwohl der Landarzt gerade in einer alten Hose und einem Hemd mit kurzen Ärmeln mit einer gefährlich aussehenden Spraydose in seinem Rosenbeet wütete.

Dr. Garfield war etwas kleiner als seine Frau, aber dafür wesentlich schlanker, und als er Antony zu den Gartenstühlen im Schatten führte und seinen Hut abnahm, wurde offensichtlich, weshalb er sich auf diese Weise gegen die Sonne geschützt hatte, denn er war völlig kahlköpfig. »Merkwürdig, Doktor, Sie scheinen überhaupt nicht überrascht zu sein, daß ich zu Ihnen komme«, gestand Maitland und setzte sich.

»Eines sollten Sie sich merken, Mr. Maitland«, begann Dr. Garfield. »In einer rein ländlichen Gegend wie dieser gibt es keine Geheimnisse.«

»Das weiß ich durchaus, aber...«

»Als Lisa Traherne mit ihren sehr ungewöhnlichen Fragen zu mir gekommen ist, war es für mich offengestanden nur eine Frage der Zeit, bis Sie auftauchen würden.«

Bei Dr. Garfield war es offenbar zwecklos, lange um den heißen

Brei herumzureden. »Dann haben Sie also längst erraten, was mich bewegt?«

»Sie fragen sich natürlich, ob Walter Linwood nicht wie sein Sohn ermordet worden sein könnte«, entgegnete Dr. Garfield prompt und gelassen. »Ich bin zwar ziemlich sicher, daß Sie sich täuschen, aber ich an Ihrer Stelle hätte bestimmt auch meine Zweifel gehabt.«

»Ich versuche Ihnen jetzt keine Fragen zu stellen, deren Antworten Sie in Gewissenskonflikte stürzen könnten, aber könnten Sie mir vielleicht etwas über den letzten Abend vor Walter Linwoods Tod erzählen?«

»Das habe ich doch schon Lisa gesagt.«

»Richtig. Trotzdem... ich will offen mit Ihnen sein, Doktor.« Maitland machte eine Pause und fuhr dann mit düsterer Miene fort: »Falls jemand das zu *mir* sagen würde, wäre ich sofort mißtrauisch.«

»Ich bin durchaus bereit, Ihnen zu vertrauen«, erwiderte Dr. Garfield.«

»Danke. Gleich zu Anfang möchte ich Ihnen versichern, daß, selbst wenn mein Verdacht stimmt, ich an Ihrer Stelle auch keinen Grund gesehen hätte, den Totenschein nicht zu unterschreiben. Vermutlich ist von mir als Laie eine solche Aussage überheblich, aber ich möchte nicht, daß Sie mich für jemanden halten, der anderen am Zeug flicken will.«

»Ich schätze, meinem guten Ruf in dieser Gegend kann so schnell niemand etwas anhaben«, erklärte Dr. Garfield zufrieden. »Was haben Sie denn nun konkret auf dem Herzen, Mr. Maitland?«

»Ich denke da vielleicht an Digitalisvergiftung.«

»Hm, Sie scheinen von der Materie offenbar etwas zu verstehen.«

»Ich hatte lediglich einen Fall, bei dem diese Substanz eine Rolle spielte. Ansonsten bin ich, was die Medizin betrifft, leider ziemlich ungebildet. Aber angenommen, Digitalis wäre verabreicht worden...«

»Dann hätte es exakt die Symptome hervorgerufen, die Sandra mir bei ihrem ersten Anruf in den frühen Morgenstunden beschrieben hat«, fiel Dr. Garfield Maitland ins Wort. »Und ich darf vielleicht in Vorwegnahme Ihrer nächsten Frage hinzufügen, daß kein Medikament, das ich Walter Linwood je verschrieben habe, Digitalis enthielt oder eine ähnlich verheerende Wirkung in einer erhöhten Dosis hätte haben können.«

»Dessen bin ich sicher. Und das bedeutet doch wenigstens, daß wir, falls man Spuren von Digitalis finden sollte, beweisen können...«

»Jetzt sind Sie mir etwas zu schnell, Mr. Maitland. Was haben Sie eigentlich vor?«

»Haben Sie das nicht längst erraten, Dr. Garfield? Sie haben für meine Begriffe eine sehr rasche Auffassungsgabe.«

»Nun, Sie scheinen es auf eine Exhumierung der Leiche abgesehen zu haben. Glauben Sie, daß der Richter einem diesbezüglichen Antrag zustimmen würde?«

»Wenn die Polizei mich dabei unterstützt und Sie Hilfestellung leisten, indem sie nicht darauf beharren, daß Walter Linwood eines natürlichen Todes gestorben ist, dann vielleicht schon.«

»Das würde ich vielleicht tun.« Dr. Garfield musterte sein Gegenüber lange und eingehend. »Na gut, Mr. Maitland. Mir ist klar, daß Ihre Beweggründe ehrlicher Natur sind, und insofern helfe ich gern. Aber zuerst müssen Sie mir zwei Fragen beantworten. Inwiefern würde es Oliver helfen, wenn sie beweisen könnten, daß sein Vetter ermordet worden ist? Und wie wollen Sie Chefinspektor Camden davon überzeugen, daß dieser Verdacht begründet ist?«

Antony sah Dr. Garfield lächelnd an. »Ich habe eine sehr gute Ausrede, den ersten Teil Ihrer Frage nicht zu beantworten«, entgegnete er. »Sie betrifft nämlich direkt die Angelegenheit meines Mandanten, und Sie sind in diesem Prozeß der Zeuge der Anklage. Aber solange noch nicht bewiesen ist, daß Walter Linwood ermordet worden ist, gibt es keinen Grund, weshalb wir nicht nach Herzenslust darüber diskutieren sollten.«

»Das ist schon eine ziemlich ungewöhnliche Argumentation«, bemerkte der Arzt amüsiert. »Bleibt also noch meine zweite Frage.«

»Sie meinen also meinen alten Freund Inspektor Camden? Sie haben den Nagel auf den Kopf getroffen, als sie sagten, der Beweis, daß Walter ermordet wurde, würde Oliver in keiner Weise helfen. Oberflächlich betrachtet ist es richtig. Wenn es mir also gelingt, Camden davon zu überzeugen, daß mir die Folgen überhaupt nicht klar sind, dann ist er vielleicht geneigt, mich in diesem Punkt zu unterstützen... meinen Sie nicht auch? Sollte ich mich getäuscht haben, nun, dann würde ich ziemlich dumm dastehen, und das würde ihm überhaupt nichts ausmachen. Falls ich allerdings recht habe, bekommen die Verdachtsmomente gegen meinen Mandanten noch größeres Gewicht.«

»Aber Sie glauben nicht daran?«

»Zu Ihnen gesagt, Doktor, sehe ich nur eine Chance, Olivers Unschuld zu beweisen, nämlich indem ich eines anderen Schuld beweise. Ich habe schon erklärt, weshalb wir uns darüber nicht unterhalten sollten, aber eines Tages will ich es gern tun. Das verspreche ich Ihnen. Denn Sie sind mir gegenüber offener und großzügiger gewesen, als ich hoffen durfte.«

Dr. Garfield machte eine wegwerfende Handbewegung. »Kann ich Ihnen sonst irgendwie helfen?«

»Eine Frage noch. Falls ich mit meinem Verdacht recht habe, wann müßte die tödliche Dosis eigentlich verabreicht worden sein?«

»Ohne eine Obduktion läßt sich das nicht exakt sagen. Es hängt auch davon ab, wieviel Nahrung der Betreffende zu sich genommen hat. Obwohl der Tod bei so etwas wie beim normalen Herzversagen sehr schnell eintritt, kann es durchaus länger dauern, bis der Körper auf Gift reagiert. Bis wir also mehr wissen, sollten wir von einer Zeitspanne ausgehen, die sagen wir... um neun Uhr des Vorabends beginnt.« Er hielt erneut inne und musterte Antony prüfend. »Ich muß gestehen, Mr. Maitland, daß sie ein beunruhigender Diskussionspartner sind.«

»Das tut mir leid.«

»Um Ihnen eine weitere Frage zu ersparen, sage ich Ihnen lieber gleich, daß ich im Verlauf jenes Abends weder etwas gesehen noch gehört habe, das den Verdacht zulassen würde, daß irgend etwas nicht in Ordnung gewesen ist. Rückblickend kann ich mich an nichts erinnern, das Ihre Theorie rechtfertigen würde, aber mir ist klar, daß es Ihnen ernst damit ist, und schon deshalb werde ich Ihnen bei ihren Bemühungen keine Hindernisse in den Weg legen. Trotzdem hoffe ich, daß Sie unrecht haben, denn ich kann mir beim besten Willen nicht denken, wer außer Oliver einen Vorteil davon haben könnte, daß Walter und sein Sohn tot sind... Und Oliver ist meiner Ansicht nach zu so etwas nicht fähig.«

»Bleiben Sie bei dieser Einschätzung, und halten Sie mir die Daumen, wenn ich mit Camden rede.« Antony stand auf. »Ich muß gestehen, daß ich mich auf diese Unterredung nicht gerade freue«, seufzte er, als der Arzt ihn durch den Garten zur vorderen Gartentür begleitete. »Aber man muß eben im Leben so seine Erfahrungen machen. Wenigstens hat Lisa Traherne versprochen, mir beizustehen.«

4

Maitland ging zum Haus der Trahernes zurück, wo Dominic noch in Arbeitskleidung gerade mit seiner Frau beim Tee saß. »Camden?« fragte Lisa mit prüfendem Blick und stand wortlos auf, als Antony nickte. Dominic schenkte Maitland Tee ein, ohne weiter in ihn zu dringen, und letzterer hatte kaum den ersten Schluck getrunken, als Lisa wieder zurückkam.

»Er hat Zeit für uns und bittet, daß wir sofort zu ihm kommen«, verkündete sie. »Ich mußte ihn erst überzeugen, daß wir mit diesem Gespräch die juristischen Spielregeln nicht verletzen, und habe die zerstreute Frau gespielt. Das war doch in Ihrem Sinn, oder? Jedenfalls denkt er jetzt vermutlich, daß wir der Verzweiflung nahe sind.«

Sind wir das denn nicht? hätte Antony am liebsten gekontert, hielt sich jedoch zurück, um Lisas Gefühle nicht zu verletzen. Während ihn sein Gespräch mit Marilyn Parker zum großen Teil von der Richtigkeit seiner Theorie überzeugt hatte, hatte ihm die Unterhaltung mit Dr. Garfield, so angenehm sie auch gewesen sein mochte, doch klargemacht, welch schwierigen Weg er eingeschlagen hatte. »Lisa, alles, was wir erreichen wollen, ist Camdens Unterstützung bei unserem Antrag auf Exhumierung der Leiche von Walter Linwood«, sagte er schließlich laut. »Sie wissen selbst, was jedem einfällt, der hört, Walter Linwood könne ermordet worden sein, aber es ist ganz wesentlich, daß wir den Chefinspektor irgendwie überzeugen, daß wir auf diese augenfällige Schlußfolgerung noch gar nicht gekommen sind. Wenn uns das gelingt, haben wir vielleicht Glück. Meinen Sie, wir können uns als etwas dümmliche, sich an jeden Strohhalm klammernde Anwälte verkaufen?«

»Es muß Ihnen doch eigentlich klarsein, daß jeder in dieser Gegend weiß, wie Sie frühere Fälle gelöst haben«, warf Dominic ein, der interessiert zugehört hatte. »Glauben Sie denn nicht, daß Camden mehr als alle anderen wissen müßte, daß Sie nicht ganz dämlich sind? Ich bin überzeugt, daß Lisa, wenn sie will, die zerstreute Anwältin perfekt spielen kann... Frauen haben ja immer ein gewisses schauspielerisches Talent...« Lisa zog ihm eine Grimasse. »...aber bei Ihnen bin ich da nicht so sicher.«

»In den meisten Strafanwälten steckt etwas von einem Schauspieler, Dominic«, klärte Antony ihn auf. »Und wenn ich entschlossen genug bin, bin ich sogar ganz gut.« Das allerdings war eine Untertreibung. »Und vergessen Sie nicht, Dominic, Camden wird uns nur allzugern die Komödie abnehmen – aus den eben genannten Gründen –, und damit haben wir praktisch schon halb gewonnen. Wir müssen es also versuchen.«

»Ich hole den Wagen«, sagte Lisa. Ohne den Blick ein einziges Mal von der Fahrbahn zu wenden, fuhr sie ihn schließlich sicher und pausenlos redend nach Chedcombe, wo ihm fast der Kopf schwirrte.

»Ich glaube, ich überlasse Ihnen am besten das Reden«, bemerkte er schließlich erschöpft, als sie den Wagen auf dem Parkplatz des Polizeipräsidiums abstellte.

»Gut. Was soll ich sagen?«

»Daß Dr. Garfield zugibt, daß nach den Symptomen zu urteilen Walter Linwood sehr gut eine tödliche Dosis eines Digitalis-Präparats eingenommen haben könnte. Schaffen Sie das?«

»Ich denke schon.«

»Außerdem hat Walter nach Dr. Garfields Angaben nie ein Medikament verschrieben bekommen, das Digitalis enthält. Falls diese Substanz also in der Leiche gefunden werden sollte, kann man fast sicher davon ausgehen, daß sie ihm heimlich verabreicht worden ist. Und zwar von jemandem, der von seinem Herzleiden wußte. Was den Zeitpunkt betrifft, an dem dies geschehen ist, legen Sie sich am besten gar nicht fest, denn Dr. Garfield hat behauptet, der könne erst durch eine Obduktion festgestellt werden. Versuchen Sie vor Camden so zu tun, als sei ich jemand, der hinter jedem Busch einen Mörder vermutet. Nur um eines bitte ich Sie! Lassen Sie sich keinen Moment anmerken, daß Sie sich durchaus bewußt sind, daß, falls Walters Tod sozusagen der erste Schritt zum Mord an seinem Kind war, dies die Anklage gegen Oliver nur noch erhärtet.«

»Ja«, murmelte Lisa skeptisch. »Das schaffe ich schon. Aber Sie helfen mir doch, wenn ich nicht mehr weiter wissen sollte, oder?«

»Sie können sich auf mich verlassen«, versprach Maitland. »Ich bringe die Kugel schon ins Rollen. Sobald es mir gelingt, seine alte Antipathie gegen mich wieder zu entfachen, läßt er sich bestimmt noch leichter dazu verleiten, etwas zu tun, das sich so offensichtlich zu meinem Nachteil auswirken kann.«

Sie stiegen aus dem Auto. »Warum mag er Sie eigentlich nicht?« fragte Lisa, als sie den Wagen abgeschlossen hatte.

»Er haßt es, wenn ihm die Leute ins Handwerk pfuschen«, antwortete Antony. »Und ich kann ihm das eigentlich nicht übelnehmen«, fügte er nachdenklich hinzu. »Trotzdem dürfen wir es nicht zulassen, daß er wahllos unschuldige Leute verhaftet.«

Lisa und Antony kehrten kaum eine Stunde später nach Madingley zurück und fanden dort Dominic gebadet und umgezogen in der Küche stehend vor, wo er lustlos den Eintopf betrachtete, den Mrs. Biggins zubereitet hatte. »Wenn die gute Frau nur ein bißchen mehr Phantasie hätte«, bemerkte er melancholisch und drehte sich dann um, um die Heimkehrer zu begrüßen.

»Ich bin eigentlich nur mitgekommen, weil wir hier ungestört miteinander reden können«, gestand Antony. »Aber was halten Sie von der Idee, wenn wir anschließend in Chedcombe in meinem Hotel zusammen zu Abend essen?«

»Sehr viel«, antwortete Dominic prompt. »Dieses Zeug«, fuhr er mit respektloser Geste auf den Eintopf fort, »wandert bis Montag in die Tiefkühltruhe. Gott sei Dank kochen wir am Wochenende immer selbst. Allerdings begreife ich nicht, warum Sie nicht bei uns übernachten, wenn man uns zusammen essen sehen kann.«

»Da gibt es einen kleinen Unterschied. Und das sind Sie, Dominic«, klärte Maitland ihn ganz nach der Manier von Sir Nicholas auf. »Ihre Anwesenheit wird der Angelegenheit einen soliden Anstrich geben. Sowieso ist ein gemeinsames Essen in einem Restaurant wesentlich weniger kompromittierend als eine Übernachtung in Ihrem Haus.«

»Gut, dann trinken wir erst mal was«, schlug Dominic vor, folgte den anderen ins Wohnzimmer und begann an der Hausbar zu hantieren. »Wieso sind Sie eigentlich plötzlich so zugeknöpft?« fragte er schließlich, ohne sich umzusehen. »Hat Ihnen Inspektor Camden vielleicht einen Strich durch die Rechnung gemacht?«

»Im Gegenteil. Erzählen Sie's ihm, Lisa«, bat Antony und sank in jenen Stuhl, den er zu seiner Lieblingssitzgelegenheit bei den Trahernes auserkoren hatte.

»Wir haben beide eine großartige Vorstellung geboten«, begann Lisa ohne falsche Bescheidenheit. »Du hättest uns erleben müssen, Dominic. Chefinspektor Camden hat uns alles geglaubt.«

»Dabei haben wir durchaus die Wahrheit gesagt... mit Abstrichen versteht sich«, warf Antony ein und nahm dankbar das Glas Sherry von Dominic entgegen, dem er innerlich zu seinem guten Gedächtnis gratulierte.

»Na, jedenfalls ist uns Camden, was den Antrag auf eine Exhumierung betrifft, sofort auf den Leim gegangen. Von seinem Standpunkt aus ist es völlig gleichgültig, ob Walter ermordet worden ist; wenn ja, sieht es für Oliver noch schlechter aus, und wenn nicht, dann ist Antonys Ruf als erfolgreicher Strafverteidiger angekratzt.«

»Der Mann, der nie einen Fall verliert«, murmelte Dominic nachdenklich.

»Ja, diese dumme Phrase ist ausgerechnet in Chedcombe entstanden«, stimmte Antony zu. »Und ich habe schon tausendmal gesagt, daß ich wünschte, sie wäre wahr. Jedenfalls wußte Camden sowieso nicht mehr, wo hinten und vorn ist, nachdem Lisa mit ihm fertig war... mit dem Erfolg, daß er sich lammfromm erboten hat, mit dem Untersuchungsrichter zu sprechen.«

»Also den Ausdruck ›lammfromm‹ kann ich nicht bestätigen«, warf Lisa ein. »Der Mann haßt Sie ja wie die Pest.«

»Das war ja der Zweck der Übung, aber lassen wir das. Wir wissen ja noch nicht, ob der Untersuchungsrichter mitspielt oder wie lange es dauert, bis wir das Resultat haben.«

»Das geht schnell«, versicherte Lisa ihm optimistisch.

»Das klingt, als hätten Sie schon zahllose Exhumierungen hinter sich, Lisa.«

»Nein, ich habe noch nie eine erlebt. Aber ich habe darüber gelesen.«

»Na, hoffen wir das beste. Ich fahre morgen nach London zurück und komme wieder, sobald ich Nachricht von Ihnen erhalte.«

»Es sind bald Gerichtsferien«, erinnerte Lisa ihn.

»Ja, aber Jenny und ich verbringen den Urlaub immer bei einem Freund. Und er versteht es, wenn wir ein paar Tage später kommen.«

»Na gut. Dann behalte ich hier alles im Auge. Aber vorerst... Sie müssen doch zu einem Schluß gekommen sein, Antony. Ich meine, natürlich ist mir klar, daß jemand Walter ermordet haben könnte, um Sandra zu heiraten. Aber das Motiv für die Morde an den Babys...«

»Bitte verzeihen Sie mir, wenn ich bei der simplen Annahme anfange, daß Oliver unschuldig ist«, entgegnete Maitland. »Schließlich haben Sie mir diesen Floh ins Ohr gesetzt.«

»Ich dachte nicht, daß Sie sich Ihrer Sache so sicher sind.«

»Das bin ich auch erst seit heute.«

»Und was hat sie zu der Überzeugung gebracht?«

»Meine Unterhaltung mit Marilyn Parker. Aber darauf komme ich gleich zurück. Sie müssen mir allerdings auch glauben, daß Henrietta die beiden Babys nicht umgebracht hat. Camden wird behaupten, und das ist gar nicht so weit hergeholt, daß der Tod dieser Babys Oliver erst auf die Idee gebracht hat, seinen Vetter umzubringen und Henrietta auch diese Tat in die Schuhe zu schieben. Zwei Kindermörder in der Gegend sind einfach zuviel für meinen Geschmack. Ich bin der Ansicht, daß alle Morde zusammenhängen, und mittlerweile bin ich felsenfest davon überzeugt, daß sich herausstellt, daß auch Walter ermordet worden ist.«

Dominic hatte inzwischen die beiden komplizierteren Drinks gemixt, die Lisa und er bevorzugten, und setzte sich nun ebenfalls. »Ich bin – wie sicher auch Lisa – durchaus bereit, diese zwei Fakten als gegeben hinzunehmen... nämlich, daß Oliver und Henrietta unschuldig sind. Trotzdem müssen Sie uns schon noch eine Menge erklären, wenn wir vor Neugier nicht platzen sollen. Womit fangen wir an?«

»Mit meiner psychischen Verfassung, bevor ich aus London zurückkam«, antwortete Maitland prompt.

»Da sind Sie doch offenbar zu dem Schluß gelangt, daß Walter ermordet worden ist«, erinnerte Dominic ihn.

»Ja, weil ich immer nach einem logischen Grund dafür gesucht habe, daß Sie so felsenfest von Olivers Unschuld überzeugt sind. Und nach einer Weile nahm eine bestimmte Theorie plötzlich Konturen an. Sowenig Sandra Linwood sich auch den Tod ihres Mannes gewünscht haben mag, im Dorf und in ihrem Freundeskreis herrscht die Meinung vor, daß sie nicht lange die untröstliche Witwe bleiben würde. Falls jemand den Wunsch hatte, sie zu heiraten, war der Mord an Walter der logische Schritt, um schnell ans Ziel zu kommen. Wenn wir nun davon ausgehen, muß man annehmen, daß es auch für den Mord am Linwood-Baby ein Motiv gab, und ich bin in diesem Zusammenhang zu der Überzeugung gekommen, daß die beiden anderen Kinder nur sterben mußten, um den Anschein zu erwecken, ein verrückter Mörder treibe sein Unwesen. Ich gebe zu, daß mir das Motiv für den Tod des Linwood-Babys einfach entgangen ist... trotzdem, wenn Oliver unschuldig ist, dann muß es auch eine Erklärung dafür geben. Und falls jetzt einer von Ihnen behauptet, das alles sei reine Spekulation, verabschiede ich mich auf Nimmerwiedersehen aus diesem Landhaus und gehe zu Fuß nach Chedcombe zurück. Meine liebe Familie, besonders mein Onkel, hat mich mit derartigen Äußerungen schon genug traktiert.«

»Sind er und Vera wirklich glücklich miteinander?« fragte Lisa unvermittelt.

»Und ich hatte schon geglaubt, mit Ihnen jene seltene Spezies von Frau gefunden zu haben, die sich nicht für die Privatsphäre anderer Leute interessiert«, seufzte Antony amüsiert. »Ich kann dazu nur sagen, daß ich kaum ein glücklicheres Paar erlebt habe, Anwesende ausgenommen, und abgesehen von der Tatsache, daß ich die beste Frau der Welt habe, wie Vera betonen würde.«

»Gut, wir stimmen wohl alle darin überein, daß das alles völlig logisch ist«, kam Dominic wieder auf den Kern des Themas. »Wie ging es also weiter?«

»Wo waren wir stehengeblieben? Beim Mord an Walter, stimmt's? Als nächstes mußte ich nun herausbekommen, wer es auf Sandra abgesehen haben könnte.«

»Die Theorie, jemand könnte sie gehaßt haben, haben Sie also ganz aufgegeben?« warf Lisa ein. »Jean Colborne...«

»Die Dame ist zwar widerwärtig«, fiel Maitland ihr ins Wort, »aber wohl kaum der Typ, einen so abgefeimten Plan auszuführen. Wir gehen ja noch immer von der Annahme aus, daß alle drei Kinder von derselben Person getötet worden sind. Außerdem gibt es Gründe... darauf komme ich gleich. Und wegen dieser Gründe habe ich beide Blunts von meiner Liste gestrichen. Es ist schrecklich genug, aber ich glaube, den beiden war es völlig gleichgültig, ob das arme Baby tot oder lebendig war. Und falls sie es hätten loswerden wollen, hätten sie das auf wesentlich unkompliziertere Art und Weise tun können.«

»Ja, das garantiere ich euch«, bemerkte Lisa etwas überrascht.

»Damit wären wir bei jenen Männern angelangt, die Sandra gern als Witwe sehen wollten. Jean Colborne jedenfalls war der Meinung, daß ihr Mann zu diesem Kreis gehört, aber Walters Tod hätte ihm nur dann etwas genützt, wenn er auch seine Frau aus dem Weg geschafft hätte, und ich halte ihn für einen Mann, der intelligent genug ist, zu erkennen, daß der plötzliche Tod seiner Gattin sehr verdächtig gewesen wäre. Es hat einige Andeutungen gegeben, daß auch Ihr Freund, Mr. Weatherby, Sandra verehrt hat...«

»Blödsinn!« unterbrach Lisa ihn energisch wie immer, wenn es darum ging, ihre Freunde zu verteidigen.

»Ich bitte um Nachsicht. Dann ist da noch Dr. Clifford Elliott, der am Abend vor Walters Tod in Linwood House zu Abend gegessen hat.«

»Aber er war ein uralter Freund von Walter!« protestierte Lisa.

»Ich glaube kaum, daß das ein Hinderungsgrund gewesen wäre, wenn er sich wirklich in Sandra verliebt hat. Und damit kommen wir zu dem Punkt, von dem ich vorhin gesprochen habe und der meines Erachtens geradewegs auf Elliott hinweist. Marilyn Parker hat mit ihm gesprochen, bevor sie mit ihrem Verdacht gegen Henrietta zur Polizei gegangen ist, wie Sie sich sicher erinnern.«

»Aber unter den gegebenen Umständen hätte er ihr doch kaum einen anderen Rat geben können, als die Polizei einzuschalten.«

»Richtig, Lisa, aber als ich heute morgen bei Mrs. Parker gewesen bin, hat sie etwas gesagt, das den Verdacht, den ich bereits hatte, noch erhärtet hat. Sie hatte einen ganz gemeinen anonymen Brief bekommen, in dem Henrietta denunziert wird. Der anonyme Briefschreiber rät Mrs. Parker darüber hinaus, mit Dr. Elliott zu sprechen, falls sie nicht wisse, was sie tun solle.«

»Was meinen Sie mit ›gemein‹?« fragte Dominic.

»Marilyn Parker erwartet ein Kind... und zwar im Januar wie Lisa. Der Briefschreiber deutet an, es könne ihm dasselbe Schicksal bevorstehen wie den anderen, falls man Henrietta nicht das Handwerk lege.«

»Ich verstehe. Hat sie nach diesem Brief zum ersten Mal an die Möglichkeit gedacht, daß Henrietta die Kinder auf dem Gewissen haben könnte?«

»Ja, den Eindruck hatte ich. Es kam einiges zusammen. Henriettas Menschenscheu, die Tatsache, daß der Vater ihres Kindes sie verlassen hatte, daß das Kind tot geboren wurde... und dann der Brief. Ich wußte übrigens gar nicht, daß es diese Sitte auch hier in der Gegend gibt«, fügte er unvermittelt hinzu.

»Was für eine Sitte?«

»Bisher habe ich nur in Yorkshire davon gehört, aber ich glaube, hier stirbt sie allmählich auch aus. Ein Mädchen, das ›heiraten muß‹, wie man so schön sagt, oder noch schlimmer, das ein uneheliches Kind hat, kann nicht in Weiß heiraten.«

»Ja, stimmt. Das ist hier auch so«, bestätigte Dominic. »Zumindest auf dem Land.«

»In Chedcombe auch«, warf Lisa ein. »Ich habe das immer für

eine Art Aberglauben gehalten.«

»Da können Sie recht haben.« Maitland, der stets auf direktem Weg zum Kern des Themas zurückkehrte, gleichgültig wie weit er auch abgeschweift sein mochte, nahm den Faden wieder auf. »Sie verstehen doch, was das bedeutet, oder? Es bedeutet, daß ganz bewußt der Versuch gemacht worden ist, Henrietta die Morde anzuhängen, und wenn man erst einmal zu dieser Ansicht gelangt ist, liegt der nächste Schritt auf der Hand. Von allen Verdächtigen ist Dr. Chlifford Elliott der einzige, der wußte, daß sie ihr Baby verloren hatte und daß sie das sehr mitgenommen hat. Und vor allem hat er vor Mrs. Parker so getan, als erinnere er sich nicht an Henrietta und müsse erst in den Akten nachsehen. Ein wichtiger Punkt ist auch noch, daß er in der Lage war, ohne Verdacht zu erregen, herauszubekommen, in welcher Familie ein Baby geboren worden war. Und was den Mord an Walter betrifft, so konnte er an jedes gewünschte Gift herankommen und verfügte als Mediziner auch über die nötige Sachkenntnis. Soviel ich mich erinnere, kann man Digitalis auch direkt aus der Fingerhutpflanze gewinnen, aber das dürfte ein umständliches Unterfangen sein. Ich kann mir zum Beispiel Mr. Weatherby kaum vorstellen, wie er über seinen Küchenherd gebeugt versucht, die Substanz zu destillieren.«

»Das ist ja wenigstens beruhigend«, seufzte Lisa. »Mein Gott, ich kann das alles gar nicht fassen. Falls Walter tatsächlich ermordet worden ist, um Sandra zur Witwe zu machen und das arme Baby aus irgendeinem Grund nun im Weg war... Eines verstehe ich nicht. Dem Mörder war es doch gelungen, Walter auszuschalten, ohne den geringsten Verdacht zu erregen, weshalb hat er dann nicht Oliver für den Tod des kleinen Mark verantwortlich zu machen versucht?«

»Weil kein Mensch ahnen konnte, daß Oliver ausgerechnet an jenem Nachmittag in Linwood House aufkreuzen würde. Er hätte schließlich ebensogut im ›Saracen's Head‹ sitzen und ein wasserdichtes Alibi haben können.«

»Ja, das leuchtet ein.« Lisa wirkte sehr nachdenklich. »Glauben Sie denn, daß Dr. Elliott so eifersüchtig ist, daß er es nicht ertragen hätte, Sandra mit dem Kind eines anderen zu teilen?«

»Das wäre durchaus möglich. Allerdings kenne ich Dr. Elliott nicht gut genug, um das definitiv zu beantworten. Aber Marilyn Parker hat mir noch etwas Interessantes erzählt. Als Kind hatte ihre Mutter sie mitgenommen, um zuzusehen, wie der Doktor mit seiner

Braut nach der Trauung die Kirche verließ. Es muß eine sehr pompöse Hochzeit gewesen sein, denn die junge Mrs. Elliott war eine reiche Erbin. Und Marilyns Mutter, die offenbar über die Prominenz gut Bescheid wußte, war ziemlich erschüttert, als die junge Frau ein paar Jahre später gestorben ist.«

»Wollen Sie damit vielleicht sagen, daß sie ebenfalls ermordet worden ist?«

»Nein, nichts dergleichen. Wir haben auch so schon genug Probleme. Ich will damit nur deutlich machen, daß Geld bei Dr. Elliott offenbar keine Rolle spielt. Sandra hätte bis zur Volljährigkeit ihres Sohnes das Verfügungsrecht über das Vermögen gehabt, doch der Doktor wäre bei einer neuen Ehe davon nicht abhängig gewesen.«

»Das wird ja immer schlimmer«, bemerkte Lisa dramatisch. »Trotzdem erklärt das noch nicht...«

»Ich habe natürlich keine Ahnung, wie intensiv Sandras Beziehung zu ihrem Mann war, aber da die beiden erst zwei Jahre Ehe hinter sich hatten, nehme ich an, daß das erste Feuer noch nicht ganz erloschen war. Es sind mehrfach Bemerkungen darüber gefallen, daß sie bald eine neue Ehe eingehen würde, und um ihretwillen hoffe ich, daß das stimmt. Sie ist noch zu jung, um den Rest ihres Lebens allein zu verbringen. Allerdings schienen alle übereinstimmend der Meinung zu sein, daß sie durchaus auch materiell veranlagt sei. Mit anderen Worten, sie handelt nach der Maxime: Man heiratet nicht wegen Geld, sondern man heiratet ein, wo Geld ist.«

»Er wollte also erreichen, daß sie völlig mittellos ist und sich dann ihm zuwendet«, schloß Lisa noch immer ungläubig. »Antony, Sie könnten recht haben. Vera sagt ja, daß Sie ein Gespür für so was besitzen, aber wie in aller Welt wollen Sie die anderen davon überzeugen?«

»Also mir kommt das alles sehr logisch vor«, meldete Dominic sich zu Wort. »Ich kenne Sandra zwar nicht gut, aber doch schon eine lange Zeit. Wenn sie finanziell unabhängig wäre, wäre der Doktor ihr vielleicht zu alt. Immerhin muß er mindestens acht oder neun Jahre älter als Walter sein. Erst in dem Fall, daß Oliver das Vermögen erbt, hätte die Möglichkeit bestanden, daß sie sich nach einem Ehepartner umsieht, der ihr ein sorgenfreies Leben bieten kann.«

»Trotzdem... Dr. Elliott hat sich doch von Olivers Unschuld überzeugt gezeigt«, warf Lisa ein. »Angenommen Sie haben mit alledem recht, Antony, angenommen die Exhumierung und Obduktion von Walters Leiche findet statt und erbringt den Beweis, daß Walter ermordet worden ist, was wollen Sie dann unternehmen?«

»Ich werde Camden klarmachen, daß seine Anklage gegen Henrietta Vaughan in sich zusammengefallen ist wie ein Kartenhaus, ohne ihm dabei zu sagen, was ich wirklich weiß. Oliver... ich glaube, Oliver hält es einen Sommer lang im Gefängnis aus, ohne verrückt zu werden. Er macht mir den Eindruck eines sehr ausgeglichenen Menschen. Und sobald der Prozeß eröffnet wird... Nun, ich kann nur sagen, warten wir's ab. Ich rede noch einmal mit Dera Mohamad und vielleicht auch mit einer der Krankenschwestern auf ihrer Station. Und sollte ich dabei erfahren, daß sich Dr. Elliott ungewöhnlich intensiv für die Geschehnisse auf der Entbindungsstation interessiert hat... Versprechen kann ich allerdings nichts.«

»Nein, natürlich nicht. Ich weiß, daß sie ihr Bestes tun werden«, sagte Lisa und sah überrascht, wie Maitlands Miene sich plötzlich verdüsterte. »Vielmehr, wir tun unser Bestes«, ergänzte sie hastig.

»Heißt das, daß Sie mich unterstützen werden?«

»Voll und ganz!« erklärte Lisa eifrig. Und fügte naiverweise einen Satz hinzu, den Maitland ebenfalls nicht ausstehen konnte: »Wenn jemand Oliver helfen kann... wir vertrauen Ihnen.«

Das Abendessen im Hotel George verlief in angenehmer und entspannter Atmosphäre. Über juristische Dinge wurde nicht mehr geredet. Es war jedoch kaum verwunderlich, daß Antony anschließend eine unruhige Nacht verbrachte.

SAMSTAG 26. Juli

Auf die günstigste Zugverbindung nach London mußte Maitland bis zum frühen Nachmittag warten. Er trank daher eine Tasse Tee auf seinem Zimmer und las die Regionalzeitung, bevor er spät zum Frühstück in den Speisesaal hinunterging, wo er sich ausgiebig Zeit für seine Mahlzeit ließ. Am Vorabend bereits hatte er Jenny telefonisch von seiner Rückkehr am Abend benachrichtigt, und erwartete daher, bei seinem Eintreffen die ganze Familie im Haus am Kempenfeldt Square versammelt zu finden.

Erfahrungsgemäß hätte Antony allerdings wissen müssen, daß es meistens anders kommt, als man denkt. Er hatte gerade den Bückling gegessen, sich eine zweite Tasse Kaffee eingeschenkt und griff nach dem Schälchen mit Marmelade, als er plötzlich merkte, daß jemand neben ihm stand. Er sah auf, und sein Blick fiel auf eine zierliche mittelgroße Frau in einem grauen Chiffonkleid, das für einen Sommermorgen in einer ländlichen Kleinstadt etwas zu elegant wirkte. Ihr blondes Haar war so sorgfältig frisiert, daß es aussah, als käme sie geradewegs vom Friseur. Auf den ersten Blick fiel ihm auf, daß sie überdurchschnittlich hübsch war, doch es dauerte eine Weile, bis er begriff, daß sie ausgesprochen wütend zu sein schien.

»Der Ober hat behauptet, Sie seien der Mann, der unseren Vetter verteidigt«, begann sie grußlos.

Antony erhob sich langsam. »Ich nehme an, daß er Ihnen auch gesagt hat, daß ich Maitland heiße«, erwiderte er. »Ich bin tatsächlich Oliver Linwoods Strafverteidiger. Darf ich aus Ihrer Bemerkung annehmen, daß Sie Sandra Linwood sind?« fragte er umständlich.

»Selbstverständlich, wer sonst?«

»Dann möchte ich Ihnen mein aufrichtiges Beileid zum Tod Ihres Mannes und Ihres Kindes aussprechen. Ich hätte das längst bei einem persönlichen Kondolenzbesuch getan, wenn es die juristischen Spielregeln nicht verböten, mit Personen zu sprechen, die im Prozeß gegen meinen Mandanten als Zeugen der Anklage auftreten.« Maitland versuchte mühsam, die Situation zu retten, denn Sandra Linwood sah aus, als würde sie jeden Augenblick vor Wut explodieren. »Vermutlich ist Ihnen das nicht klar, aber wir sollten uns eigentlich nicht unterhalten.«

»Ich habe nicht vor, mit Ihnen über Oliver zu sprechen, wenn Sie das meinen.«

»Dann setzen Sie sich doch bitte. Ich lasse frischen Kaffee kommen.« Der Ober stand bereits abwartend hinter Sandra und horchte offenbar auf jedes Wort, das gesprochen wurde. Maitland fing seinen Blick auf, deutete auf die Kaffeekanne und hoffte, daß das genügte, um den unliebsamen Zuhörer für eine Weile loszuwerden. Dann rückte er einen Stuhl zurecht. »Auf diese Weise können Sie mir in Ruhe erzählen, was Sie auf dem Herzen haben.«

»Ich denke, das wissen Sie recht gut.« Sandra Linwood starrte ihn einen Augenblick wütend an und setzte sich dann widerwillig. »Es ist natürlich wegen dieser ungeheuerlichen Sache mit meinem Mann.«

»Chefinspektor Camden ist also bei Ihnen gewesen.«

»Er hat mich ordnungsgemäß davon unterrichtet, was passieren wird, und mir außerdem gesagt, daß das ganze Ihre Idee gewesen ist. Ich glaube keinen Augenblick, daß Walter ermordet worden ist... und ich lasse diese Exhumierung auch nicht zu!«

»Wie Sie sehr richtig bemerkten, war es die Pflicht des Chefinspektors, Sie zu unterrichten«, erwiderte Antony. »Ich verstehe natürlich, daß allein die Vorstellung von dem, was wir vorhaben, schrecklich für Sie sein muß. Die Entscheidung allerdings liegt beim Untersuchungsrichter. Ich kann jetzt nichts mehr tun.«

»Wenn selbst die Polizei dafür ist... Ich begreife das alles nicht mehr. Chefinspektor Camden schien das Ganze für eine gute Idee zu halten. Offenbar steht er auf dem Standpunkt, daß für den Fall, daß sich Ihr Verdacht bestätigt, Olivers Schuld praktisch erwiesen ist.«

In diesem Moment kehrte der Ober mit einer sauberen Tasse und einer Kanne mit frischem Kaffee an Maitlands Tisch zurück. Antony schenkte Sandra Linwood ein, doch sobald der Ober verschwunden war, nahm er das Gespräch wieder auf. »Wäre das denn nicht in Ihrem Sinn?« fragte er und wagte sich damit gefährlich weit auf verbotenes Gebiet vor.

»Ich weiß es einfach nicht. Ich bin unsicher geworden.« Zum ersten Mal wirkte sie nicht mehr wütend, sondern aufrichtig bekümmert. »Oliver ist ein merkwürdiger Mensch. Ich verstehe ihn nicht. Walter stand immer auf dem Standpunkt: leben und leben lassen, und meinte, er solle nach seiner Fasson glücklich werden. Die Vorstellung, er könne der Schuldige sein, macht mich überhaupt nicht froh, obwohl ich zuerst keine andere Lösung wußte. Aber Cliff behauptet, ganz offensichtlich sei dieses Mädchen aus Chedcombe für alles verantwortlich, das auch die anderen Babys umgebracht hat.«

Glücklicherweise hatte sich bis zu diesem Zeitpunkt der Speisesaal weitgehend geleert, und der Ober hielt sich außer Hörweite an der Tür auf. »Sie meinen Clifford Elliott?« fragte Maitland, obwohl er die Antwort bereits kannte.

»Natürlich. Ich habe ihn angerufen und ihm gesagt, was Chefinspektor Camden vorhat... und daß... und daß... Ich finde das so schrecklich. Cliff wird auch gleich hier sein, um mich zu unterstützen.«

»Dr. Elliott weiß ebenso gut wie ich, daß die Entscheidung jetzt allein beim Untersuchungsrichter liegt«, bemerkte Antony. »Natürlich handeln die Behörden lieber mit Ihrer Einwilligung...«

»Ich begreife nicht, warum Sie das unbedingt für nötig halten... besonders, da es doch Oliver offenbar nur schaden kann. Dabei sind Sie sein Verteidiger! Ich habe genug über Sie gehört, um zu wissen, daß Sie nicht dumm sind, trotzdem scheint der Chefinspektor der Ansicht zu sein, Ihnen sei diese Konsequenz nicht klar.«

»Ich fühle mich nur dem Gericht verpflichtet«, entgegnete Antony. »Und die Wahrheitsfindung liegt in den Händen des Gerichts.« Kaum hatte er diese Worte ausgesprochen, wurde ihm bewußt, wie gespreizt sie klingen mußten. In der gegenwärtigen Situation war ihm allerdings nichts Besseres eingefallen, um Zeit zu gewinnen. Falls Dr. Elliott ebenfalls auftauchen sollte, konnte dies vielleicht vorteilhaft genutzt werden. Wie, das war jedoch eine andere Sache. Und exakt in diesem Augenblick erschien wie auf Kommando Dr. Elliott im Türrahmen des Speisesaals. Er sah sich kurz um und kam dann auf sie zu.

»Ich habe mich beeilt, so gut ich konnte, meine Liebe«, wandte er sich an Sandra und setzte sich neben sie. »Finden Sie nicht, daß Mrs. Linwood genug mitgemacht hat, Mr. Maitland?« fragte er in einem Ton, der mühsam unterdrückte Wut verriet.

»Da gebe ich Ihnen gern recht. Und es tut mir auch sehr leid«, erwiderte Antony aufrichtig.

»Dann machen Sie diesem Unsinn sofort ein Ende!«

»Ich fürchte, auf den weiteren Gang der Dinge habe ich keinen Einfluß mehr«, wiederholte Maitland. »Wenn sich Chefinspektor Camden erst mal was in den Kopf gesetzt hat...«

»Warum, zum Teufel, haben Sie – ausgerechnet Sie – ihn überhaupt auf diese Idee gebracht? Es muß Ihnen doch klar gewesen sein, daß, falls etwas Wahres an der Sache ist, es nur Ihrem Mandanten schaden kann!«

»Ich glaube nicht, daß das eine notwendige Folge sein muß«, entgegnete Antony gedehnt. »Sie scheinen sich über eine Sache sehr zu erregen, die Sie selbst als Unsinn bezeichnet haben. Was glauben Sie denn, daß die Pathologen entdecken, falls der Untersuchungsrichter einer Exhumierung zustimmt?«

»Nichts, natürlich.«

»Dann begreife ich offengestanden Ihre Erregung nicht.«

»Mir geht es nur um Sandra... um Mrs. Linwood.«

In diesem Moment tauchte der Ober lautlos neben Dr. Elliott auf und stellte ein weiteres Kännchen Kaffee auf den Tisch. Maitlands Kaffee war inzwischen kalt geworden, doch er trank ostentativ einen Schluck, um einmal die Zeit zu überbrücken, bis der Ober wieder gegangen war, und zum anderen, um dem Überraschungseffekt seiner nächsten Bemerkung Nachdruck zu verleihen: »Sie sind verliebt in sie, stimmt's?«

»Wie kommen Sie denn darauf!« Elliott warf Sandra Linwood einen unsicheren Blick zu und fügte ruhiger hinzu: »Mrs. Linwood ist seit ein paar Wochen Witwe. Es dürfte also kaum der geeignete Zeitpunkt sein, über solche Dinge zu reden.«

»Aber Sie leugnen es nicht?« beharrte Antony.

Sandra sah ziemlich verblüfft und ratlos von einem zum anderen. Maitland erkannte plötzlich, daß sie jetzt, da ihre Wut verraucht war, den Eindruck einer klar denkenden Frau machte. Schließlich blieb ihr Blick an Dr. Elliott hängen. »Du hast mir gesagt, daß du dich um mich kümmern wolltest, Cliff«, sagte sie leise.

»Als ein Freund von Walter... ist dir nicht klar, daß du völlig mittellos bist, wenn Oliver freigesprochen wird? Und Mr. Maitland ist, wie wir alle wissen, ein ungewöhnlich erfolgreicher Strafanwalt.«

»Ich glaube ganz und gar nicht, daß deine Freundschaft mit Walter etwas damit zu tun hat«, entgegnete Sandra. »Und ich frage mich allmählich...«

»Was fragen Sie sich, Mrs. Linwood?« hakte Maitland ein, als sie zögerte.

»Wenn Sie recht haben und Walter auf eine Art vergiftet worden ist, daß Dr. Garfield es nicht gemerkt hat...«

»In diesem Fall hätte sich jeder Arzt, der die Herzschwäche Ihres Mannes kannte, täuschen lassen«, versicherte Antony.

»Ja, aber das ist nicht der Punkt. Ich wollte Sie vielmehr fragen, wie Ihre Verteidigung vor Gericht aussehen wird, wenn es tatsächlich Mord war?«

»Jedenfalls werde ich nicht behaupten, daß der Mord um des Linwoodschen Vermögens willen begangen wurde«, erwiderte Antony. »Sondern weil Sie damit für eine neue Ehe frei gewesen wären.«

»Aber wir waren erst zwei Jahre verheiratet!«

»Ich weiß, und es tut mir leid, all diese Dinge aufrühren zu müssen. Aber Sie sind jung, und ich bin sicher, es ist nicht im Sinn Ihres verstorbenen Mannes, daß Sie Ihr Leben allein verbringen.«

»Nur warum auch der arme kleine Mark?«

»Wäre er am Leben geblieben, hätten Sie zumindest bis zu seiner Volljährigkeit keinen Grund gehabt, aus finanziellen Erwägungen heraus zu heiraten... und im Normalfall hätte auch dann Ihr Sohn für Sie gesorgt.«

Sandra schloß die Augen. »Ich kann es einfach nicht glauben«, murmelte sie.

»Dann sprechen wir lieber von etwas anderem. Zum Beispiel von Henrietta Vaughan.«

»Sie meinen das Mädchen, das die Kinder in Chedcombe umgebracht hat?«

»Nein, das Mädchen, dem diese Morde in die Schuhe geschoben werden sollten, damit sie letztendlich auch für den Tod des kleinen Mark verantwortlich gemacht werden konnte. Dabei ist leider die Panne passiert, daß ausgerechnet Oliver in Linwood House gewesen ist, als das Kind sterben mußte. Sonst hätten natürlich alle Henrietta für die Schuldige gehalten. Und Oliver hätte geerbt, und Sie wären mittellos gewesen.«

»Jetzt gehen Sie zu weit! Das ist zuviel für Mrs. Linwood, Mr. Maitland!« meldete sich Dr. Elliott barsch zu Wort.

»Nein, ich möchte alles wissen!« beharrte Sandra. »Sie sind also der Ansicht, daß jemand absichtlich versucht hat, das Mädchen als Mörderin hinzustellen?«

»Ja, da bin ich ganz sicher. Die Polizei ist systematisch in ihren Ermittlungen auf Henrietta hingeführt worden... Mit einem anonymen Brief an eine Nachbarin von Henrietta fing es an. Und der anonyme Briefschreiber wußte, daß die Frau, an die das Schreiben gerichtet war, einen Schwangerschaftskurs im Krankenhaus St. Luke's besuchte und daß Henrietta über den Tod ihres Kindes sehr unglücklich war.«

»Jetzt reicht es aber!« Dr. Elliotts Stuhl fiel krachend um. »Das ist ja schon fast üble Nachrede, was Sie da machen, Mr. Maitland.«

»Eher böswillige Verleumdung«, korrigierte Maitland ihn. »Aber ich muß Sie darauf hinweisen, daß dies im Rahmen der Wahrheitsfindung geschieht, vorausgesetzt, es läßt sich alles beweisen. Sie wissen jetzt also, worauf ich abziele, Doktor«, fuhr Maitland gefährlich sanft fort.

»Ich... ich...«

»Stellen Sie Ihren Stuhl wieder auf, und setzen Sie sich, Doktor.« Maitland wandte sich an Sandra. »Darf ich Sie bitten, mir eine Frage zu beantworten, Mrs. Linwood?«

»Wenn ich kann.« Sie sah Elliott nicht an, sondern hatte den Blick starr auf Maitland gerichtet.

»Ich fürchte, sie ist etwas zudringlich, aber glauben Sie mir, die Antwort ist nicht nur für mich, sondern auf lange Sicht auch für Sie wichtig.«

»Ich habe doch gesagt, daß ich sie beantworten werde.«

»Also gut. Wenn Dr. Elliott Ihnen einen Heiratsantrag gemacht hätte, wie er das nach Ablauf einer Anstandsfrist nach eigenen Andeutungen getan hätte, wie hätte Ihre Antwort gelautet?«

»Ich will niemanden heiraten.« An Sandra Linwoods Ehrlichkeit konnte kein Zweifel bestehen. »Begreifen Sie denn nicht, daß ich Walter geliebt habe?«

»Doch, natürlich«, versicherte Maitland ihr beruhigend. »Trotzdem sollten Sie an die Zukunft denken, so schwer Ihnen das im Augenblick auch fallen mag. Wovon wollen Sie leben, wenn Oliver freigesprochen wird?«

»Ich nehme an, wenn Cliff mich dann gefragt hätte... Ich mußte mir meinen Lebensunterhalt nie selbst verdienen, Mr. Maitland. Ich hätte keinen anderen Weg gesehen, als seinen Antrag anzunehmen.«

»Tut mir leid, wenn ich jetzt hartnäckig erscheine, Mrs. Linwood, aber wir sollten die Angelegenheit ein für allemal klären. Falls man Ihnen einen solchen Antrag gemacht hätte und Sie hätten nicht aufgrund finanzieller Erwägungen entscheiden müssen, wie hätten Sie dann reagiert?«

»Ich hätte abgelehnt!« kam es entschieden von Sandra. »Ich mochte ihn als Walters Freund, aber ich habe ihn nie geliebt und könnte ihn auch nie lieben.« Sandra Linwoods Blick schweifte zum ersten Mal wieder zu Elliott, der zwar inzwischen seinen Stuhl wieder aufgestellt hatte, jedoch stehengeblieben war. »Aber ich bin nicht auf dich angewiesen, Cliff«, sagte sie. »Was auch geschieht. Mr. Byron hat mir erklärt, wie meine Lage ist, falls Oliver verurteilt wird. In diesem Fall ist für mich gesorgt. Und Oliver hat mir aus dem Gefängnis geschrieben, daß er weder das Haus noch das Geld will, um es zu halten, und ich glaube nicht, daß er das nur getan hat, um im Falle eines Prozesses besser dazustehen.«

Danach entstand eine unheimliche Stille am Tisch. Clifford Elliott klammerte sich an die Lehne seines Stuhls wie an einen Rettungsring, doch allmählich lockerte sich sein Griff. Er starrte Maitland einen Augenblick haßerfüllt an, dann schweifte sein Blick zu Sandra, und seine Züge wurden weicher. »Ich habe dich vom ersten Augenblick an geliebt, Sandra«, gestand er. »Das darfst du nie vergessen.« Danach machte er auf dem Absatz kehrt und ging.

Und plötzlich weinte Sandra Linwood so herzzerreißend, daß Antony den Verdacht schöpfte, daß sie bislang nicht dazu fähig gewesen war. Ausgerechnet in diesem Augenblick tauchte der Ober wieder auf, der lange in der Küche verschwunden geblieben war. Vermutlich hatte er gehofft, den Tisch endlich abräumen zu können. Maitland bat ihn, ein Glas Wasser zu holen, und versuchte Sandra Linwood zu trösten. »Glauben Sie wirklich, daß er sie beide umgebracht hat?« fragte sie schließlich unter Schluchzen.

»Genau wie die Babys in Chedcombe. Aber das ist Ihnen doch mittlerweile selbst klargeworden, oder?«

Sandra schluckte und nahm endlich das Taschentuch, das Antony ihr hinhielt. »Man brauchte ihm ja nur ins Gesicht zu sehen«, murmelte sie. »Und dann ist mir eingefallen, wie anders er sich nach Walters Tod verhalten hat. Ich hatte das damals nur für Fürsorge gehalten, aber jetzt habe ich das Gefühl, selbst an allem schuld zu sein.«

Antony, der diese Gemütsverfassung nur zu gut kannte, beschloß, gleich etwas dagegen zu unternehmen. »Sie haben Ihren Mann geliebt«, sagte er. »Das muß jedem, der Sie gut kannte, klargewesen sein. Sie haben Dr. Elliott also nie ermutigt, und Selbstbezichtigungen sind in diesem Fall nur ein Zeichen von Schwäche.«

Sandra Linwood brachte unter Tränen ein Lächeln zustande. »Was müssen Sie nur eine Meinung von mir haben, Mr. Maitland? Ich habe schließlich zugegeben, daß ich wegen Geld geheiratet hätte. Aber das war der Augenblick, als ich plötzlich begriff, was er vorhatte und daß sie ihn durchschaut haben. Was machen wir bloß jetzt?«

»Es ist das beste, Sie trocknen die Tränen und machen sich etwas zurecht«, schlug Maitland vor. »Und ich rufe inzwischen meine Frau an und sage ihr, daß ich doch später als vorgesehen nach Hause komme. Anschließend sollten wir gemeinsam zu Chefinspektor Camden gehen, um ihm unsere Sünden zu beichten. Angesichts des schwebenden Verfahrens gegen Oliver findet er es sicher unmöglich, daß wir überhaupt miteinander gesprochen haben. Aber vielleicht helfen Sie mir ja, ihn zu besänftigen.«

Wie weit dieser Plan Erfolg gehabt hätte, sollte Maitland nie erfahren. Sie waren gerade eine halbe Stunde im Polizeipräsidium, und die Sache ging äußerst zäh vonstatten, als plötzlich die Meldung kam, daß Dr. Elliott in seinem Büro im Krankenhaus tot aufgefunden worden war. Er hatte offenbar ein schnellwirkendes Schlafmittel genommen und einen Brief an den Untersuchungsrichter hinterlassen.

SONNTAG 27. Juli

Als Maitland am darauffolgenden Nachmittag nach Hause zurückkehrte, saßen Sir Nicholas und Vera mit Jenny beim Tee, wie das selbst dann der Fall gewesen wäre, wenn sie nicht so gespannt auf seinen Bericht gewartet hätten. Jenny empfing ihn in der Diele und warnte ihn leise, noch bevor er ihr einen Kuß geben konnte: »Vorsicht! Dicke Luft!« Er brauchte erst gar nicht zu fragen, wie sie das meine, und folgte ihr gelassen ins Wohnzimmer.

Sir Nicholas stellte seine Tasse ab. »Ich hätte es wissen müssen«, begann er übertrieben dramatisch. »Du hast überhaupt nicht die Absicht gehabt, deine Mandanten vor Gericht zu bringen.«

»Henrietta Vaughan ist nie meine Mandantin gewesen, Onkel Nick«, hielt Antony ihm entgegen. Aber unter den gegebenen Umständen war es kaum taktvoll, seinen Onkel daran zu erinnern, daß er überhaupt nur auf seinen Wunsch nach Chedcombe gefahren war. »Du weißt, daß ich es hasse, Erklärungen abgeben zu müssen, bevor ich überhaupt Zeit zum Luftholen gehabt habe«, protestierte er statt dessen.

»Ich muß zugeben«, begann Vera besänftigend, »daß uns das, was passiert ist, eine Menge Mühe und Unannehmlichkeiten erspart hat.«

»Bei allem Respekt, meine Liebe, bin ich im Moment nicht in der Stimmung, irgend etwas Derartiges zuzugeben. Warum eine ordentliche, gut vorbereitete Verteidigung nicht auch möglich gewesen wäre, ohne einen prominenten Bürger in den Selbstmord zu treiben und damit einen bedauernswerten Skandal heraufzubeschwören, ist mir unerklärlich«, stellte Sir Nicholas drohend fest.

»Dieser Ausgang ist ein bedauerlicher Zufall gewesen«, entgegnete Antony ohne jedes Anzeichen von Zerknirschtheit. Er machte keine Anstalten, sich zu setzen, sondern stellte die Tasse Tee, die Jenny ihm gereicht hatte, neben die Uhr auf den Kaminsims, wo so oft sein Sherryglas stand. »Ihr könnt Lisa fragen. Ich hatte ihr meinen Schlachtplan genau erklärt, aber dann sind Sandra Linwood und Clifford Elliott plötzlich in meinem Hotel aufgetaucht...«

»Du willst mir doch nicht weismachen, daß du bei dieser Gelegenheit nicht alles getan hast, um alle deine Karten auszureizen«, konterte Sir Nicholas. »Trotzdem möchte ich gern ganz genau wissen, was eigentlich passiert ist. Warst du bereits hier in London zu der Überzeugung gelangt, daß diesen Mann alle Schuld trifft?«

»Mehr oder weniger. Und in gewisser Weise ist es Sandra gewesen, die diese dramatische Szene heraufbeschworen hat. Allerdings muß ich zugeben, daß ich den Stein ins Rollen gebracht habe.«

Sir Nicholas schloß mit schmerzlicher Miene für einen Augenblick die Augen. »Ich weiß, daß du Erklärungen jedweder Art haßt. Doch in Anbetracht des Interesses der nationalen Presse...«

»Am Sonntag?« fragte Antony ungläubig.

»Bitte unterbrich mich nicht ständig!« wehrte sich Sir Nicholas. »Ich wollte damit sagen, daß du uns jetzt eine Erklärung schuldest.«

»Darf er nicht erst mal eine Tasse Tee trinken?« protestierte Jenny. Sie hatte wie alle anderen auch gemerkt, wie steif sich ihr Mann verhielt, was ein deutliches Anzeichen dafür war, daß er müde war und Schmerzen in der Schulter hatte. Am Vortag war er zuerst nur erleichtert gewesen, daß sich die Angelegenheit so schnell erledigt hatte, doch dann hatte die übliche Reaktion auf die Ereignisse eingesetzt, und Clifford Elliotts verfrühter Tod beschäftigte ihn sehr.

Sir Nicholas war nicht in der Stimmung, Konzessionen zu machen. »Er kommt schließlich nicht vom Nordpol«, bemerkte er. »Außerdem hält ihn niemand davon ab, beim Reden Tee zu trinken.«

Maitland tauschte einen flüchtigen Blick mit seiner Frau und zuckte leicht mit den Schultern. »Ich bring's am besten gleich hinter mich«, murmelte er und begann mit dem gewünschten Bericht.

»Ich nehme an, daß du mit Chefinspektor Camden erhebliche Schwierigkeiten hattest«, warf Sir Nicholas zufrieden ein, als Antony an diesem Teil der Geschichte angelangt war. »War dir denn klar, wie dieser Dr. Elliott reagieren würde?«

»Nein, natürlich nicht. Obwohl ich zugeben muß, daß er uns damit eine Menge Unannehmlichkeiten erspart hat, wie Vera schon ganz richtig bemerkt hat.«

»Hat sein Brief an den Untersuchungsrichter denn alles restlos aufklären können?« erkundigte sich Vera.

»Ja, restlos. Er gibt darin den Mord an Walter Linwood und den drei Kindern zu, wobei er letztere tatsächlich begangen hat, um den Verdacht auf Henrietta Vaughan zu lenken. Und er hat das damit entschuldigt, Henrietta wäre in eine Anstalt eingewiesen und bald wieder entlassen worden. Zum Glück sind seine Angaben so detailliert, daß sie auch bei der Polizei jeden Zweifel beseitigen konnten.«

»Dann ist eine Exhumierung also gar nicht mehr nötig?«

»Nein, Onkel Nick. Und das geht mir besonders nah. Ich glaube, er hat alles so detailliert geschildert, weil er Sandra aufrichtig geliebt hat, und als er erfuhr, wie sie zu Walter stand – das hat sie ihm deutlich genug gesagt – wollte er ihr diese Exhumierung ersparen.«

»Liebe kann kaum als Entschuldigung für Mord im großen Stil gelten«, sagte Sir Nicholas ärgerlich. »Trotzdem«, fügte er wesentlich freundlicher hinzu, »sollten wir dankbar dafür sein, daß die Sache nicht schlimmer ausgegangen ist. Wenigstens bist du diesen Prozeß im Herbst in Chedcombe jetzt los.«

»Ja, das ist ein Vorteil«, antwortete Maitland vorsichtig. »Ich bin gestern abend noch bei Lisa und Dominic gewesen. Lisa übernimmt alle weiteren Formalitäten und betätigt sich sicher noch ein wenig als Vermittlerin zwischen Sandra und Oliver. Falls es Dominic nicht gelingt, sie davon abzuhalten, heißt das.«

»Eine sehr tüchtige junge Frau«, lobte Sir Nicholas mild gestimmt und lächelte Vera zu. Offensichtlich ahnte er nichts davon, daß Jenny und Antony Bescheid wußten, und Antony hatte plötzlich den Eindruck, daß ihn die Aussicht, Großvater zu werden, glücklich machte... auch wenn er es nie offen sein durfte und obwohl er nur ein Stiefgroßvater war. Antonys einzige Sorge galt Jenny, die sich, wie er hoffte, die Angelegenheit nicht allzusehr zu Herzen genommen hatte. Er sah sie an, und als habe sie seine Gedanken erraten, trafen sich ihre Blicke, und sie schüttelte leicht den Kopf.

»Wir können nicht immer in der Vergangenheit leben«, sagte sie, und die Freude in ihren Augen – eine Freude, die ihm mehr als alles andere auf der Welt bedeutete – war aufrichtig und kam von Herzen. »Jetzt können Lisa und Marilyn Parker und all die anderen jungen schwangeren Frauen in Chedcombe beruhigt ihre Babys bekommen«, sagte Jenny. »Ich finde, du solltest sehr froh sein, daß alles so gekommen ist, Onkel Nick.«

Für Sir Nicholas war das zuviel verlangt. »Ich finde, da Antony mit der Angelegenheit befaßt war, sollten wir froh sein, daß es nicht schlimmer gekommen ist«, konterte er. »Mir schaudert bei dem Gedanken, was die Presse daraus machen wird.«

»Für die Presse ist das ein gefundenes Fressen«, warf Vera zustimmend ein. Was die Ausdrucksweise betraf, hatte sie im Gegensatz zu Antony bei Sir Nicholas Narrenfreiheit. »Uns kann das allerdings nicht stören. Wir sind noch vor Ende der Woche im Ausland, und Jenny und Antony sind dann längst auf dem Land.«

»Das wiederum ist richtig«, gab Sir Nicholas zu. »Und dazu noch erfreulich. Auf diese Weise läßt man uns in Frieden... zumindest, bis wir im Herbst zurückkommen.«

Falls er auch nur annähernd ahnte, was sie dann erwartete, schwieg er sich aus. Und wie Antony Jenny später sagte, mußte man für diese unerwartete Nachsicht direkt dankbar sein.